重型卡车
整车电气线路图集大全

瑞佩尔 主编

ZHONGXING KACHE
ZHENGCHE DIANQI XIANLU
TUJI DAQUAN

化学工业出版社

·北京·

图书在版编目（CIP）数据

重型卡车整车电气线路图集大全/瑞佩尔主编. —北京：化学工业出版社，2018.5（2023.4重印）
ISBN 978-7-122-31690-5

Ⅰ.①重⋯　Ⅱ.①瑞⋯　Ⅲ.①重型载重汽车-电气设备-电路图-图集　Ⅳ.①U469.2-64

中国版本图书馆CIP数据核字（2018）第045117号

责任编辑：周　红　　　　　　　　　文字编辑：陈　喆
责任校对：王素芹　　　　　　　　　装帧设计：王晓宇

出版发行：化学工业出版社（北京市东城区青年湖南街13号　邮政编码100011）
印　　装：涿州市般润文化传播有限公司
880mm×1230mm　1/16　印张19½　字数623千字　2023年4月北京第1版第7次印刷

购书咨询：010-64518888　　　　　　售后服务：010-64518899
网　　址：http://www.cip.com.cn

凡购买本书，如有缺损质量问题，本社销售中心负责调换。

定　　价：128.00元　　　　　　　　　　　　　　　　　　　版权所有　违者必究

前言

得益于我国近年来大规模的基础设施建设和物流业的快速发展，我国重型卡车（重卡）市场正处于一个前所未有的鼎盛时期。同时，随着机电一体化技术的推广，汽车高端电子技术的广泛应用，以前一些只在小汽车上才可以见到的设备和技术也逐步出现在重卡上面，如空调、DVD 影音、发动机电控、ATM 变速器、ABS 制动控制、电动助力转向、总线集中控制等。这就说明，我们面对的已不再是一大堆钢铁和少数几个简单车用电器组成的产品，一个出了故障只用拆开看看，换个东西装上就能解决问题的产品，这些都需要我们有更加专业、更为详尽的资料来了解它，掌握它。

国五、国四重卡相对国三来说是个质的飞跃，电子技术的应用对服务人员技能、维修手段和工具、配件供应等都提出了非常高的要求。达到这些要求，需要经过一个复杂的学习过程，而服务技术的普及也会面临种种意想不到的困难。因此，对柴油电喷如高压共轨、电控单体泵、电控泵喷嘴等的技术掌握及资讯服务都必须紧紧跟上。

国内重卡所装备的动力大多数为柴油机，且多由国内柴油机制造厂商提供。为与国际接轨，从技术上，既引进国外先进的高压共轨与单体泵、泵喷嘴电控技术，也自力更生，研发出一些新的技术。

这里对国内重卡客车厂、柴油机厂与柴油电控技术提供商的对应关系作一个简要说明。目前在国内柴油电控技术设备市场上，主要有博世、电装、德尔福这三家提供的产品。其中，德国博世的高压共轨系统占据绝大多数市场，主要应用在锡柴、玉柴、潍柴、朝柴及康明斯等一些发动机产品上，这些发动机主要装备于一汽解放、陕汽、福田、江铃、江淮等一些卡车上。日本电装的共轨产品主要提供给一汽锡柴、上柴及重汽杭发生产的柴油发动机，这些发动机一般应用于一汽解放、重汽豪沃、福田欧曼、华菱等卡车上面。美国德尔福共轨系统主要提供给玉柴发动机，应用于一些客车上。

为满足业内技术人员对资料的需求，更好地服务于广大重卡及电控柴油机产品开发、生产及维护与修理，我们收集整理了相关技术数据和资料，编写了这样一本图集，希望为大家的工作和学习带去方便。

本书由瑞佩尔主编，参加编写的人员还有朱其谦、杨刚伟、吴龙、张祖良、汤耀宗、赵炎、陈金国、刘艳春、徐红玮、张志华、冯宇、赵太贵、宋兆杰、陈学清、邱晓龙、朱如盛、周金洪、刘滨、陈棋、孙丽佳、周方、彭斌、王坤、章军旗、满业林、彭启风、李丽娟、徐银泉。在编写过程中，参考了大量国内外相关文献和厂家技术资料，在此，谨向这些资料信息的原创者表示由衷的感谢！

囿于我们水平有限，书中疏漏在所难免，敬请广大读者朋友及业内专家多多指正。

编者

电路识读示例

为了让读者更好地看明白本书线路图表达的内容，下面以图例的形式对线路图中的不同标识、代号含义进行说明。重汽豪沃重型载货汽车线路图的识读示例如图1所示。

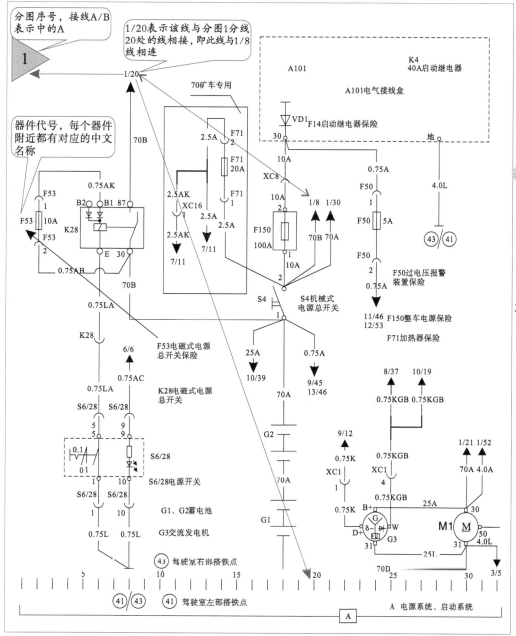

图1 重汽豪沃重型载货汽车线路图识读示例（豪沃共轨车型局部图）

线色的字母表示含义如表1所示。

表1 线色的字母表示

字母	线色
A	红
B	黑
C	白
D	黄
E	灰
F	绿
G	紫
H	橙
I	深蓝
K	浅蓝
L	棕
M	接地线
N	粉红

东风与陕汽重卡的线路图表示线的连接方面与重汽有相似之处，东风重型载货汽车线路识读示例见图2，但线的颜色表示不同。

东风柳汽霸龙汽车线路图线色表示如表2所示。

表2 东风柳汽霸龙汽车线路图线色表示

字母	颜色	字母	颜色
Y	黄	L	蓝
G	绿	W	白
B	黑	Or	橙
Br	棕	P	粉红
Gr	灰	V	紫色

陕汽重卡线路图识读示例见图3。

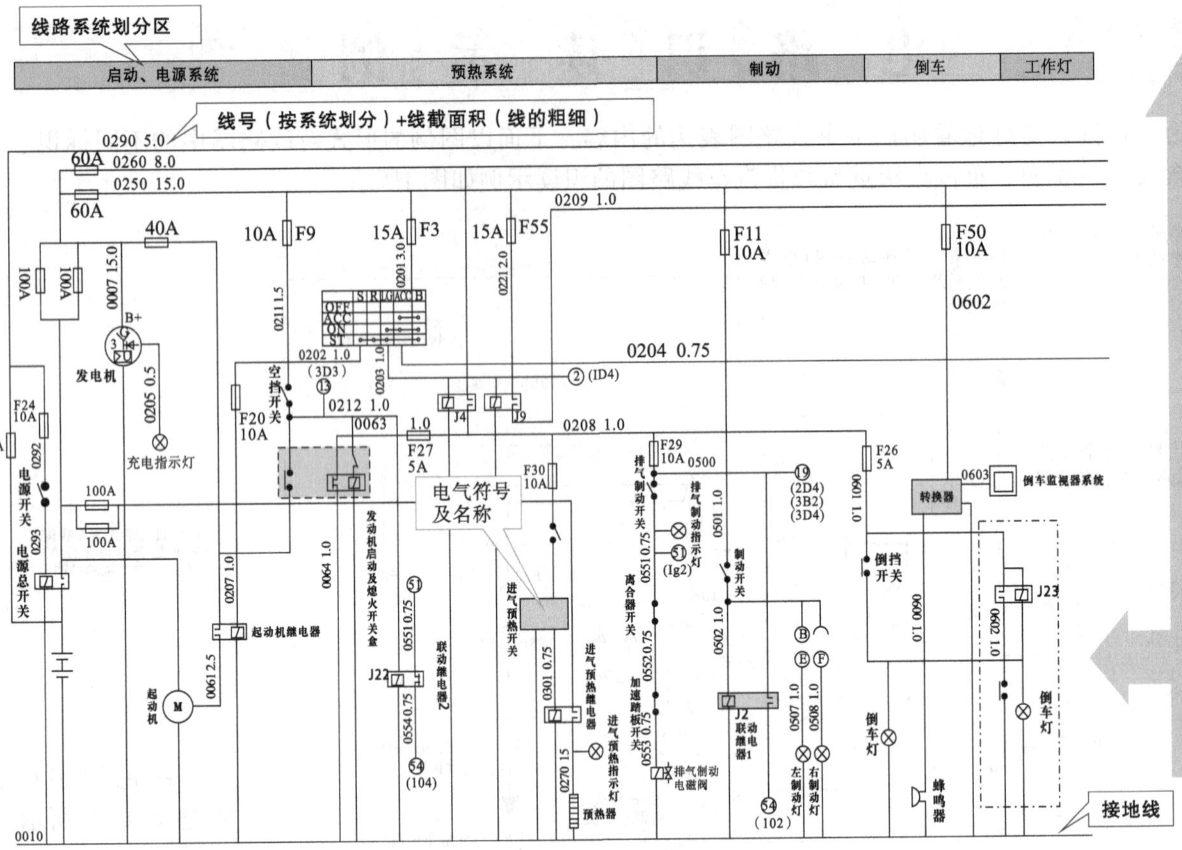

图 2 东风重型载货汽车线路识读示例（东风天龙线路图局部）

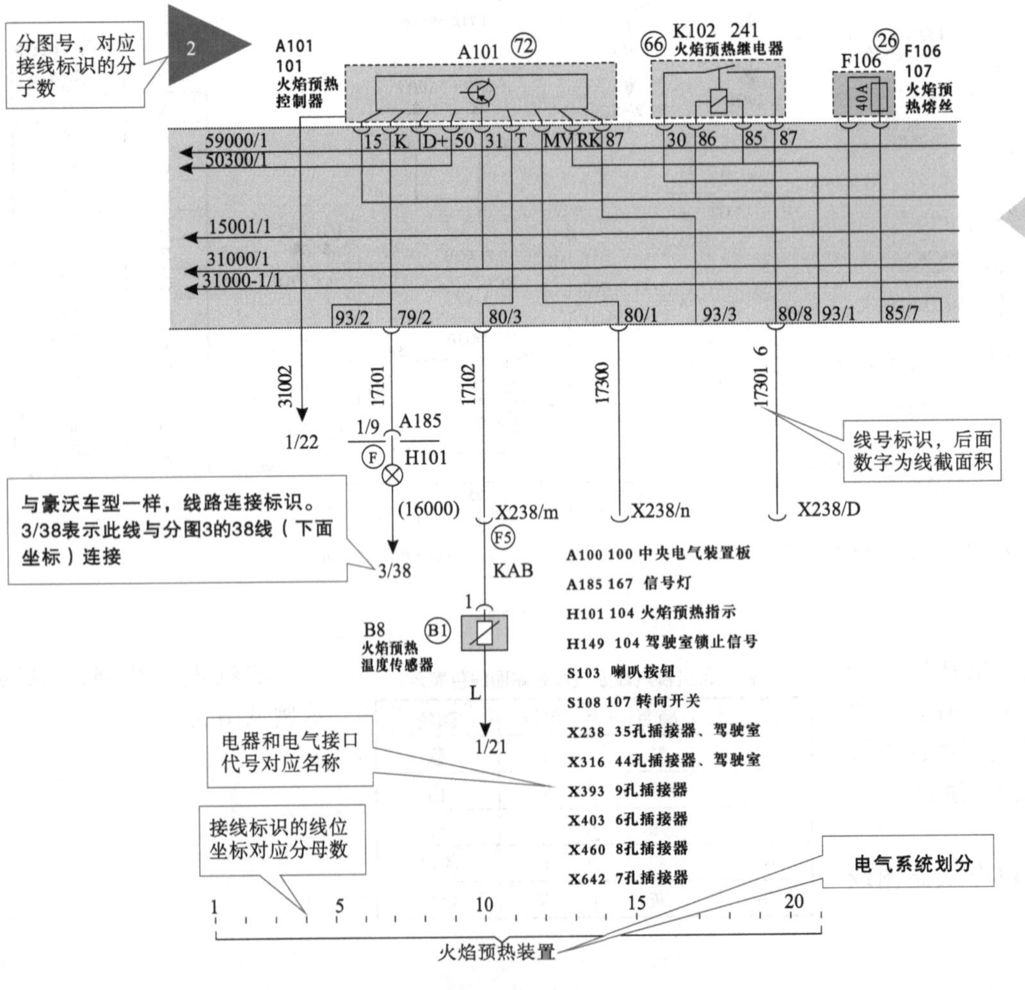

图 3 陕汽重卡线路识读示例（F2000车型线路图局部）

陕汽重卡驾驶室部分采用线号标识，各线号表示含义如表3所示。

线号一般由5位数字组成：前两位代表电线电器性质，也称区域码，后三位表示接线序号，也叫顺序码，有的在顺序码后加一位数字作区分，表示相同线号的不同接线。一般在线号的后面还有标示线的截面积，如果没有标注则此线截面积为1.0mm²。

福田欧曼重型载货汽车线路识读示例见图4。

表3 陕汽重卡驾驶室部分线号编码含义

线号编码	表示含义
16000	仪表电源
30006	不受总电源开关控制的电源
30010	连接到蓄电池正极
31000	接地
50300	启动信号
58000	翘板开关电源
58300	可调节亮度的仪表照明电源
59000	发动机工作信号输出

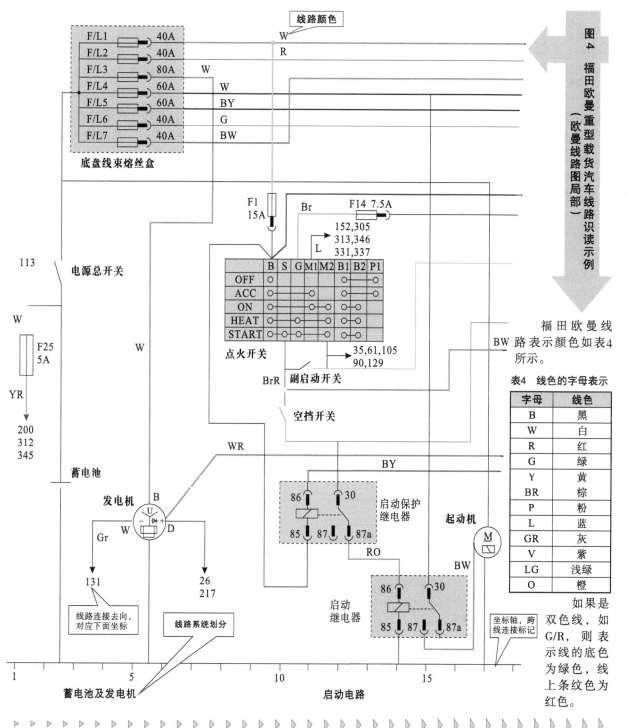

图4 福田欧曼重型载货汽车线路识读示例（欧曼线路图局部）

福田欧曼线路表示颜色如表4所示。

表4 线色的字母表示

字母	线色
B	黑
W	白
R	红
G	绿
Y	黄
BR	棕
P	粉
L	蓝
GR	灰
V	紫
LG	浅绿
O	橙

如果是双色线，如G/R，则表示线的底色为绿色，线上条纹色为红色。

欧曼汽车线路电气符号含义如表5所示。

表5 欧曼汽车线路电气符号含义

符号	符号含义	符号	符号含义	符号	符号含义	符号	符号含义	符号	符号含义	符号	符号含义
⊢⊢	蓄电池	∞	绞线	▽	喇叭/蜂鸣器	─□─	电阻	⊗	双丝灯泡	∕	双掷开关
⊥	接地	⊗	单丝灯泡	+	相连接交叉线路	─▨─	可调电阻	◇	拆接件	⊂⊃	舌簧开关
─∼─	小负载熔丝	▨	继电器	┼	未连接交叉线路	▱	温度传感器	─▷├─	二极管	─∥─	电容
─∼─	中负载熔丝	M	单速电动机	─/─	常开开关	∼	线圈传感器	─▷▷├─	发光二极管	▨	点烟器
─∽─	大负载熔丝	M	调速电动机	─⌐─	常闭开关	⊠	电磁阀	◁)	扬声器	▨	预热/加热器

解放J6载货汽车线路图上使用的统一代码有"30""15""75"和"31"等。"30"代表常电源线;"15"代表接小容量电器的电源线,点火开关闭合时,由点火开关直接将其接通带电;"75"代表接大容量电器的电源线,点火开关处于点火位置时,通过中间继电器使其接通带电;"31"代表搭铁线。

本书柴油发动机电子控制系统电路图表示比较简单,下面就以一汽锡柴为例简单说明一下,见图5。其他品牌柴油发动机电控系统电路可以参照理解。

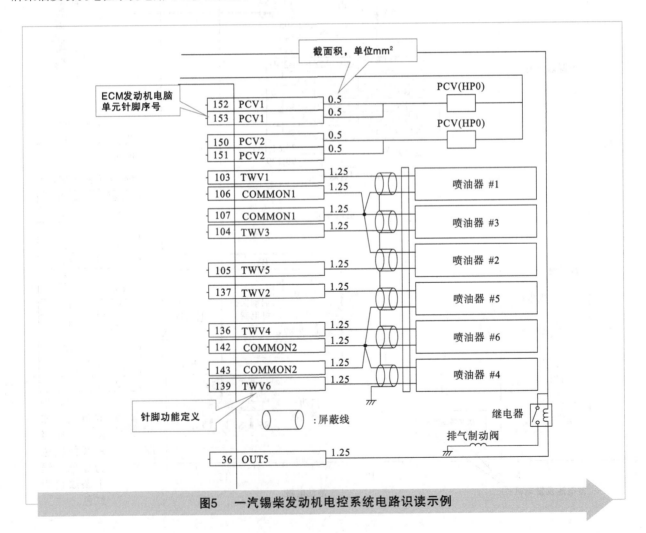

图5 一汽锡柴发动机电控系统电路识读示例

目录

1 重汽豪沃车系整车电气线路图 1
  1.1 豪沃 EGR 车型 CSA（仪表）整车电气线路图 1
  1.2 豪沃共轨车型（SAC 仪表）整车电气线路图 9
  1.3 豪沃天然气车型整车电气线路图 21
  1.4 豪沃 T7H 车系（AMT-EDC17-CBCU 系统）整车电气线路图 30

2 福田欧曼车系整车电气线路图 44
  2.1 欧曼 EXT 自卸车整车电气线路图 44
  2.2 欧曼 EXT 牵引车整车电气线路图 53
  2.3 欧曼 GTL（CBCU）车型整车电气线路图 63

3 一汽解放车系整车电气线路图 76
  3.1 解放 J5 换代标配车型电气线路图 76
  3.2 解放 J5 换代高配车型电气线路图 85
  3.3 解放 J5 车型国三标准整车电气线路图 98
  3.4 解放 J5M 配 DEUTZ 欧 4 标准电气线路图 115
  3.5 解放 J6P 车型电控系统电气线路图 126

4 陕汽重卡德龙车系整车电气线路图 130
  4.1 德龙 F2000 车型整车电气线路图 130
  4.2 德龙 F3000 车型整车电气线路图 137
  4.3 德龙新 M3000 天然气车型整车电气线路图 142
  4.4 德龙新 M3000 EGR 车型整车电气线路图 148
  4.5 德龙 X3000 车型整车电气线路图 151
    4.5.1 康明斯 ISM 发动机配置车型线路图 151
    4.5.2 潍柴 WP13（BCM）发动机配置车型线路图 156
    4.5.3 天然气（BCM）车型线路图 161
    4.5.4 EDC17（CBCU）系统配置车型线路图 165
    4.5.5 X3000 EDC17 DeNO$_x$ 2.2 系统配置车型线路图 169

5 陕汽重卡奥龙-德御车型电气线路图 173
  5.1 奥龙潍柴 WP 发动机配置车型电气线路图 173
  5.2 奥龙 S2000 车型电磁离合器风扇电气线路图（ECU 控制） 180
  5.3 德御配潍柴 WP 发动机车型电气线路图 181

6 东风天龙车系整车电气线路图 189
  6.1 天龙配雷诺 DCI-EDC7 系统发动机车型电气线路图 189
  6.2 天龙配雷诺 DCI-LNG 发动机车型电气线路图 196
  6.3 天龙配康明斯 ISLE 发动机车型电气线路图 202

7 东风乘龙车系电气线路图 203

  7.1 乘龙 H7 车型配载发动机电控系统电路图 ……………………………………………………… 203
  7.2 乘龙 H7 车型底盘电控系统电路图 ……………………………………………………………… 207
  7.3 乘龙 H7 车型车身电器与附件电路图 …………………………………………………………… 209
  7.4 乘龙 M7 车型整车电气线路图 …………………………………………………………………… 218
  7.5 乘龙 M5 车型整车电气线路图 …………………………………………………………………… 226
  7.6 乘龙 M3 车型整车电气线路图 …………………………………………………………………… 237

8 江淮重卡格尔发车系整车线路图 …………………………………………………………………… 245
  8.1 格尔发 AL、KL 整车电气线路图 ………………………………………………………………… 245
  8.2 格尔发 AW、KW 整车电气线路图 ……………………………………………………………… 251

9 北奔重卡自卸车型整车电气线路图 ………………………………………………………………… 257

10 广汽日野 700 车系电气线路图 ……………………………………………………………………… 263
  10.1 日野 700 系列底盘电控系统电路图 …………………………………………………………… 263
  10.2 日野 700 系列仪表电气线路图 ………………………………………………………………… 267
  10.3 日野 700 系列空调电气线路图 ………………………………………………………………… 268
  10.4 日野 700 系列电源与接地分配电路 …………………………………………………………… 269
  10.5 日野 700 系列熔丝与继电器位置 ……………………………………………………………… 272

11 联合卡车线束端子图与针脚信息 …………………………………………………………………… 277
  11.1 联合卡车底盘控制模块针脚信息 ……………………………………………………………… 277
  11.2 联合卡车 BCM 车身控制模块针脚信息 ……………………………………………………… 279
  11.3 联合卡车车门控制模块针脚信息 ……………………………………………………………… 282
  11.4 线束接口定义 …………………………………………………………………………………… 284

12 红岩杰狮车系整车电气线路图 ……………………………………………………………………… 289
  12.1 杰狮 C100 欧Ⅲ车型电气线路图 ……………………………………………………………… 289
  12.2 杰狮豪华版 S100 车型电气线路图 …………………………………………………………… 298

1 重汽豪沃车系整车电气线路图

1.1 豪沃 EGR 车型 CSA（仪表）整车电气线路图

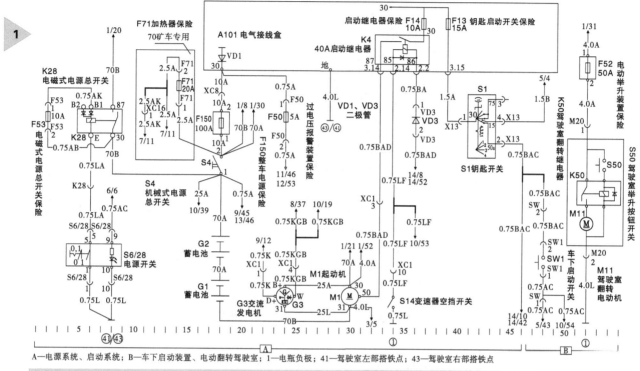

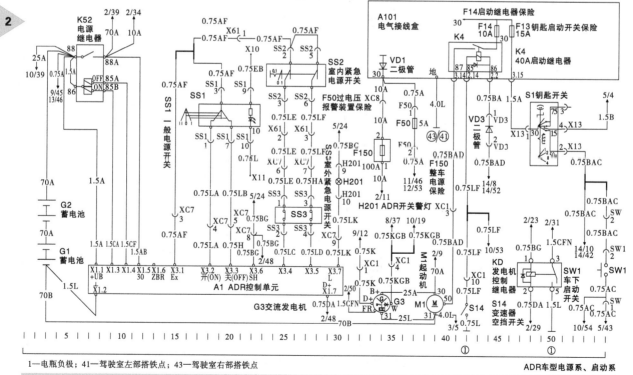

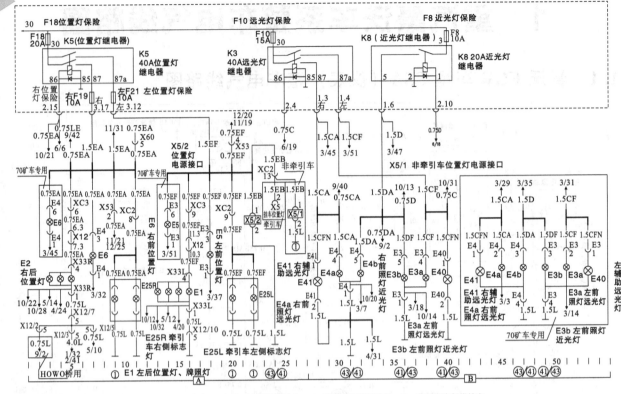

2012版HOWO-EGR电气原理图(SAC仪表)3/17

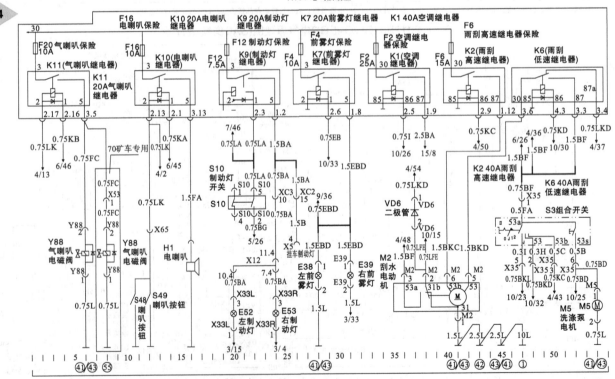

2012版HOWO-EGR电气原理图(SAC仪表)4/17

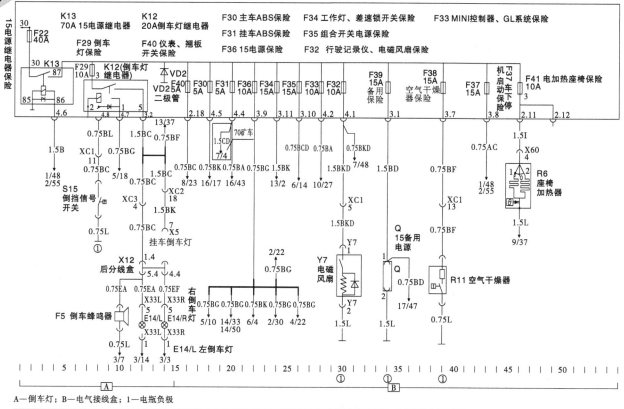

2012版HOWO-EGR电气原理图(SAC仪表)5/17

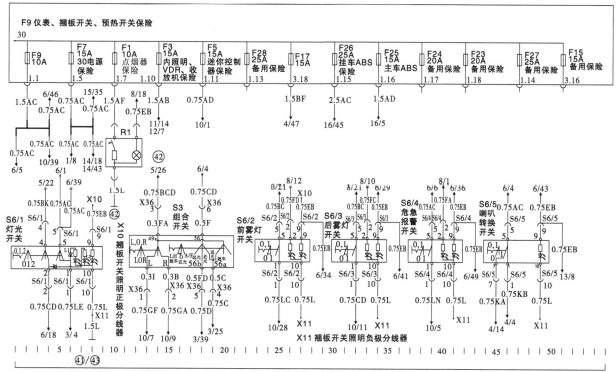

2012版HOWO-EGR电气原理图(SAC仪表)6/17

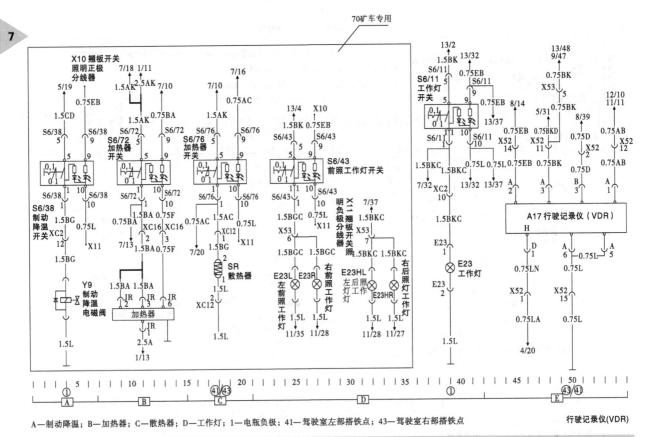

2012版HOWO-EGR电气原理图(SAC仪表)7/17

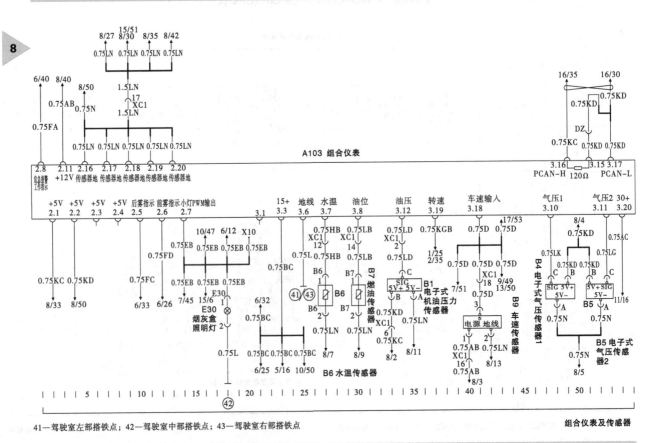

2012版HOWO-EGR电气原理图(SAC仪表)8/17

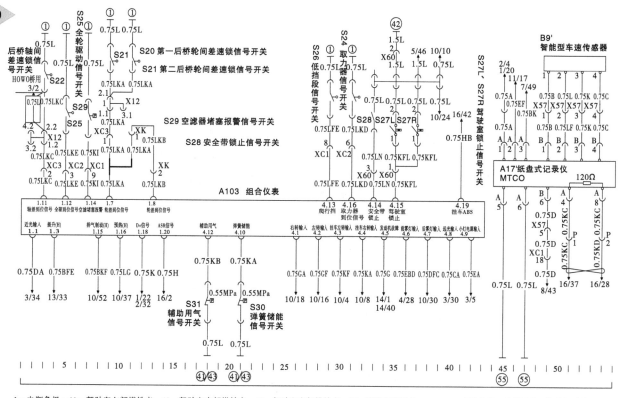

组合仪表、信号开关、标准驾驶室MTCO

2012版HOWO-EGR电气原理图(SAC仪表)9/17

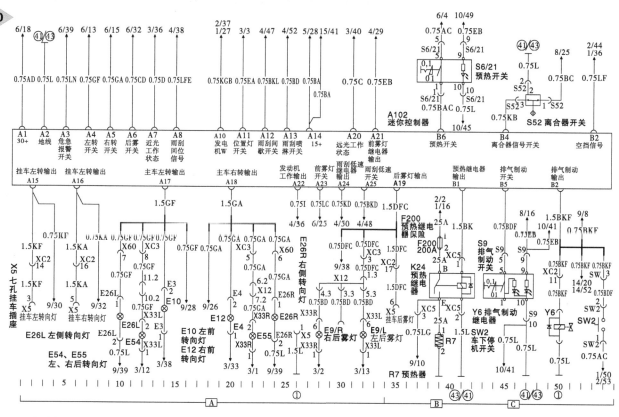

2012版HOWO-EGR电气原理图(SAC仪表)10/17

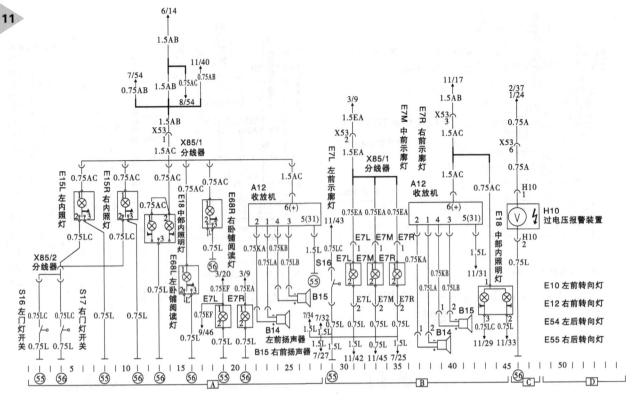

A—标准及加长驾驶室电气设备；B—70矿车驾驶室电气设备；C—过电压报警装置；55—顶篷左搭铁点；56—顶篷右搭铁点

2012版HOWO-EGR电气原理图(SAC仪表)11/17

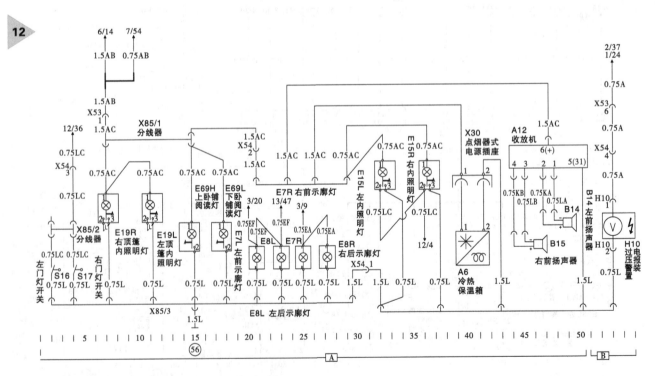

A—高顶驾驶室电气设备；B—过电压报警装置；56—顶篷右搭铁点

2012版HOWO-EGR电气原理图(SAC仪表)12/17

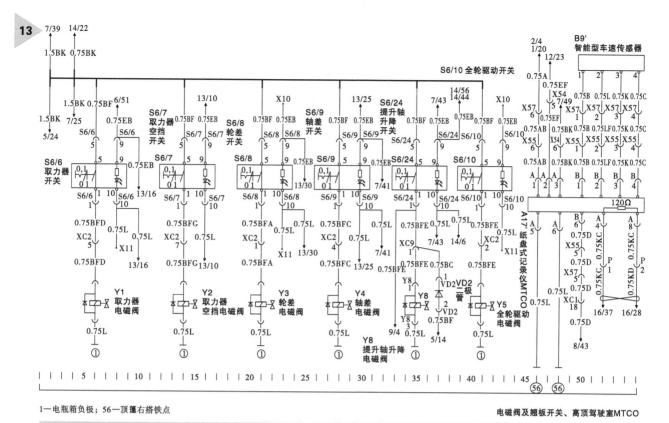

1—电瓶箱负极;56—顶篷右搭铁点

电磁阀及翘板开关、高顶驾驶室MTCO

2012版HOWO-EGR电气原理图(SAC仪表)13/17

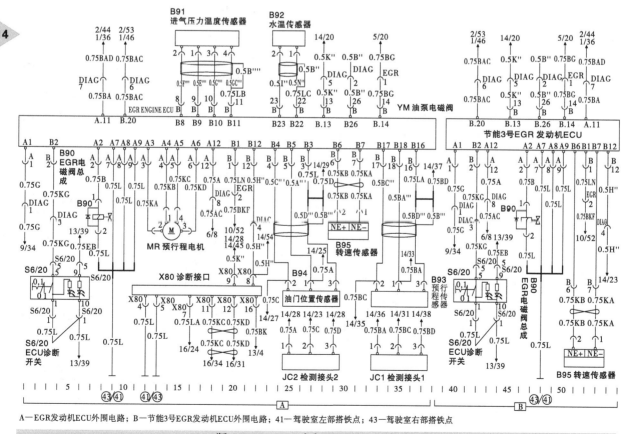

A—EGR发动机ECU外围电路;B—节能3号EGR发动机ECU外围电路;41—驾驶室左部搭铁点;43—驾驶室右部搭铁点

2012版HOWO-EGR电气原理图(SAC仪表)14/17

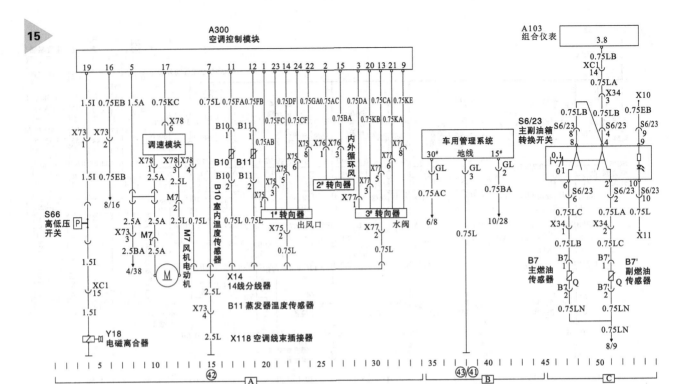

2012版HOWO-EGR电气原理图(SAC仪表)15/17

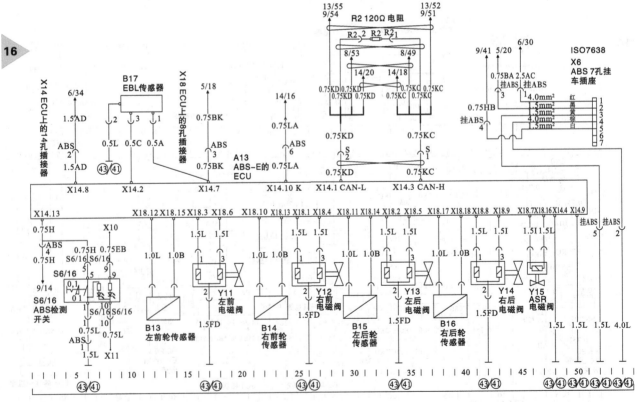

2012版HOWO-EGR电气原理图(SAC仪表)16/17

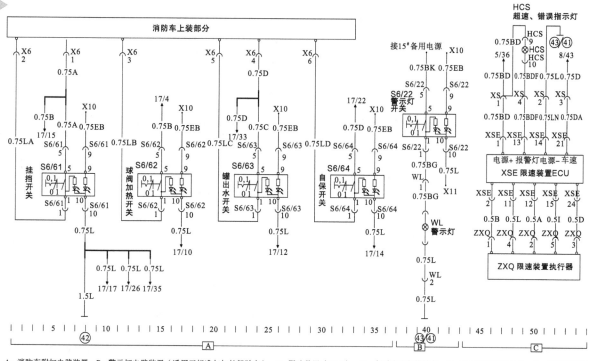

2012版HOWO-EGR电气原理图(SAC仪表)17/17

1.2 豪沃共轨车型（SAC仪表）整车电气线路图

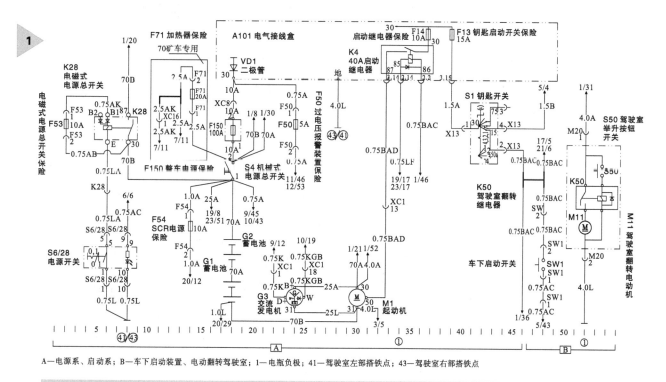

2012版HOWO共轨电气原理图（SAC仪表）1/23

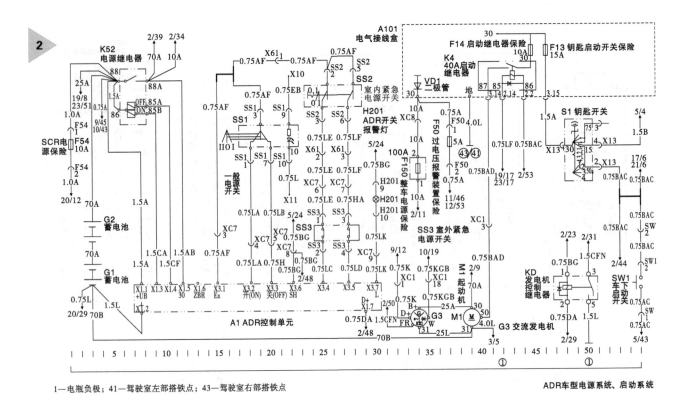

ADR车型电源系统、启动系统

2012版HOWO共轨电气原理图（SAC仪表）2/23

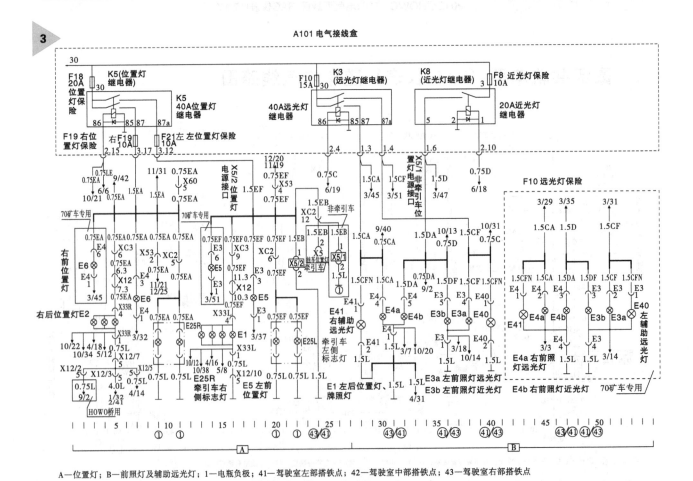

A—位置灯；B—前照灯及辅助远光灯；1—电瓶负极；41—驾驶室左部搭铁点；42—驾驶室中部搭铁点；43—驾驶室右部搭铁点

2012版HOWO共轨电气原理图（SAC仪表）3/23

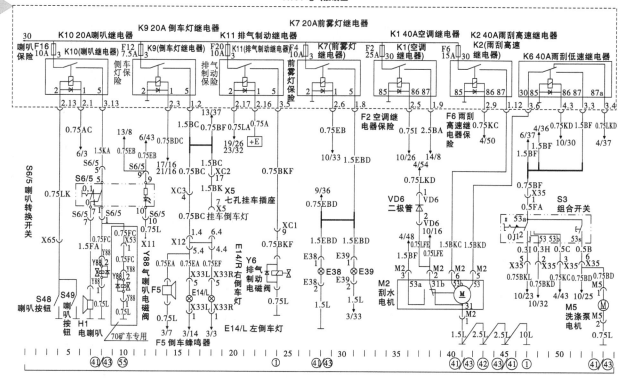

2012版HOWO共轨电气原理图（SAC仪表）4/23

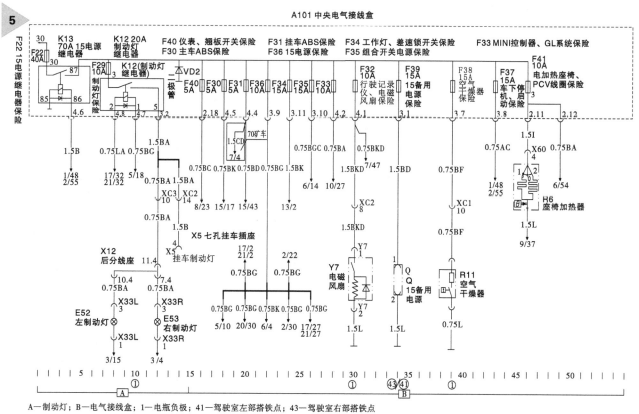

2012版HOWO共轨电气原理图（SAC仪表）5/23

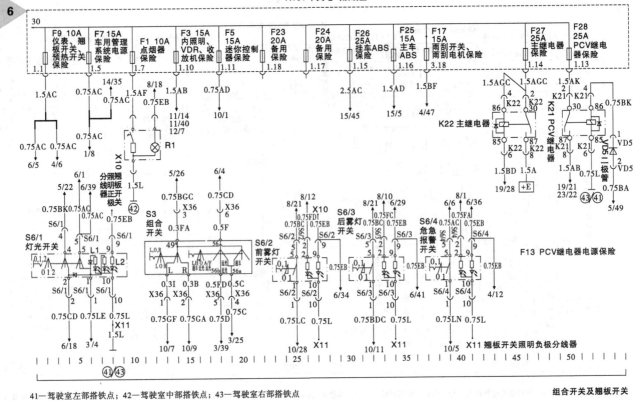

2012版HOWO共轨电气原理图（SAC仪表）6/23

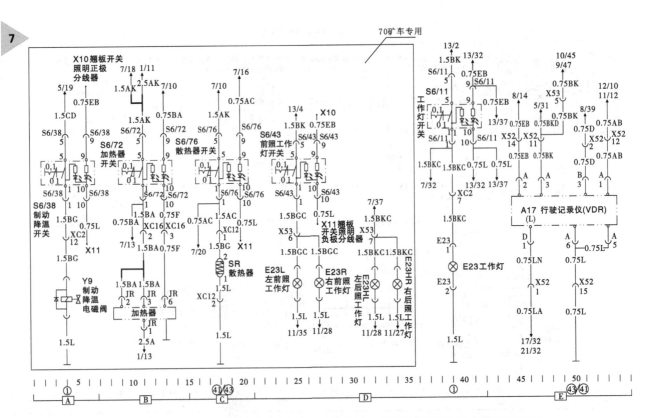

2012版HOWO共轨电气原理图（SAC仪表）7/23

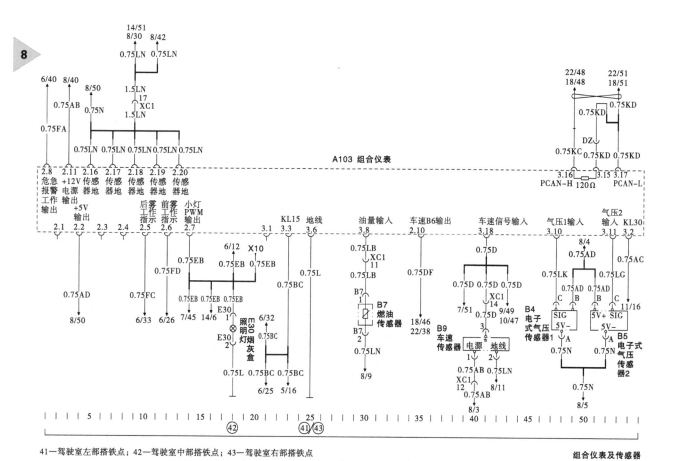

2012版HOWO共轨电气原理图（SAC仪表）8/23

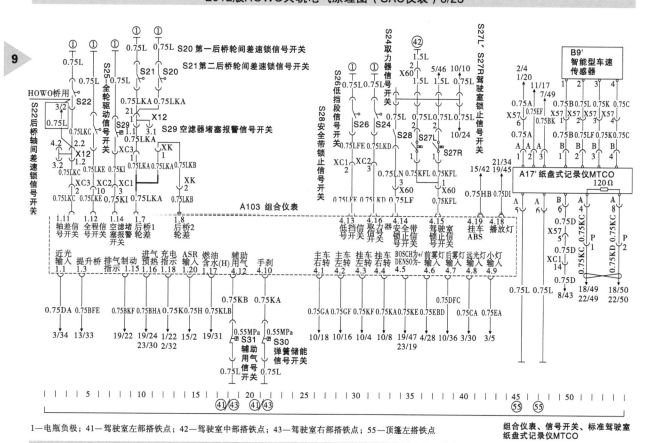

2012版HOWO共轨电气原理图（SAC仪表）9/23

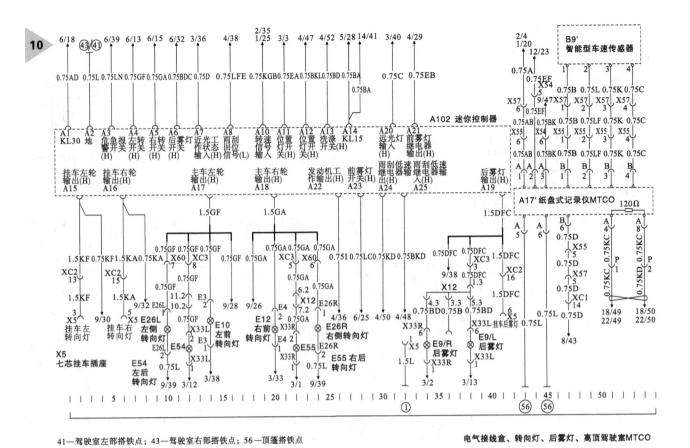

2012版HOWO共轨电气原理图（SAC仪表）10/23

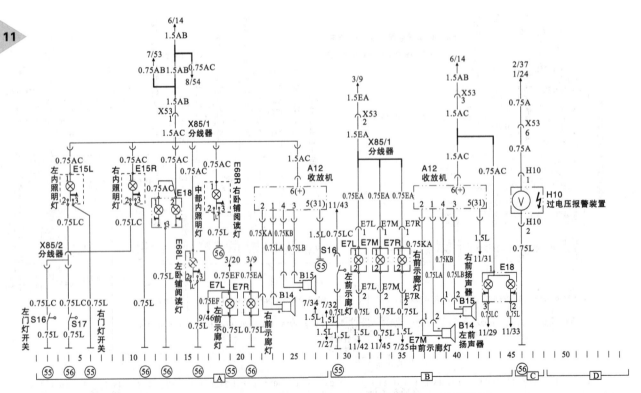

2012版HOWO共轨电气原理图（SAC仪表）11/23

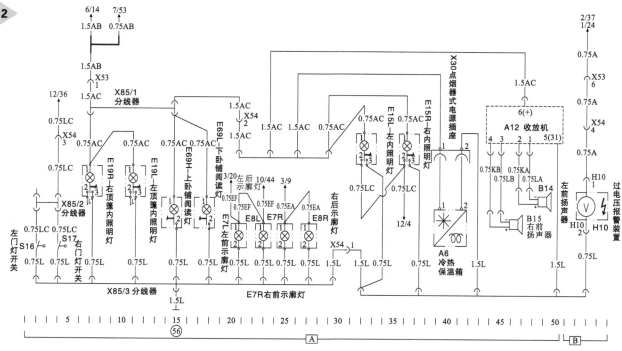

A—高顶驾驶室电气设备；B—过电压报警装置；56—顶篷右搭铁点

2012版HOWO共轨电气原理图（SAC仪表）12/23

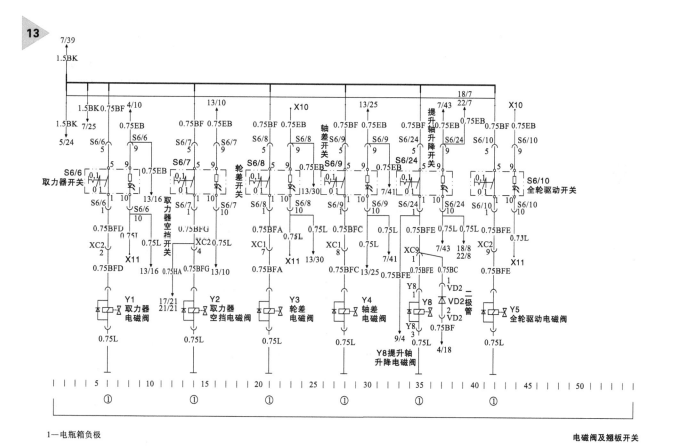

1—电瓶箱负极

电磁阀及翘板开关

2012版HOWO共轨电气原理图（SAC仪表）13/23

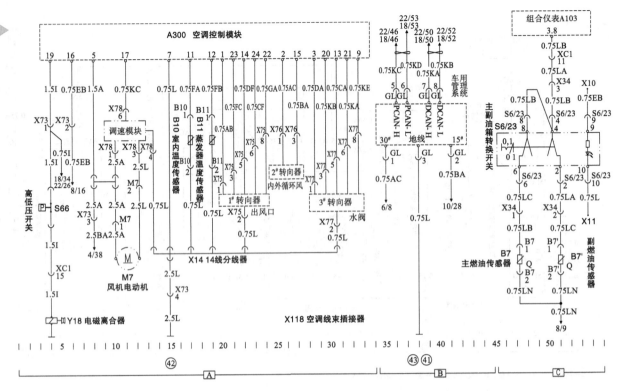

A—智能控制空调系统；B—车用管理系统；C—双油箱电气装置；41—驾驶室左部搭铁点；42—驾驶室中部搭铁点；43—驾驶室右部搭铁点

2012版HOWO共轨电气原理图（SAC仪表）14/23

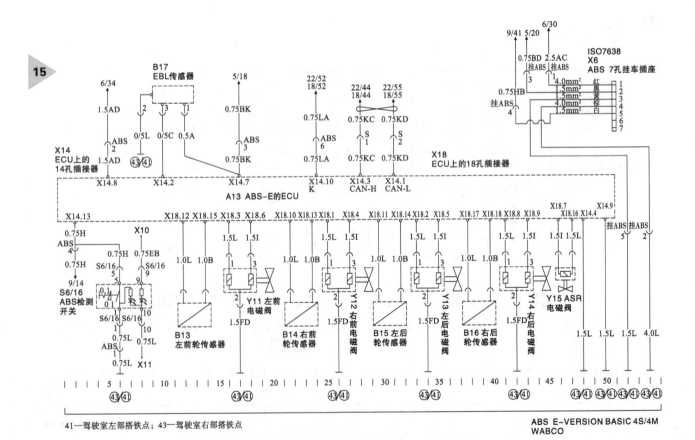

41—驾驶室左部搭铁点；43—驾驶室右部搭铁点

ABS E-VERSION BASIC 4S/4M
WABCO

2012版HOWO共轨电气原理图（SAC仪表）15/23

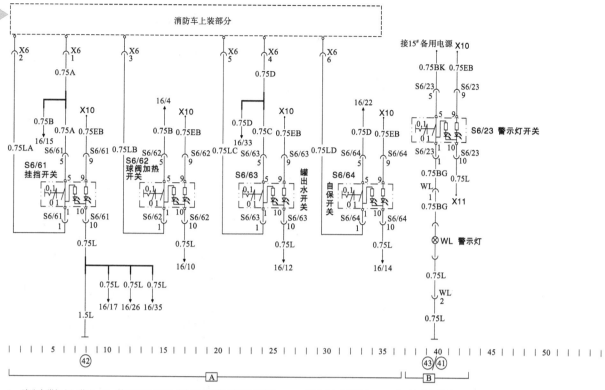

A—消防车附加电气装置；B—警示灯电气装置（适用于标准与加长驾驶室）；41—驾驶室左部搭铁点；42—驾驶室中部搭铁点；43—驾驶室右部搭铁点

2012版HOWO共轨电气原理图（SAC仪表）16/23

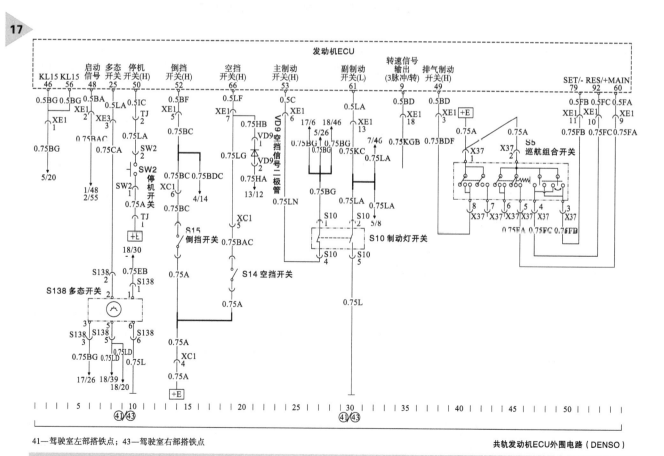

41—驾驶室左部搭铁点；43—驾驶室右部搭铁点

共轨发动机ECU外围电路（DENSO）

2012版HOWO共轨电气原理图（SAC仪表）17/23

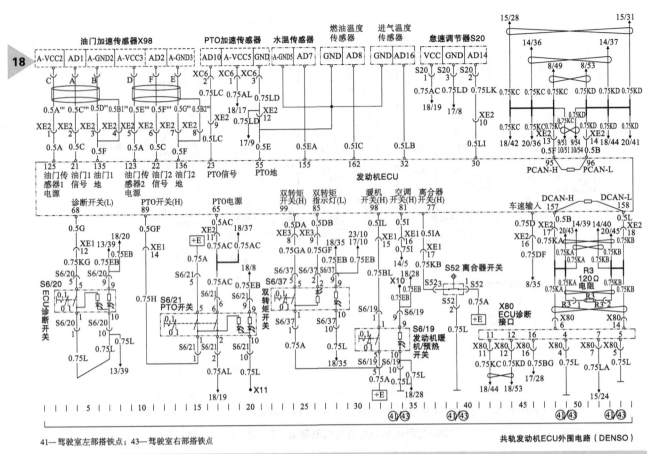

2012版HOWO共轨电气原理图（SAC仪表）18/23

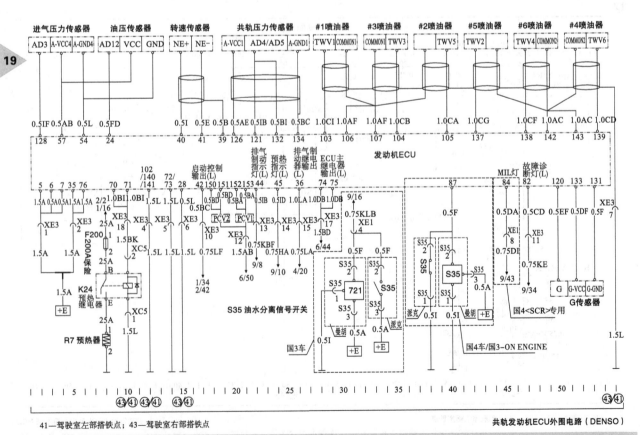

2012版HOWO共轨电气原理图（SAC仪表）19/23

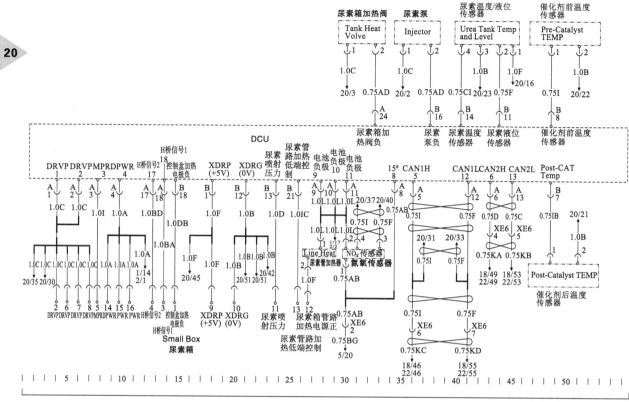

国4车型SCR ECU外围电路

2012版HOWO共轨电气原理图（SAC仪表）20/23

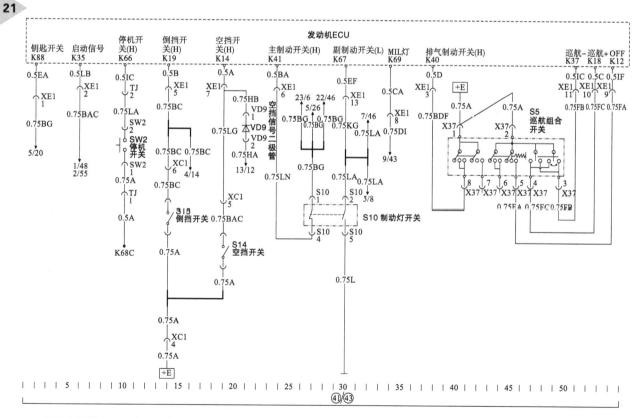

41—驾驶室左部搭铁点；43—驾驶室右部搭铁点

共轨发动机ECU外围电路（BOSCH）

2012版HOWO共轨电气原理图（SAC仪表）21/23

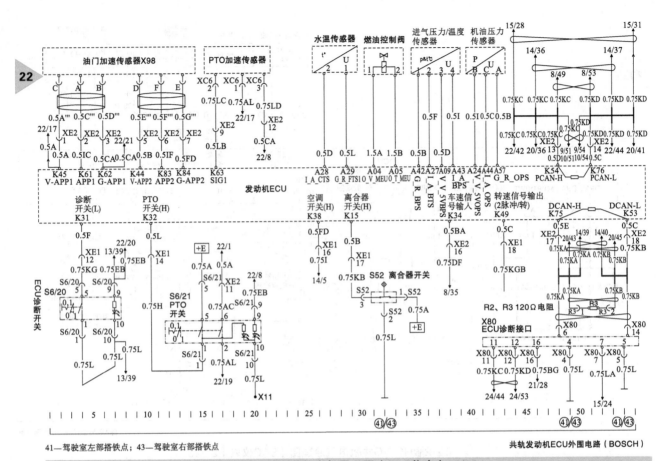

2012版HOWO共轨电气原理图（SAC仪表）22/23

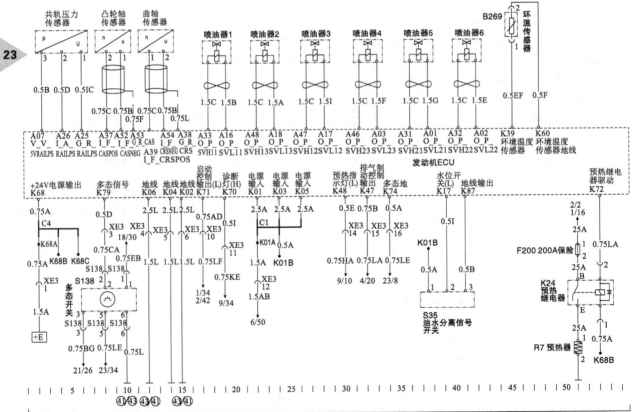

2012版HOWO共轨电气原理图（SAC仪表）23/23

1.3 豪沃天然气车型整车电气线路图

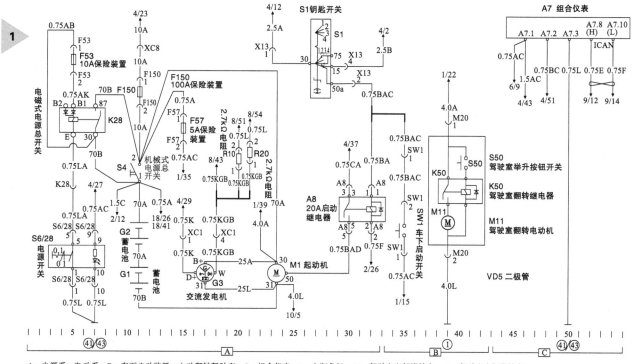

A—电源系、启动系；B—车下启动装置、电动翻转驾驶室；C—组合仪表；1—电瓶负极；41—驾驶室左部搭铁点；43—驾驶室右部搭铁点

2012版HOWO天然气车型电气原理图1/19

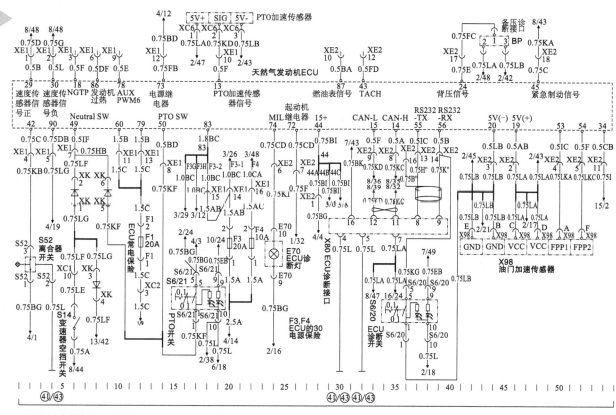

41—驾驶室左部搭铁点；43—驾驶室右部搭铁点

发动机ECU外围电路

2012版HOWO天然气车型电气原理图2/19

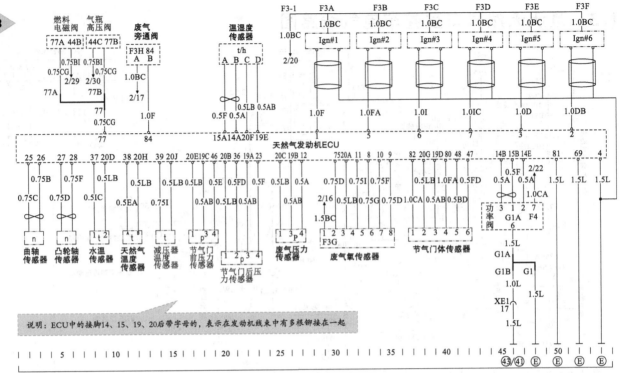

发动机ECU外围电路

E—发动机机体搭铁点；41—驾驶室左部搭铁点；43—驾驶室右部搭铁点

2012版HOWO天然气车型电气原理图3/19

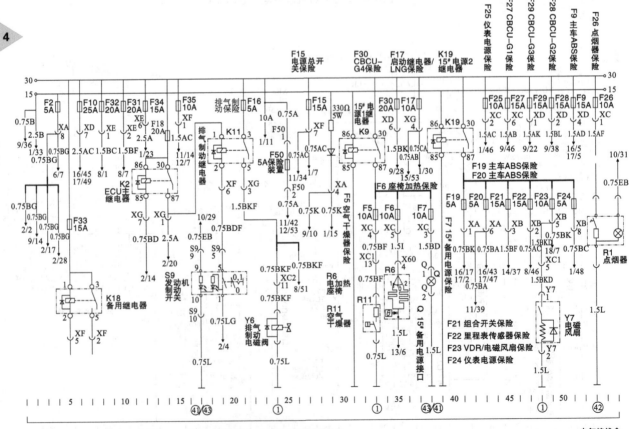

电气接线盒

1—电源负极；41—驾驶室左部搭铁点；42—驾驶室中部搭铁点；43—驾驶室右部搭铁点

2012版HOWO天然气车型电气原理图4/19

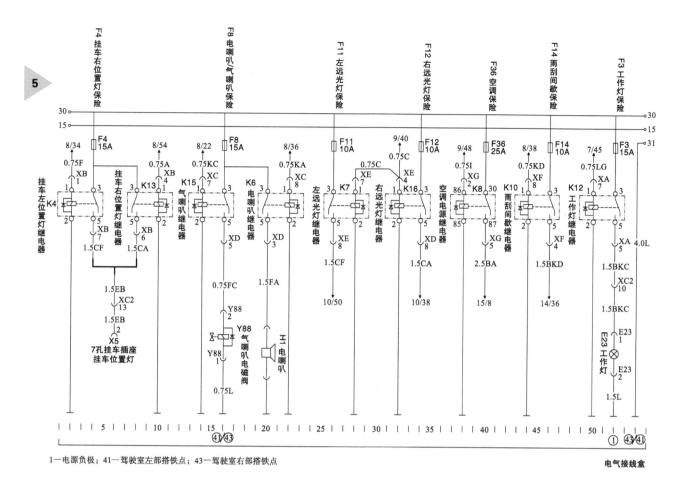

2012版HOWO天然气车型电气原理图5/19

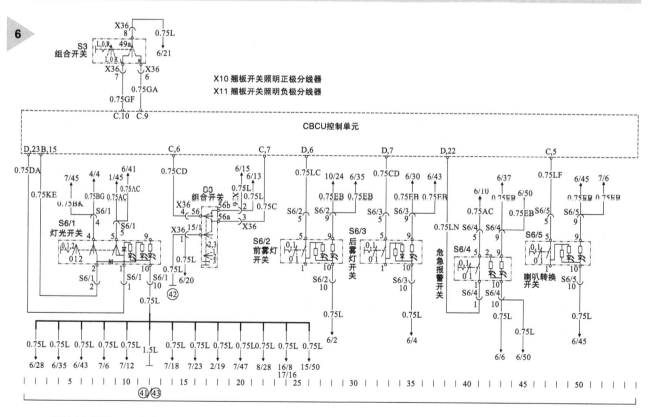

2012版HOWO天然气车型电气原理图6/19

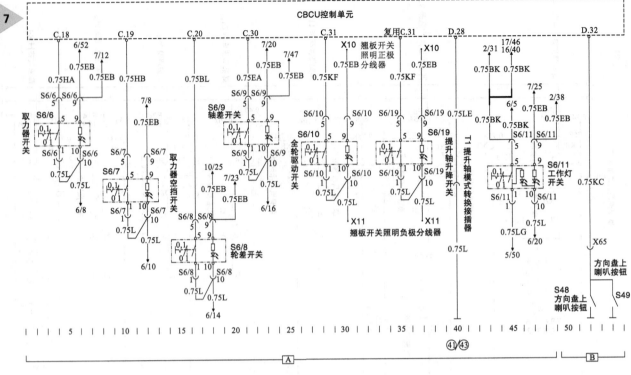

A—翘板开关；B—方向盘上的喇叭按钮；41—驾驶室左部搭铁点；43—驾驶室右部搭铁点

2012版HOWO天然气车型电气原理图7/19

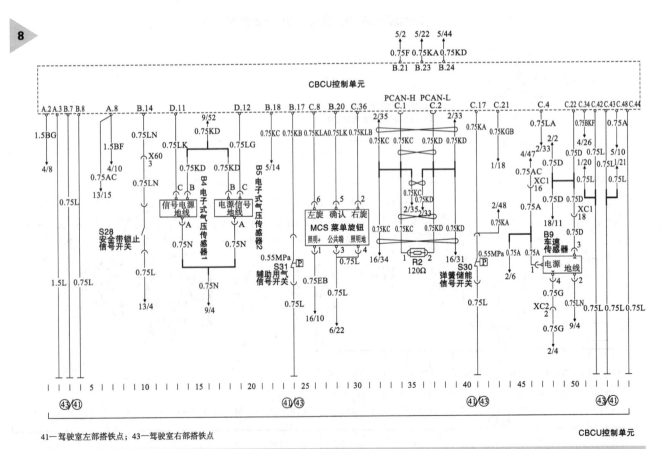

41—驾驶室左部搭铁点；43—驾驶室右部搭铁点

2012版HOWO天然气车型电气原理图8/19

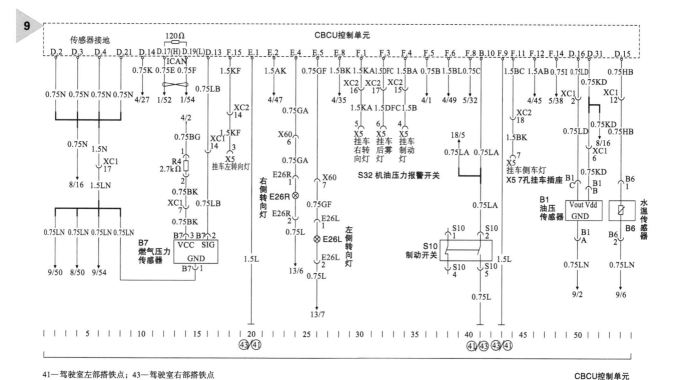

41—驾驶室左部搭铁点；43—驾驶室右部搭铁点

2012版HOWO天然气车型电气原理图9/19

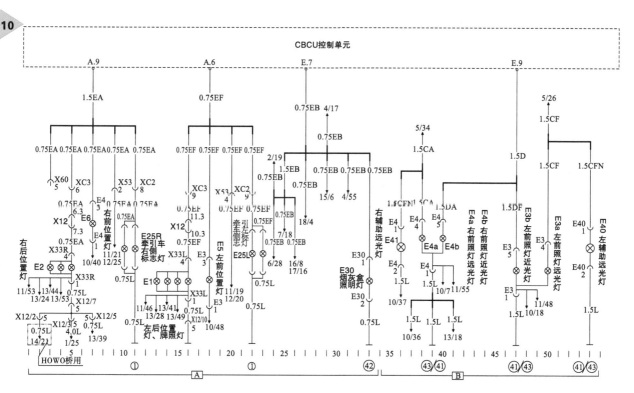

A—位置灯；B—前照灯及辅助远光灯；1—电瓶负极；41—驾驶室左部搭铁点；42—驾驶室中部搭铁点；43—驾驶室右部搭铁点

2012版HOWO天然气车型电气原理图10/19

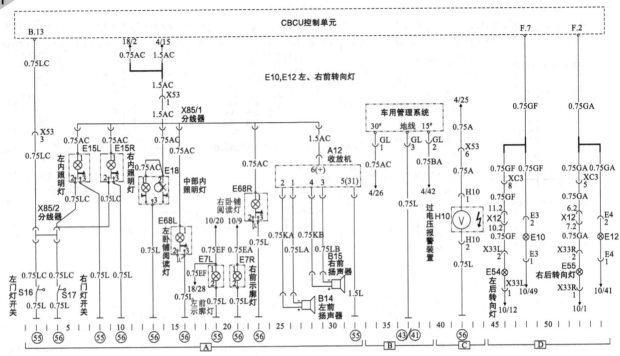

2012版HOWO天然气车型电气原理图11/19

2012版HOWO天然气车型电气原理图12/19

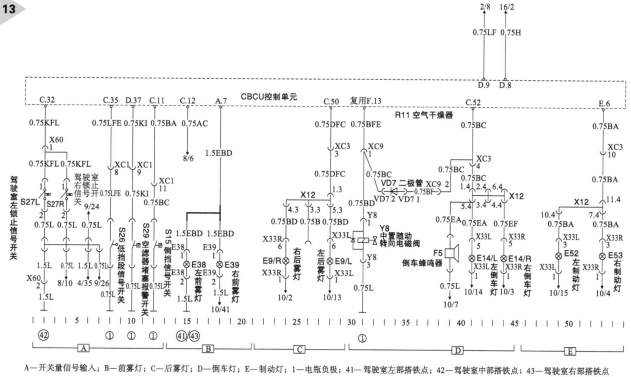

2012版HOWO天然气车型电气原理图13/19

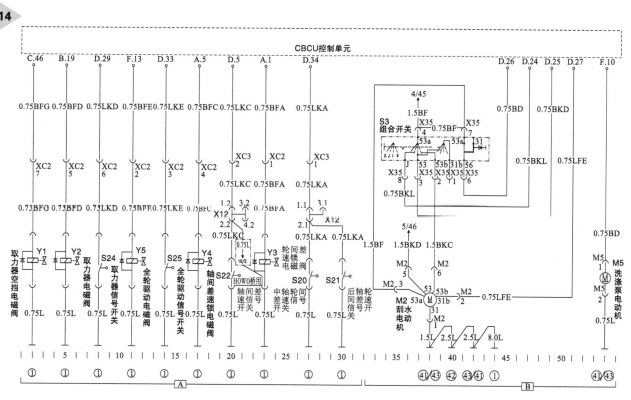

2012版HOWO天然气车型电气原理图14/19

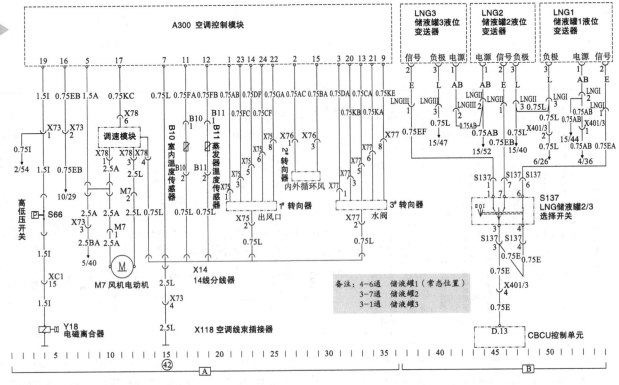

2012版HOWO天然气车型电气原理图15/19

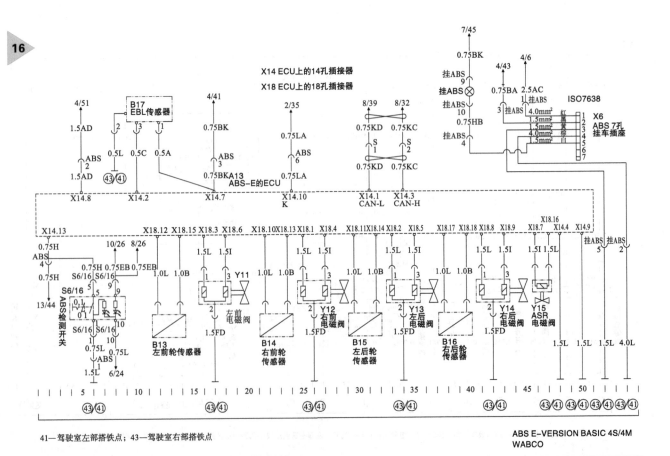

2012版HOWO天然气车型电气原理图16/19

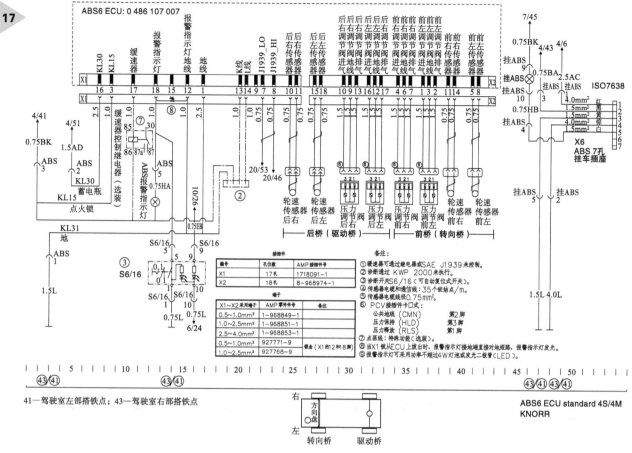

2012版HOWO天然气车型电气原理图17/19

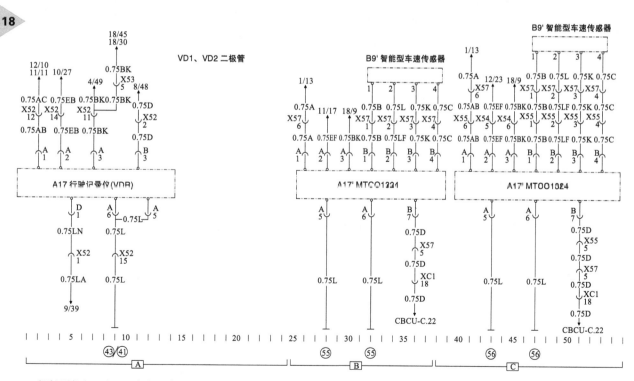

2012版HOWO天然气车型电气原理图18/19

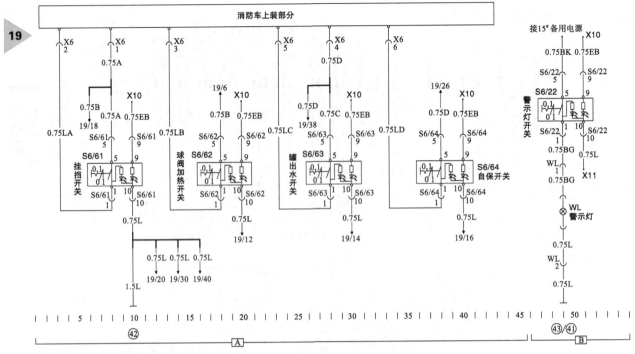

2012版HOWO天然气车型电气原理图19/19

1.4 豪沃T7H车系（AMT-EDC17-CBCU系统）整车电气线路图

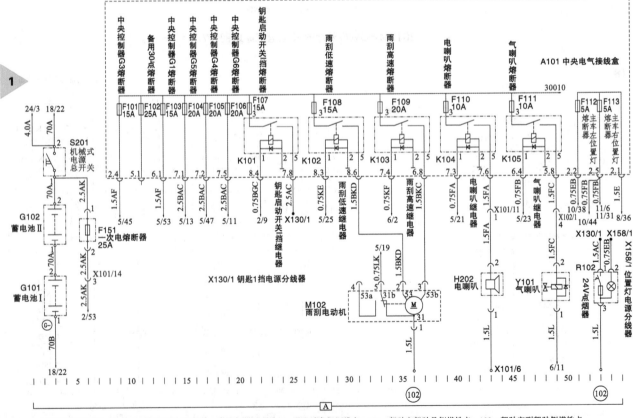

1.4 T7H-AMT-EDC17-CBCU原理图1/26

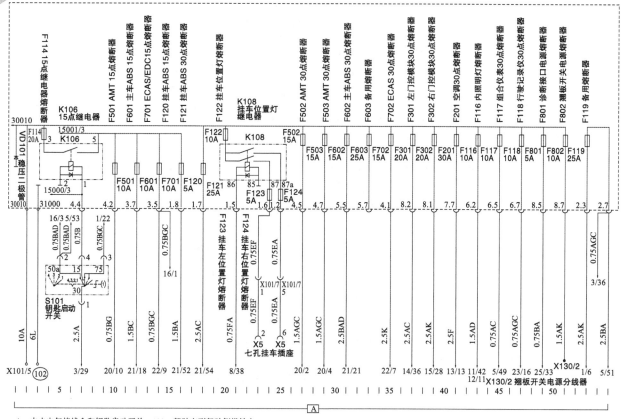

1.4 T7H-AMT-EDC17-CBCU原理图2/26

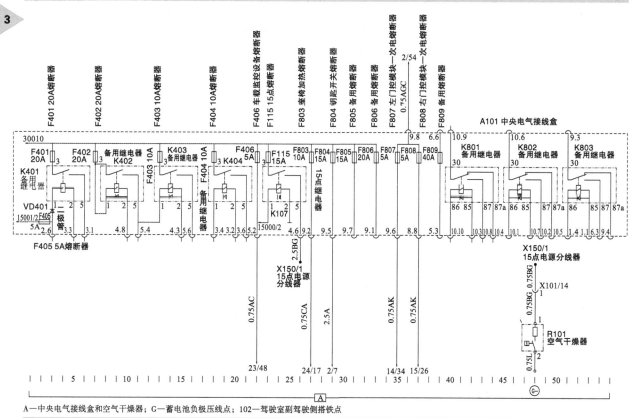

1.4 T7H-AMT-EDC17-CBCU原理图3/26

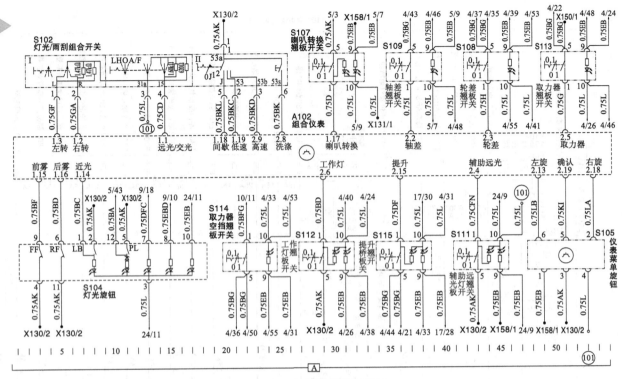

1.4 T7H-AMT-EDC17-CBCU原理图4/26

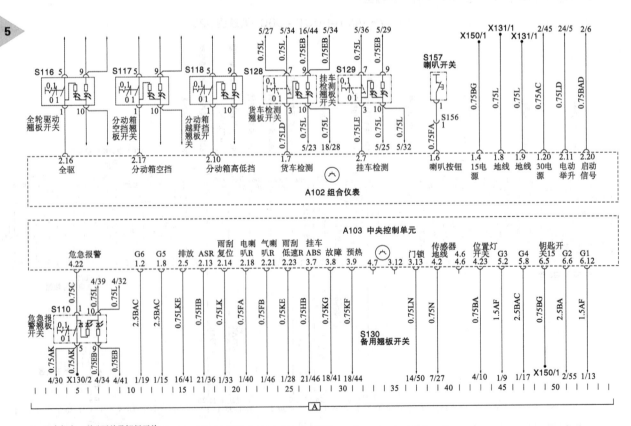

1.4 T7H-AMT-EDC17-CBCU原理图5/26

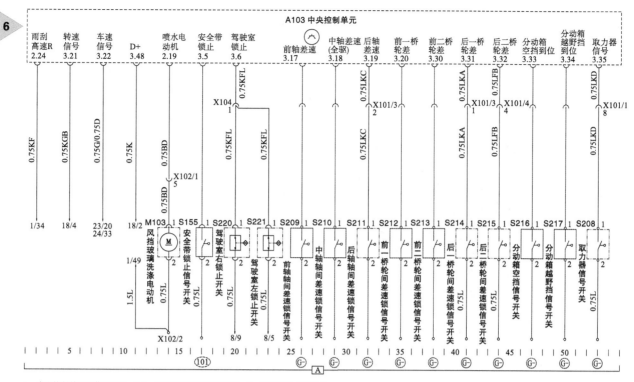

1.4 T7H-AMT-EDC17-CBCU原理图6/26

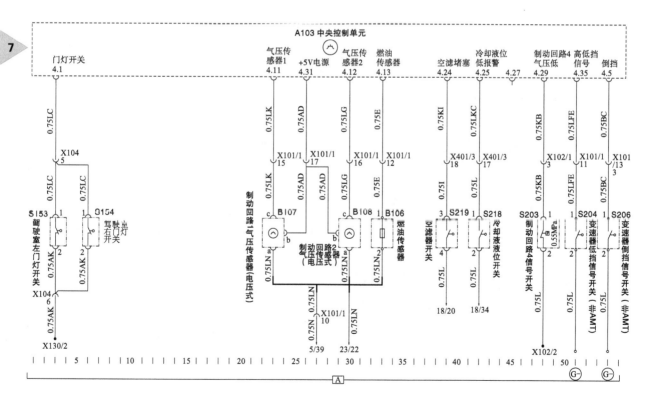

1.4 T7H-AMT-EDC17-CBCU原理图7/26

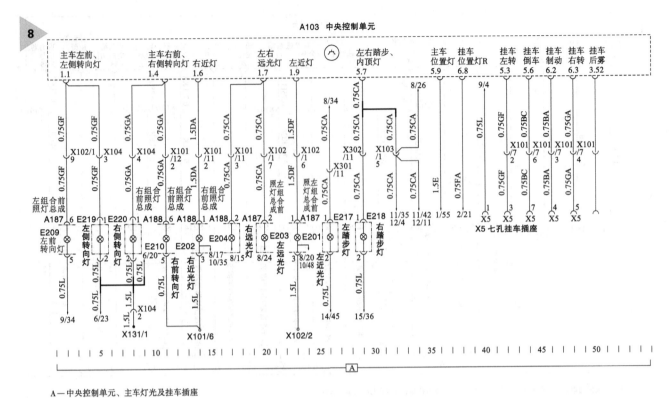

A—中央控制单元、主车灯光及挂车插座

1.4 T7H-AMT-EDC17-CBCU原理图8/26

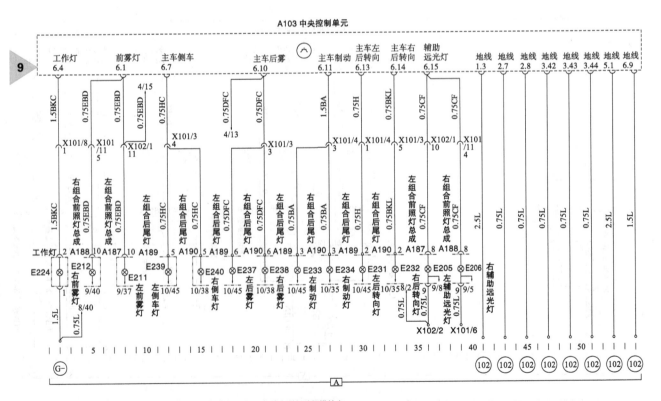

A—中央控制单元及主车灯光；G—蓄电池负极压线点；102—驾驶室副驾驶侧搭铁点

1.4 T7H-AMT-EDC17-CBCU原理图9/26

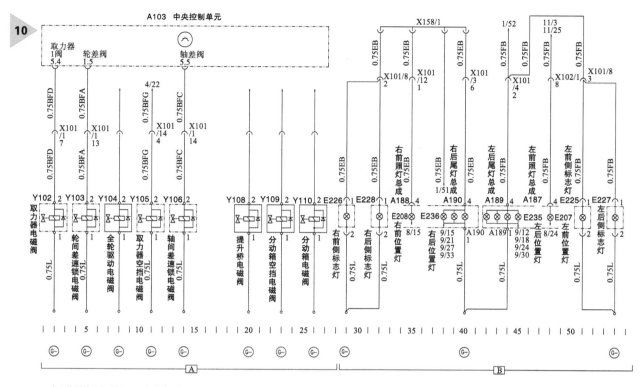

A—中央控制单元电磁阀；B—主车位置灯；G—蓄电池负极压线点

1.4 T7H-AMT-EDC17-CBCU原理图10/26

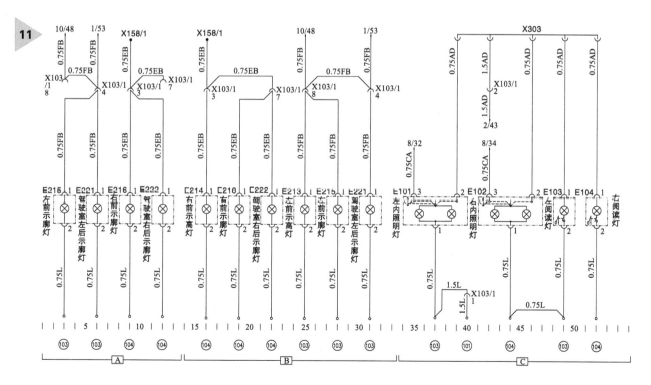

A—标准驾驶室示廓灯；B—高顶驾驶室示高灯、示廓灯；C—标准驾驶室内照明灯；101—驾驶室驾驶员侧搭铁点；103—顶篷驾驶员侧搭铁点；104—顶篷副驾驶侧搭铁点

1.4 T7H-AMT-EDC17-CBCU原理图11/26

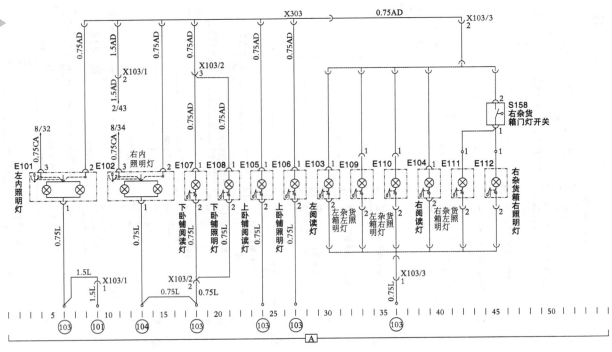

A—高顶驾驶室内部照明灯；101—驾驶室驾驶员侧搭铁点；103—顶篷驾驶员侧搭铁点；104—顶篷副驾驶侧搭铁点

1.4 T7H-AMT-EDC17-CBCU原理图12/26

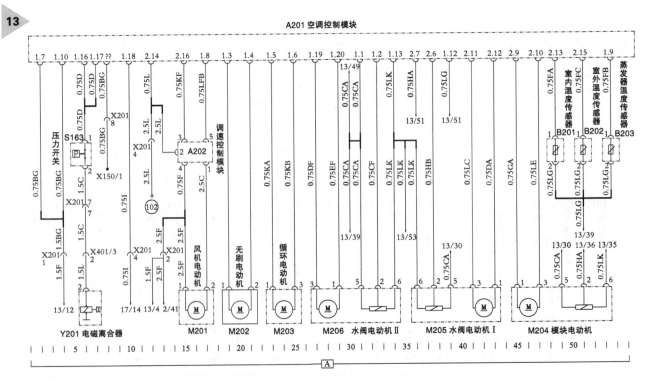

A—空调控制模块外围电路；102—驾驶室副驾驶侧搭铁点

1.4 T7H-AMT-EDC17-CBCU原理图13/26

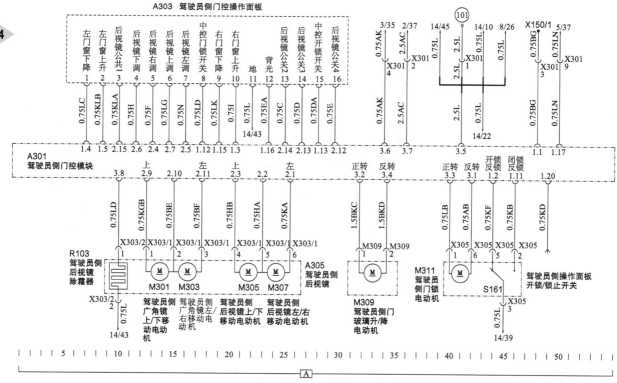

1.4 T7H-AMT-EDC17-CBCU原理图14/26

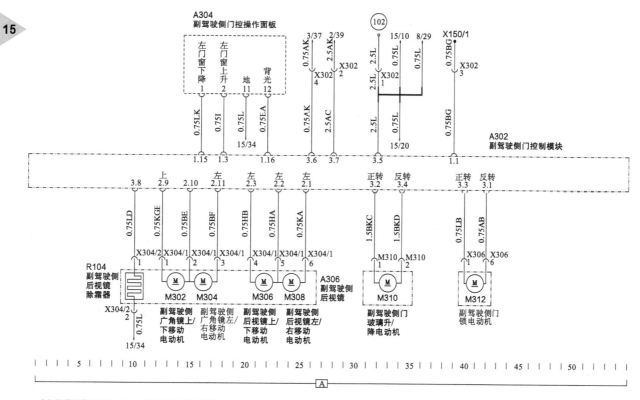

1.4 T7H-AMT-EDC17-CBCU原理图15/26

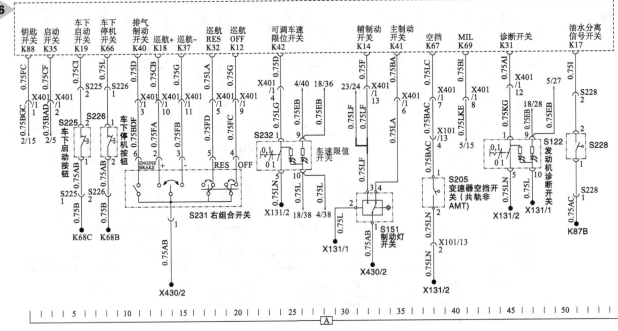

1.4 T7H-AMT-EDC17-CBCU原理图16/26

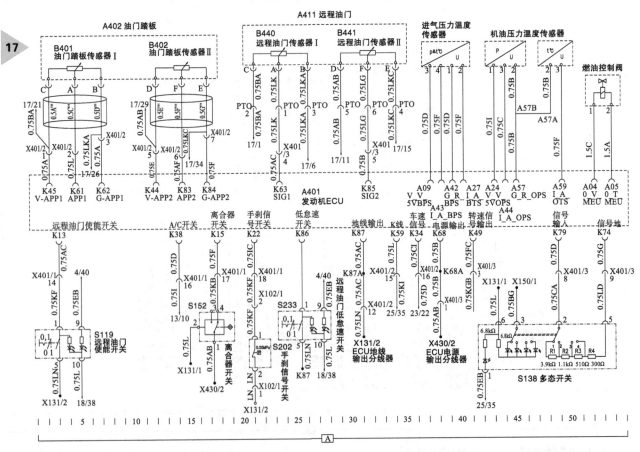

1.4 T7H-AMT-EDC17-CBCU原理图17/26

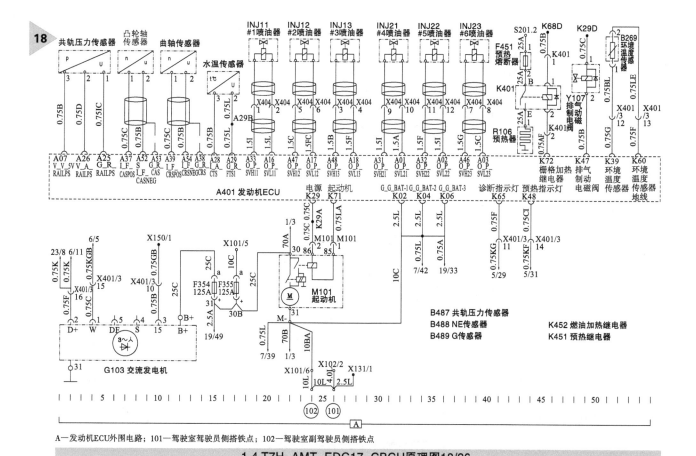

1.4 T7H-AMT-EDC17-CBCU原理图18/26

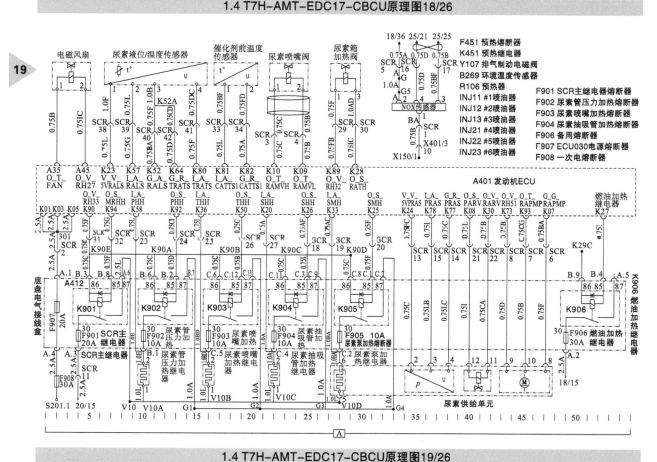

1.4 T7H-AMT-EDC17-CBCU原理图19/26

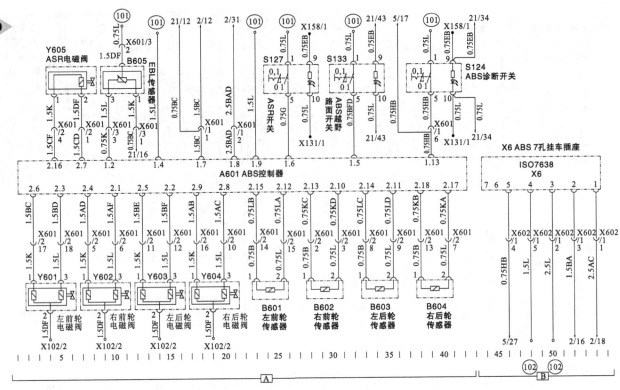

101—驾驶室驾驶员侧搭铁点；102—驾驶室副驾驶侧搭铁点

A ABS E-VERSION BASIC 4S/4M WABCO
B 挂车ABS插座

1.4 T7H-AMT-EDC17-CBCU原理图20/26

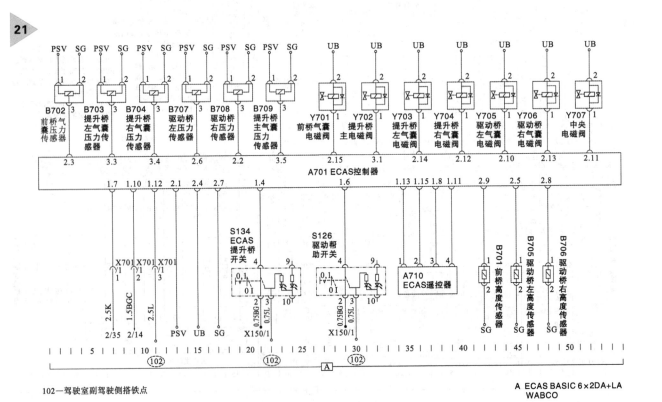

102—驾驶室副驾驶侧搭铁点

A ECAS BASIC 6×2DA+LA WABCO

1.4 T7H-AMT-EDC17-CBCU原理图21/26

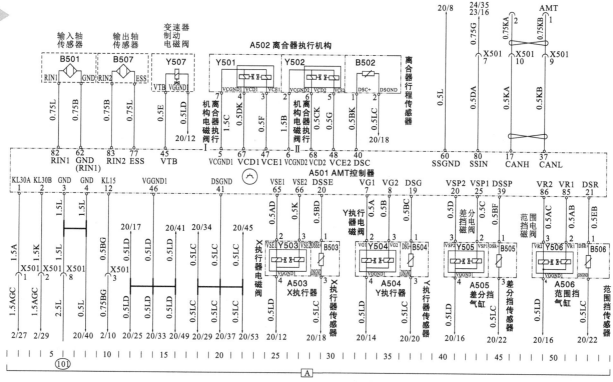

A—AMT控制器外围电路；101—驾驶室左部搭铁点

1.4 T7H-AMT-EDC17-CBCU原理图22/26

102—驾驶室副驾驶侧搭铁点

A ECAS BASIC 6×2 D A+LA WABCO

1.4 T7H-AMT-EDC17-CBCU原理图23/26

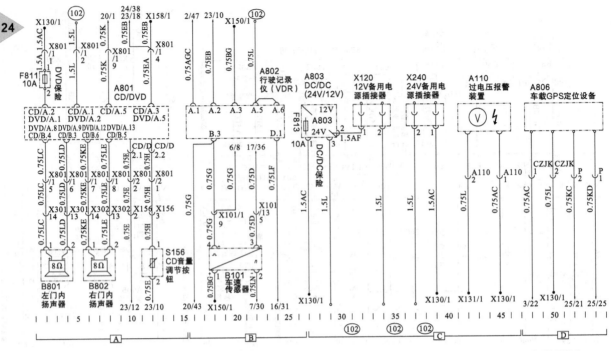

1.4 T7H-AMT-EDC17-CBCU原理图24/26

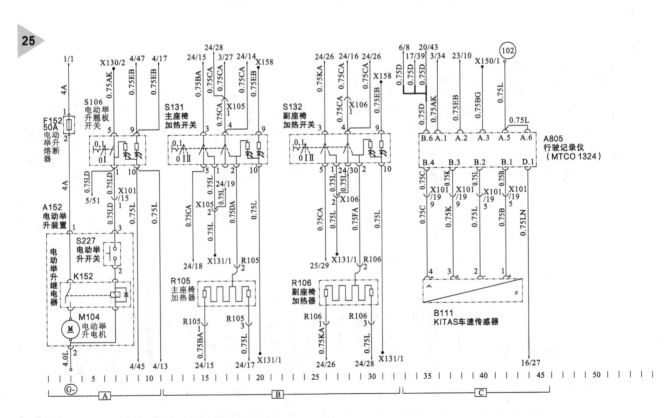

1.4 T7H-AMT-EDC17-CBCU原理图25/26

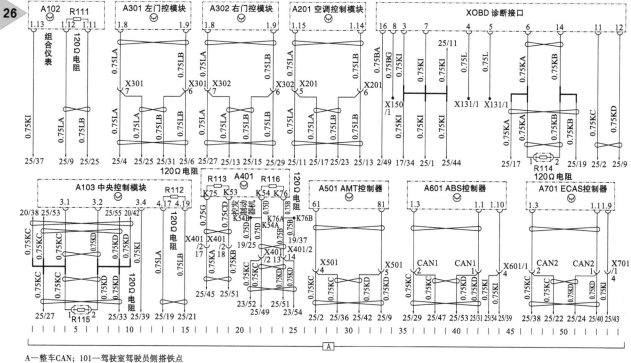

1.4 T7H-AMT-EDC17-CBCU原理图26/26

2 福田欧曼车系整车电气线路图

2.1 欧曼EXT自卸车整车电气线路图

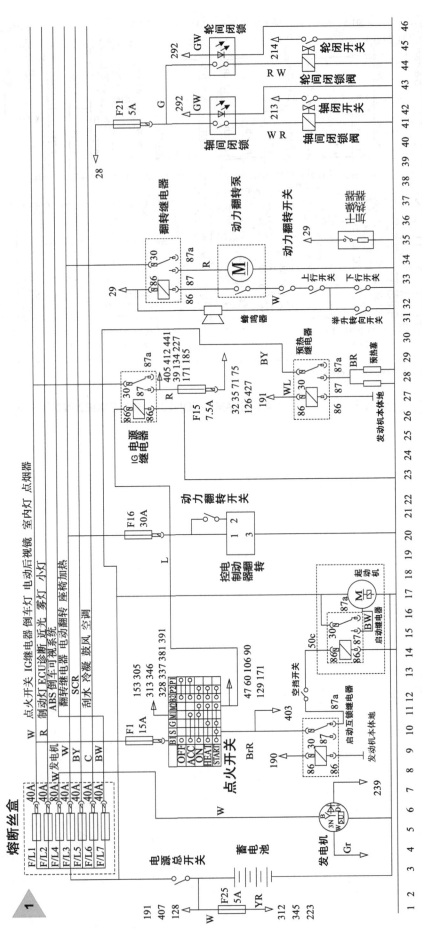

欧曼EXT自卸车线路1/10

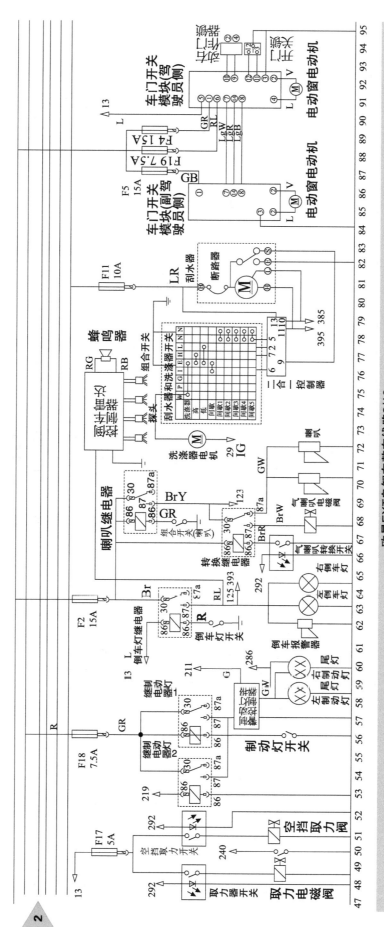

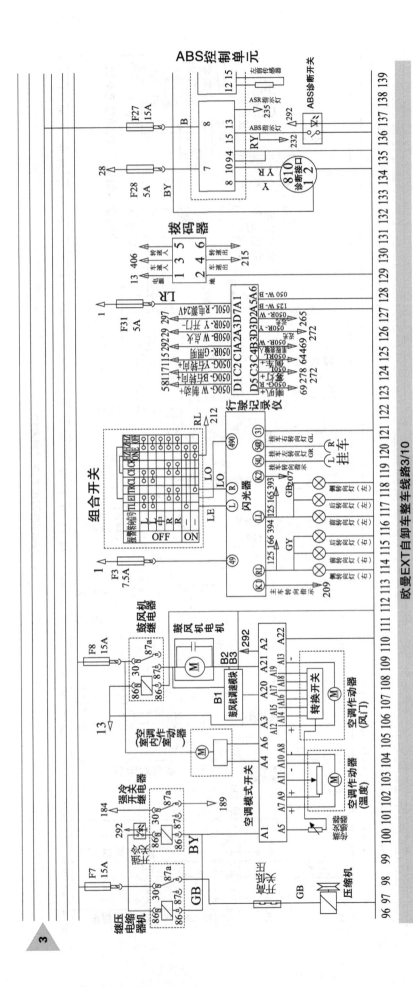

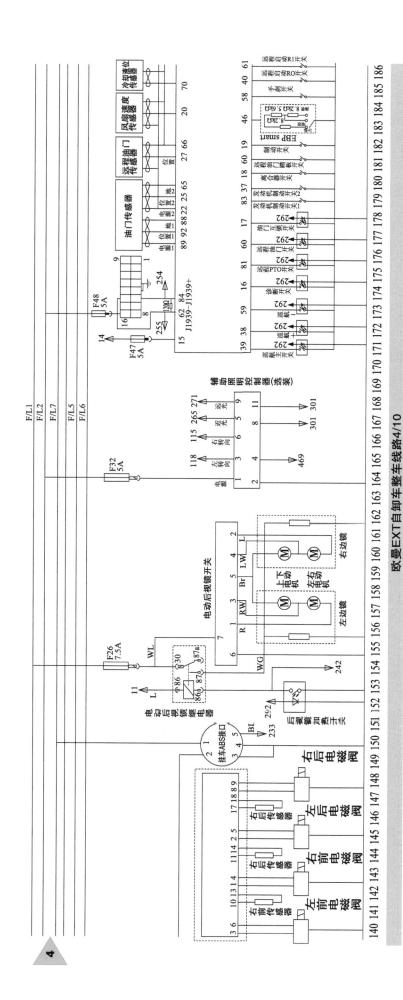

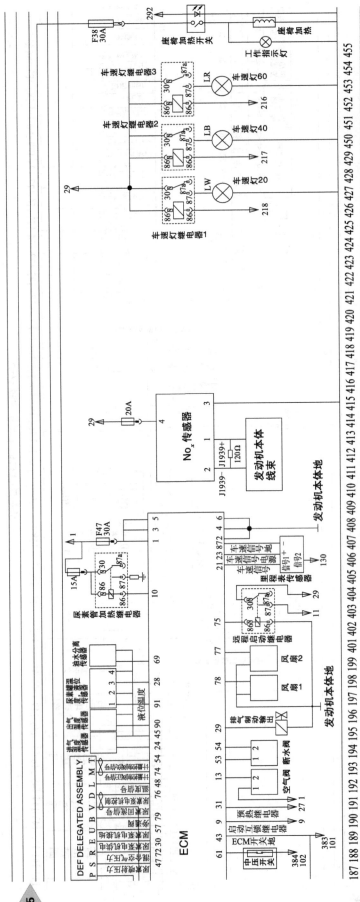

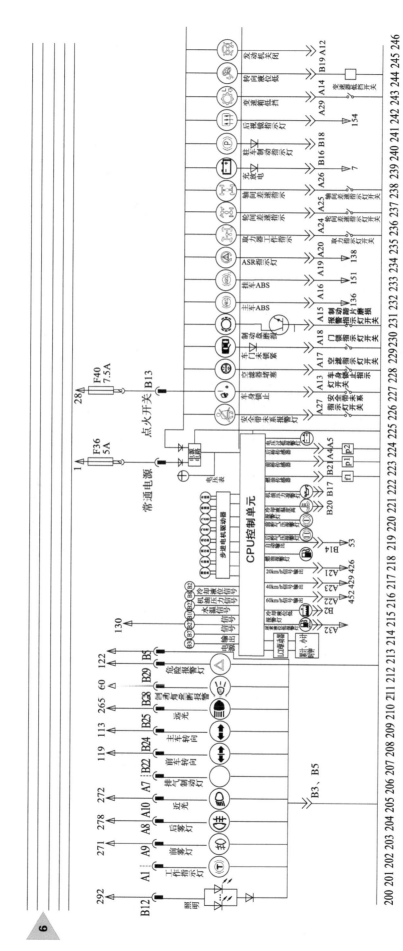

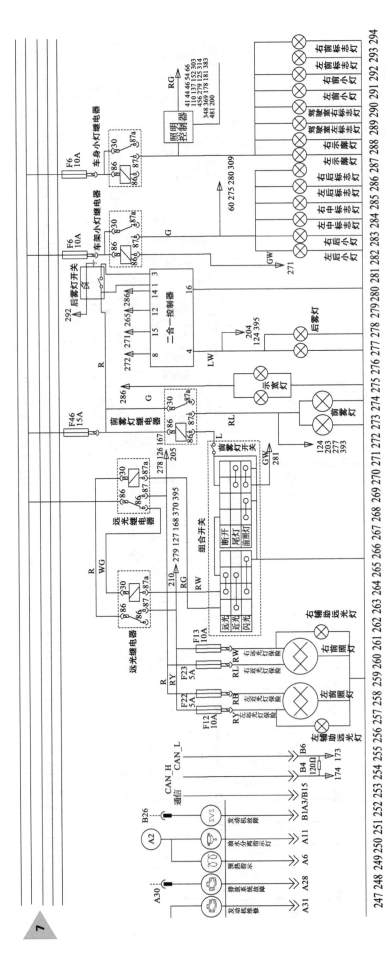

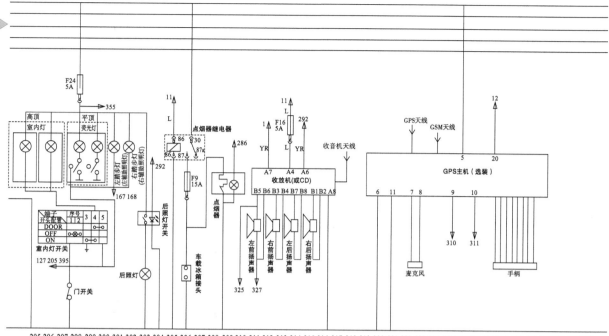

欧曼EXT自卸车整车线路8/10

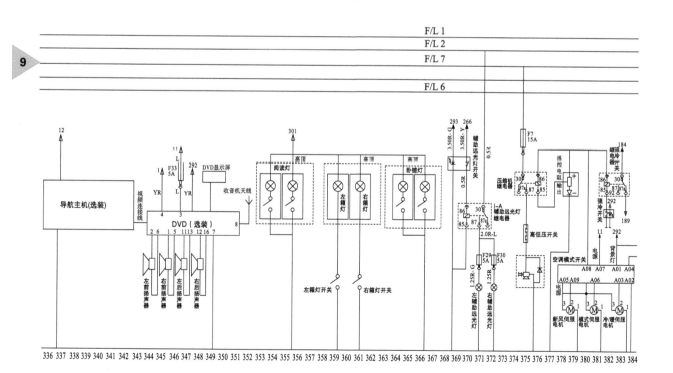

欧曼EXT自卸车整车线路9/10

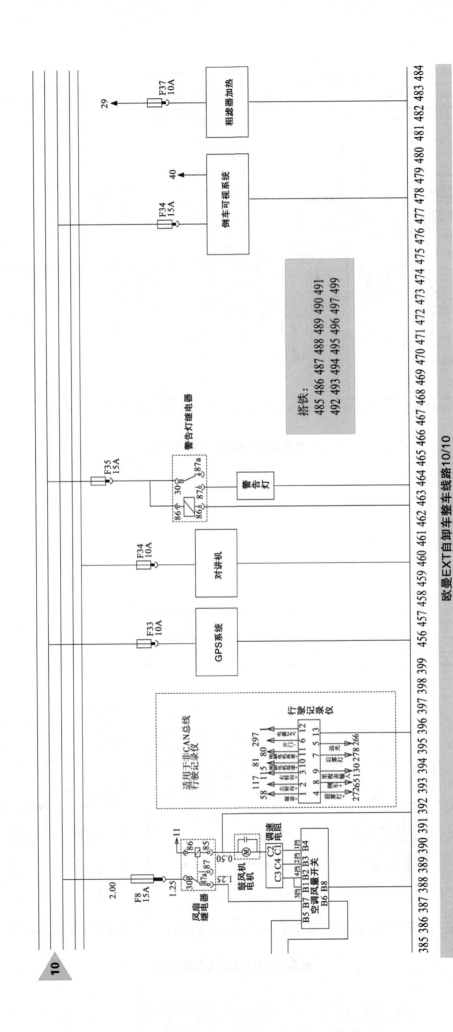

2.2 欧曼EXT牵引车整车电气线路图

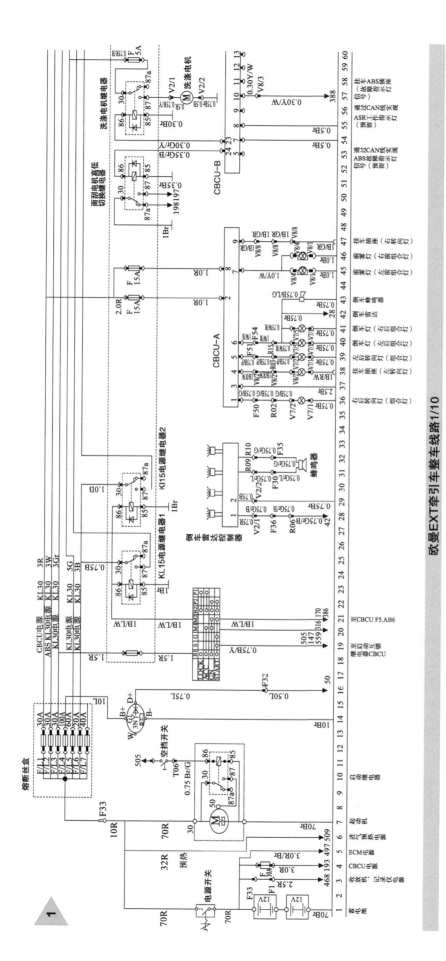

欧曼EXT牵引车整车线路1/10

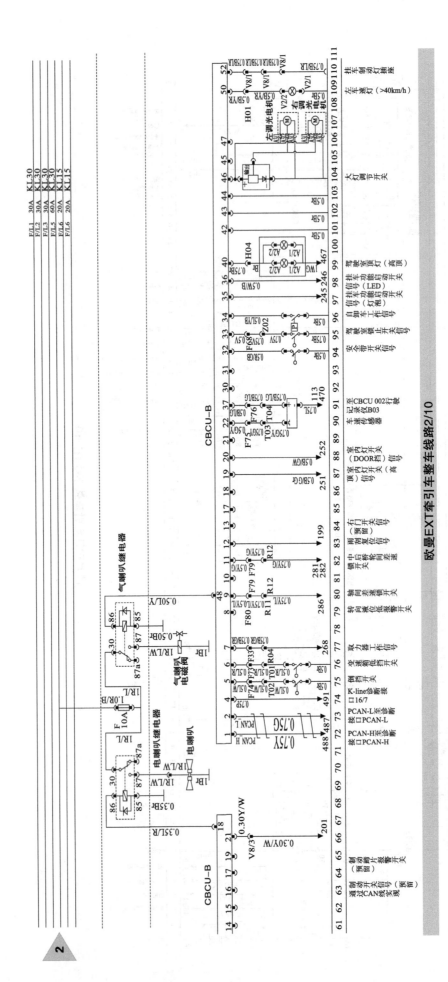

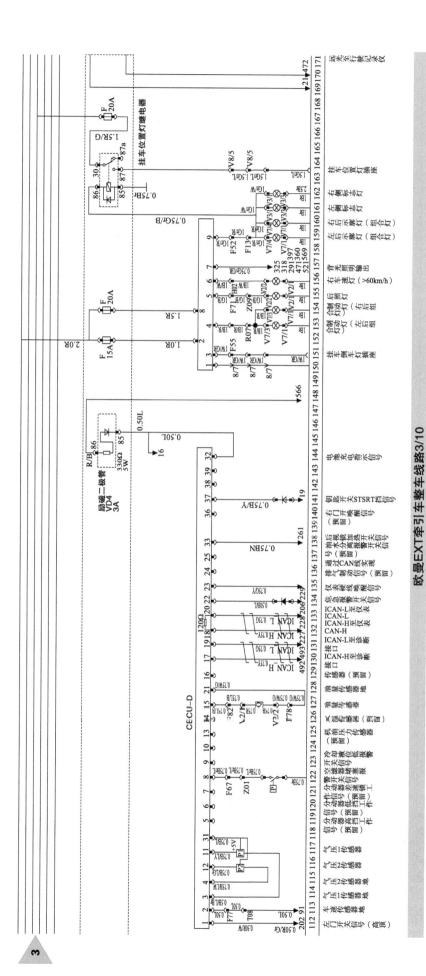

欧曼EXT牵引车整车线路3/10

欧曼EXT牵引车整车线路4/10

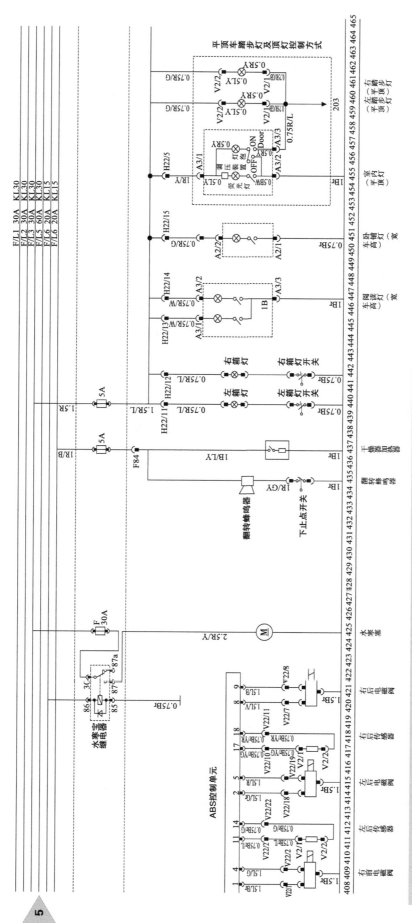

欧曼EXT牵引车整车线路5/10

欧曼EXT牵引车整车线路8/10

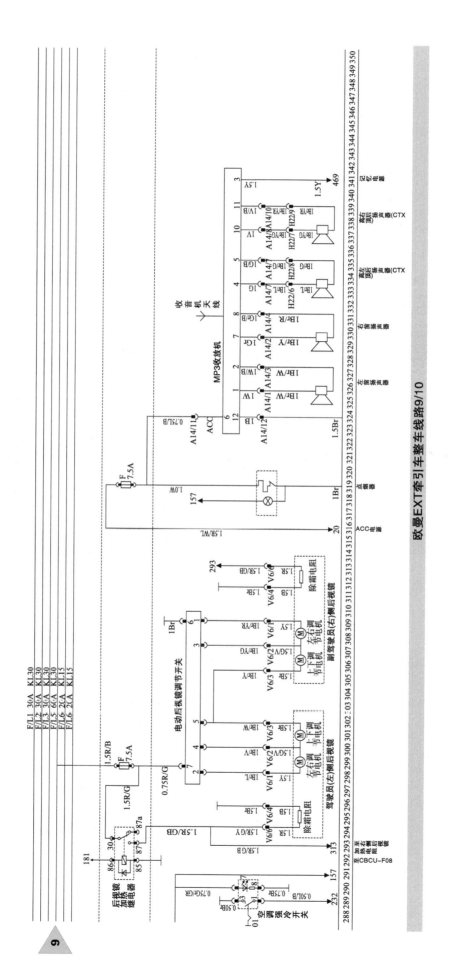

欧曼EXT牵引车整车线路10/10

2.3 欧曼 GTL（CBCU）车型整车电气线路图

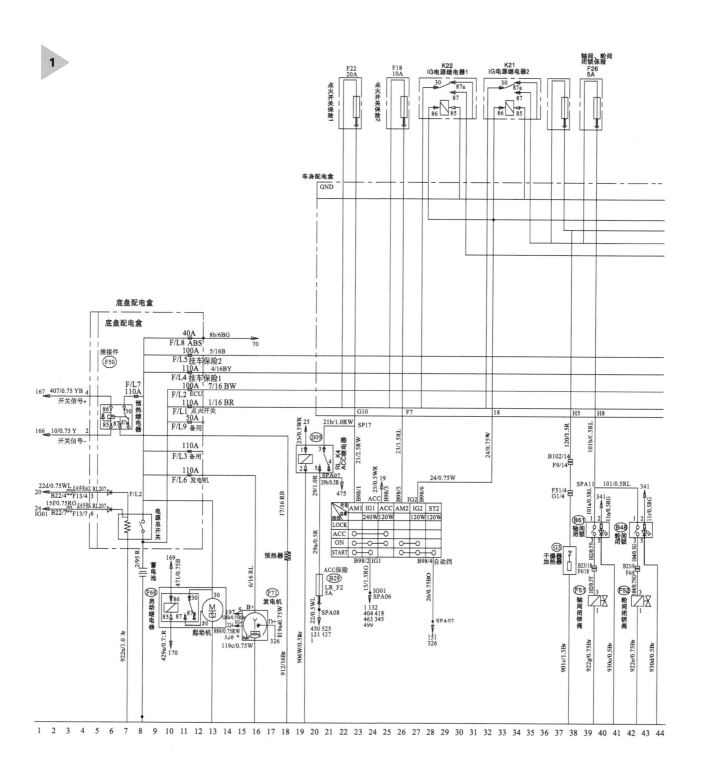

欧曼GTL带CBCU原理图1/12

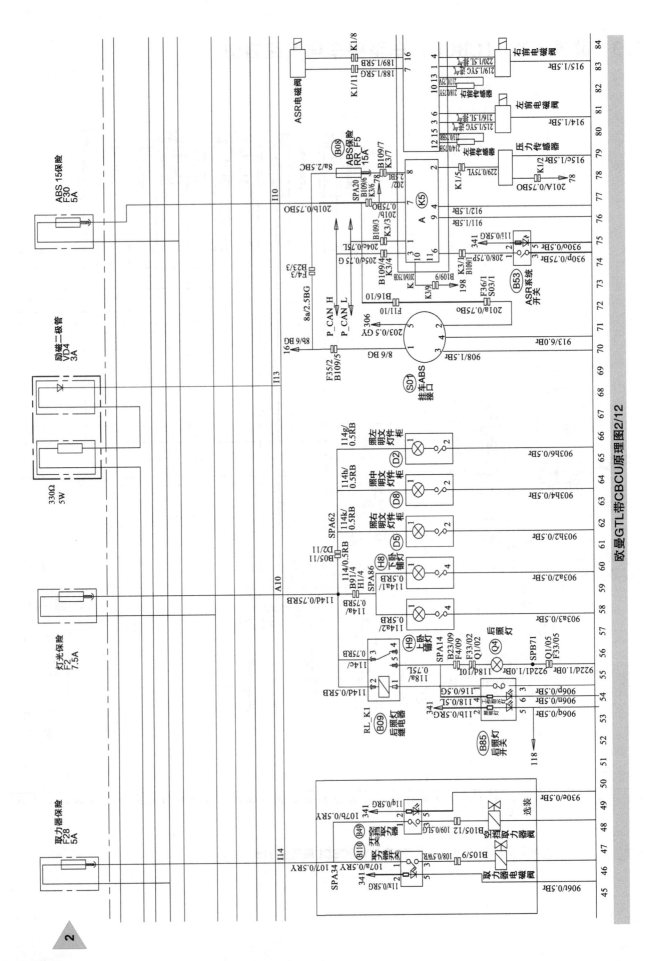

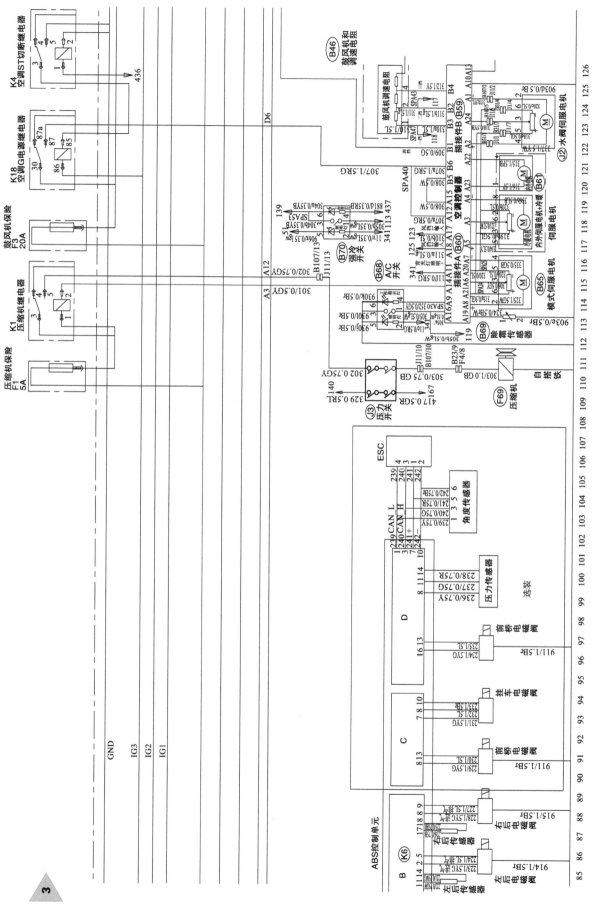

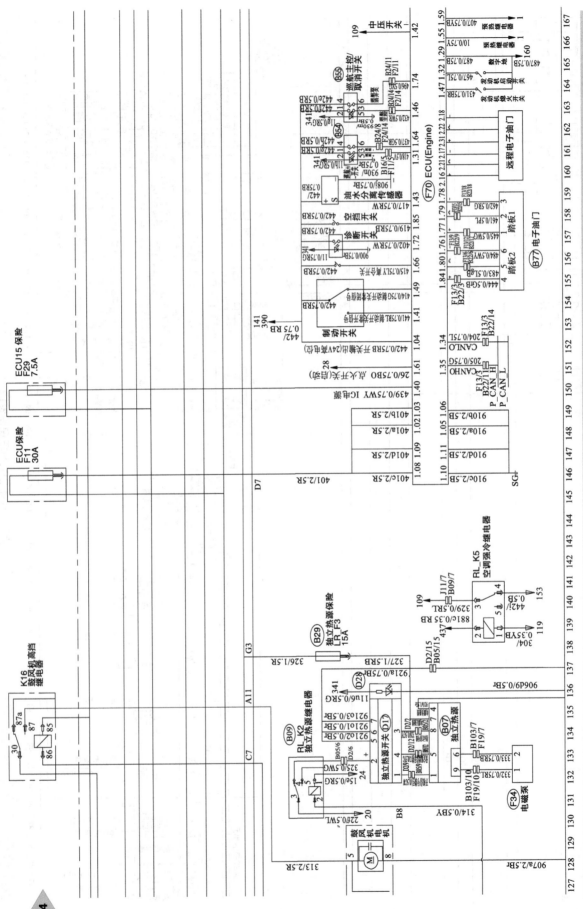

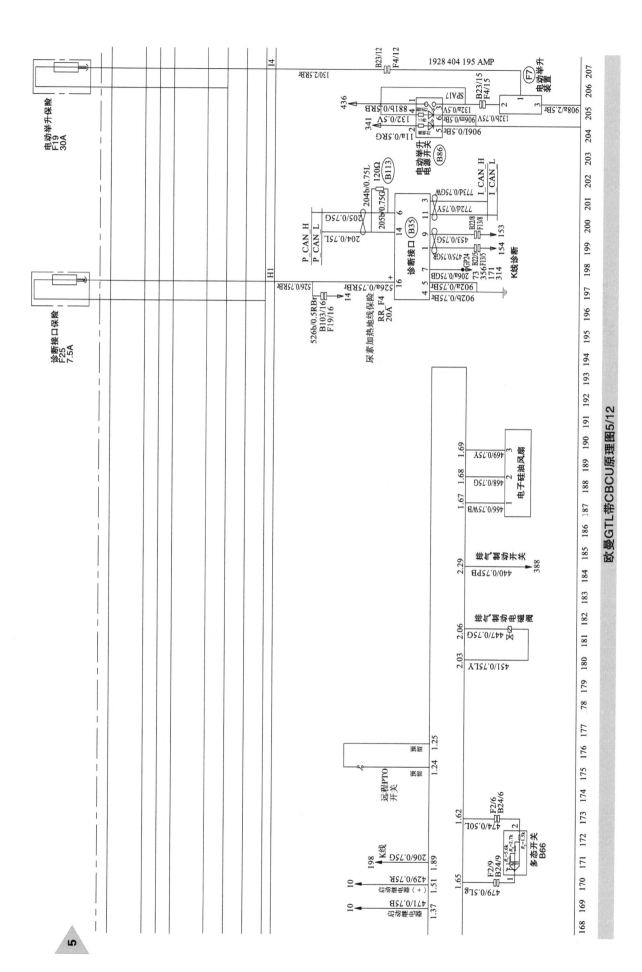

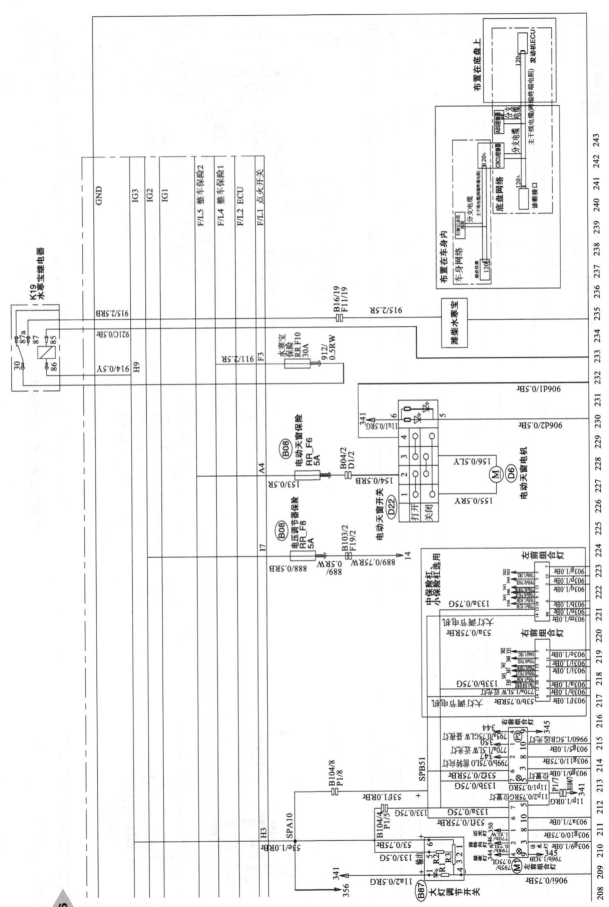

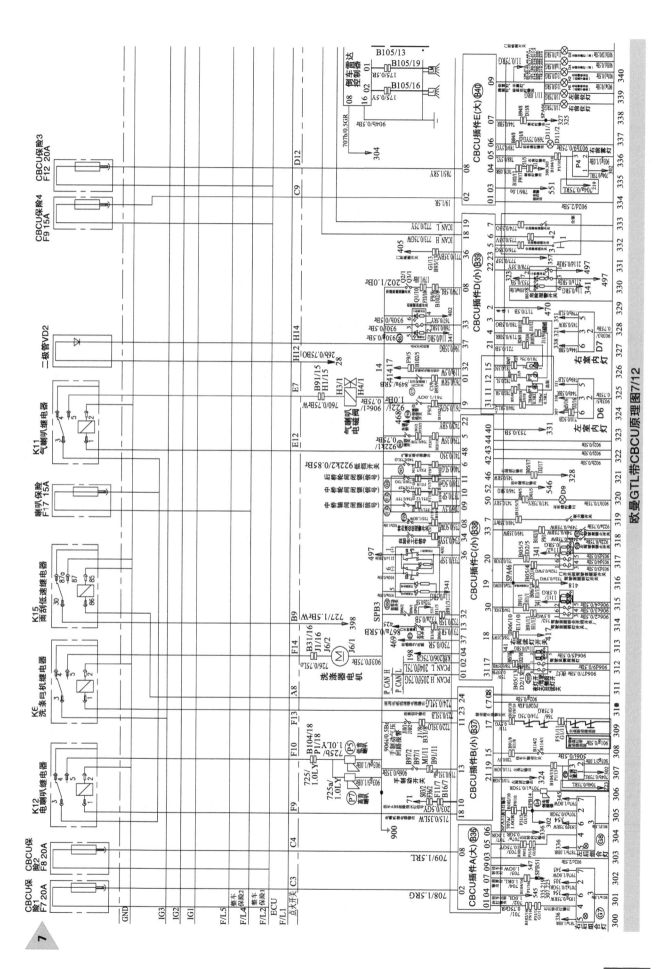

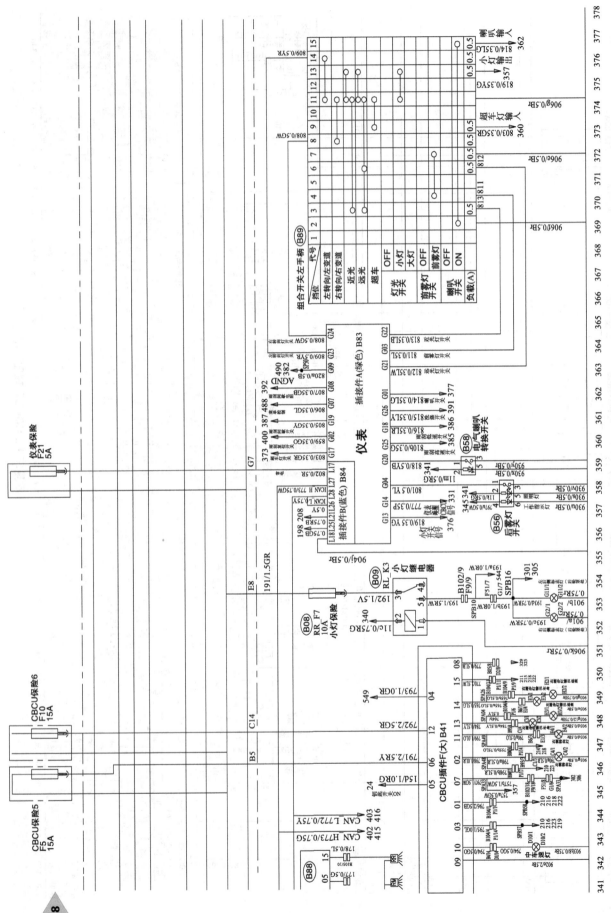

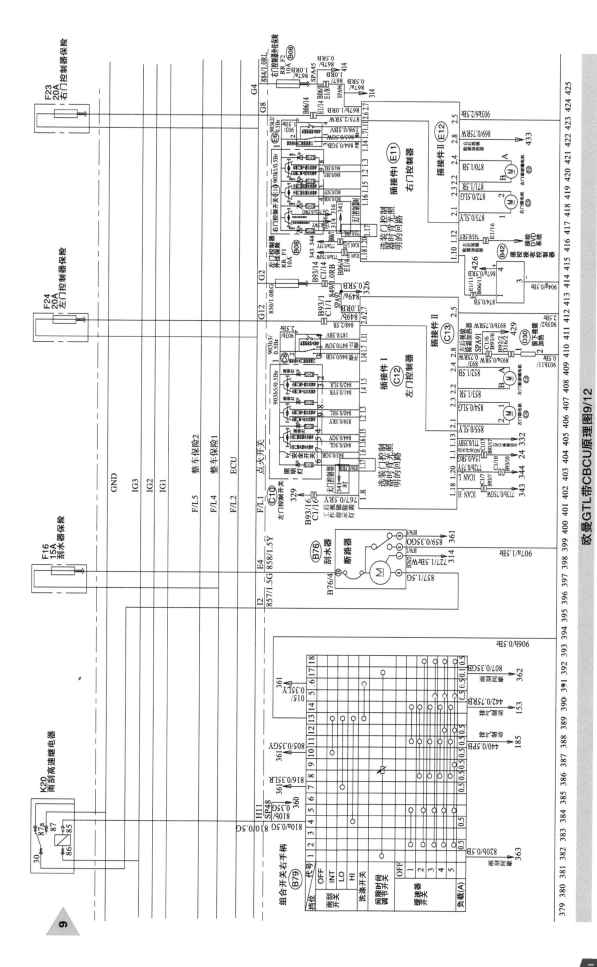

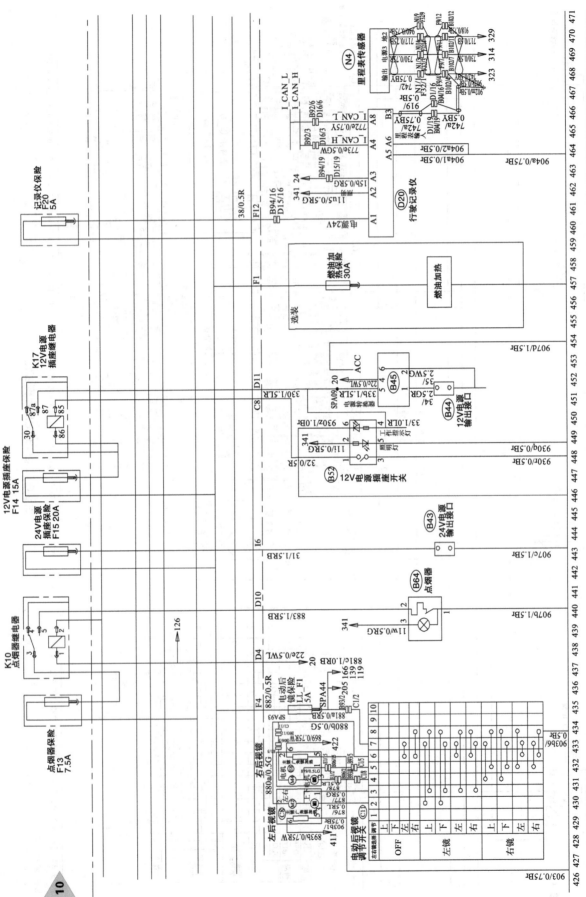

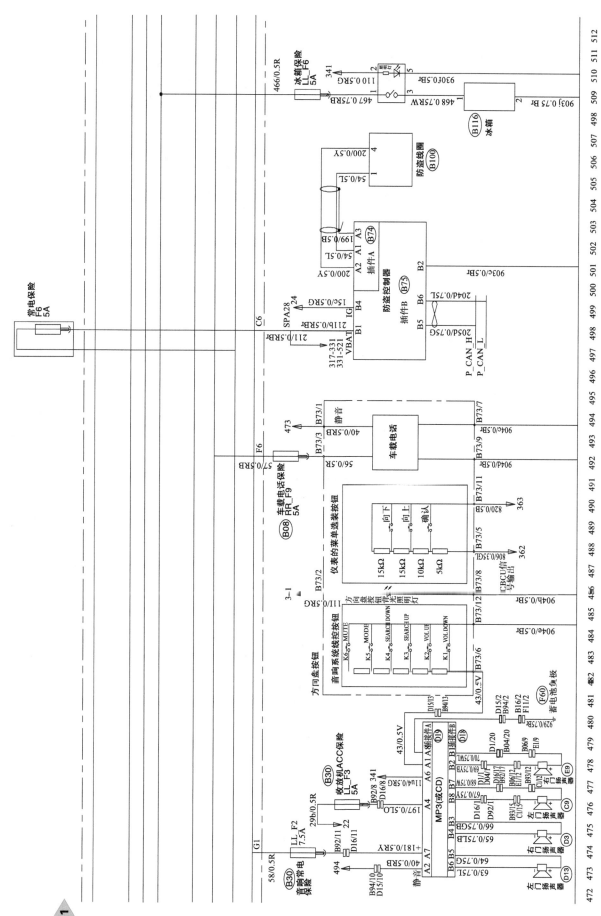

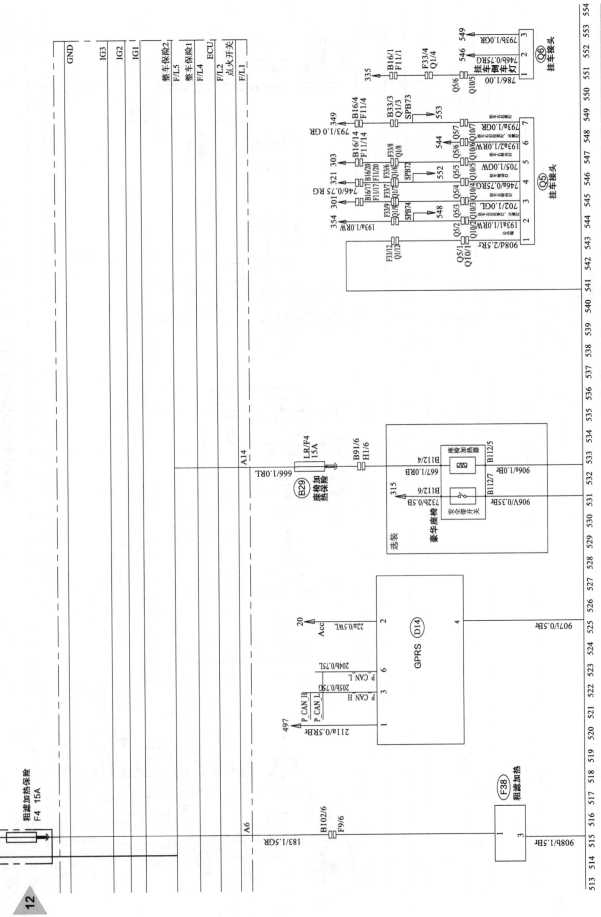

欧曼GTL带CBCU原理图12/12

通过CAN线传输的信号（线束硬线不再连接）

序号	信号名称	说明
1	预热指示灯信号	由发动机ECU发送到CAN线上
2	OBD指示灯信号	由发动机ECU发送到CAN线上
3	油水分离指示灯信号	由发动机ECU发送到CAN线上
4	发动机故障诊断指示灯信号	由发动机ECU发送到CAN线上
5	气压低报警信号	传感器硬线接到CBCU，CBCU将此信号发送到CAN线上
6	右转向灯信号	开关硬线接到仪表，仪表将此信号发送到CAN线上
7	左转向灯信号	开关硬线接到仪表，仪表将此信号发送到CAN线上
8	倒车灯信号	传感器硬线接到CBCU，CBCU将此信号发送到CAN线上
9	车门门开信号	传感器硬线接到CBCU，CBCU将此信号发送到CAN线上
10	雾灯信号	开关硬线接到仪表，仪表将此信号发送到CAN线上
11	大灯信号	开关硬线接到仪表，仪表将此信号发送到CAN线上
12	小灯信号	开关硬线接到仪表，仪表将此信号发送到CAN线上
13	喇叭信号	开关硬线接到仪表，仪表将此信号发送到CAN线上
14	ABS故障指示灯信号	ABS ECU发送到CAN线上
15	ASR工作信号	ABS ECU发送到CAN线上
16	车速里程表信号	传感器硬线接到CBCU、VDR上，由CBCU发送到CAN线上
17	水温传感器信号	由发动机ECU发送到CAN线
18	机油压力信号	由发动机ECU发送到CAN线
19	发动机转速信号	由发动机ECU发送到CAN线
20	制动灯开关信号	开关硬线接到发动机ECU上，发动机ECU将此信号发送到CAN线上
21	排气制动工作信号	由发动机ECU发送到CAN线上

3 一汽解放车系整车电气线路图

3.1 解放 J5 换代标配车型电气线路图

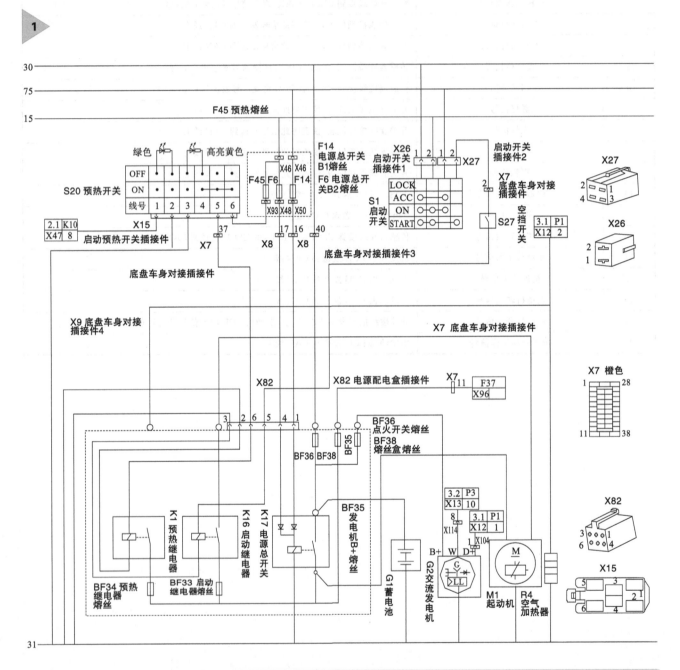

电源、启动和预热系统

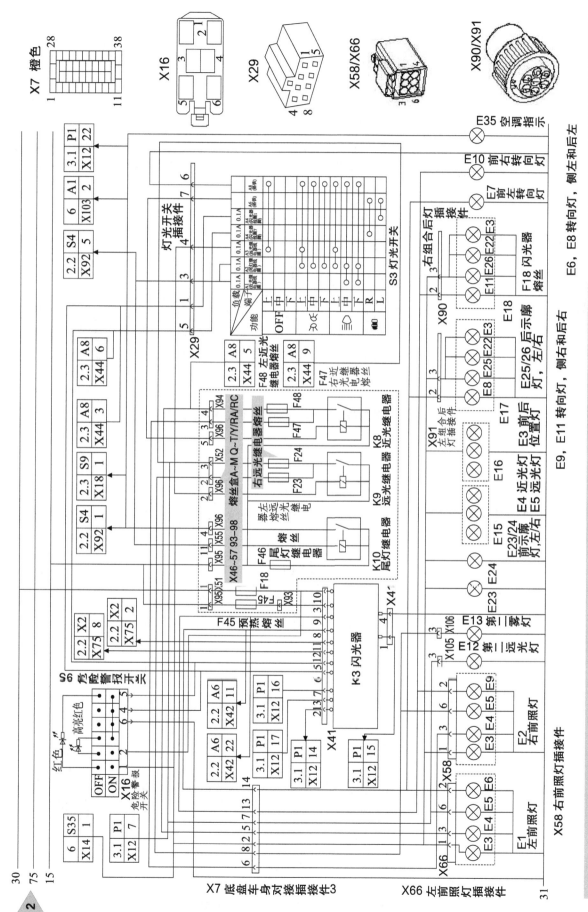

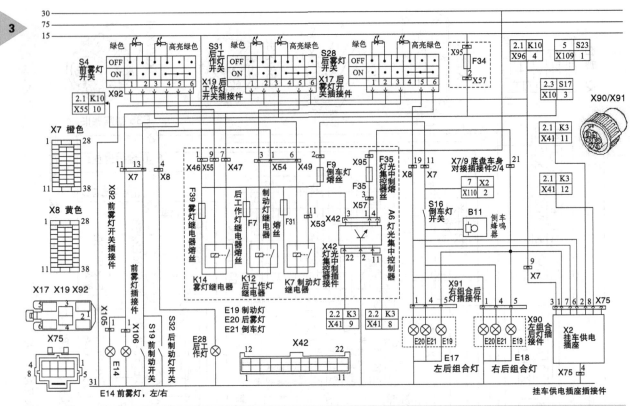

照明和信号【雾灯、制动灯、后工作灯、倒车】

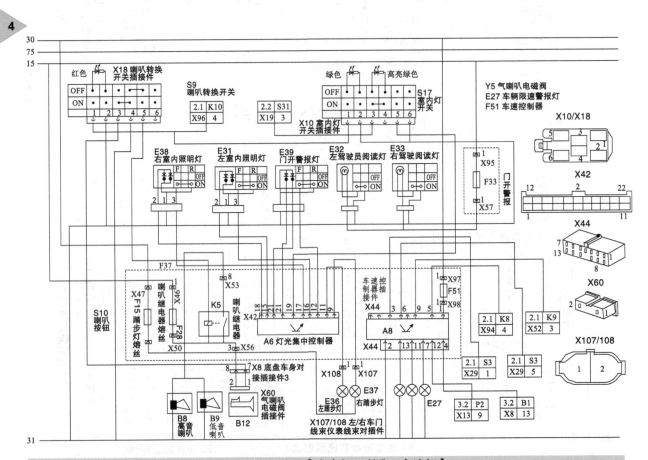

照明和信号【室内灯、喇叭、车速灯】

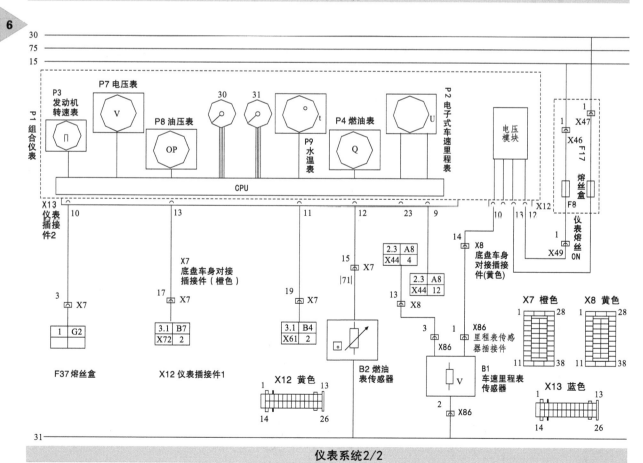

序号	符号	显示颜色	标志意义	序号	符号	显示颜色	标志意义
H1		红色	驻车制动指示	H19		黄色	辅助制动指示
H2		红色	燃油滤清器堵塞警报	H20		黄色	电控发动机故障指示
H3		红色	空滤器堵塞警报	H21		绿色	右转向指示
H4		黄色	低速挡指示	H22		蓝色	远光指示
H5		黄色	取力器指示	H23		绿色	挂车右转向指示
H6		黄色	ABS1 主车指示	H24		绿色	左转向指示
H7		黄色	ABS2 挂车指示	H25		绿色	挂车左转向指示
H9		黄色	轮间差速器指示	H26		红色	蓄电池充电指示
H10		黄色	轴间差速器指示	P2			电子式车速里程表
H11		红色	冷却液位警报	P4			燃油表
H12		红色	制动系统故障警报				
H13		红色	油压警报	P8			油压表
H14		红色	驾驶室翻转警报	P3			发动机转速表
H15		红色	冷却液温度警报				
H17		黄色	灯具故障指示	P7			电压表
H18		黄色	发动机预热	P9			水温表

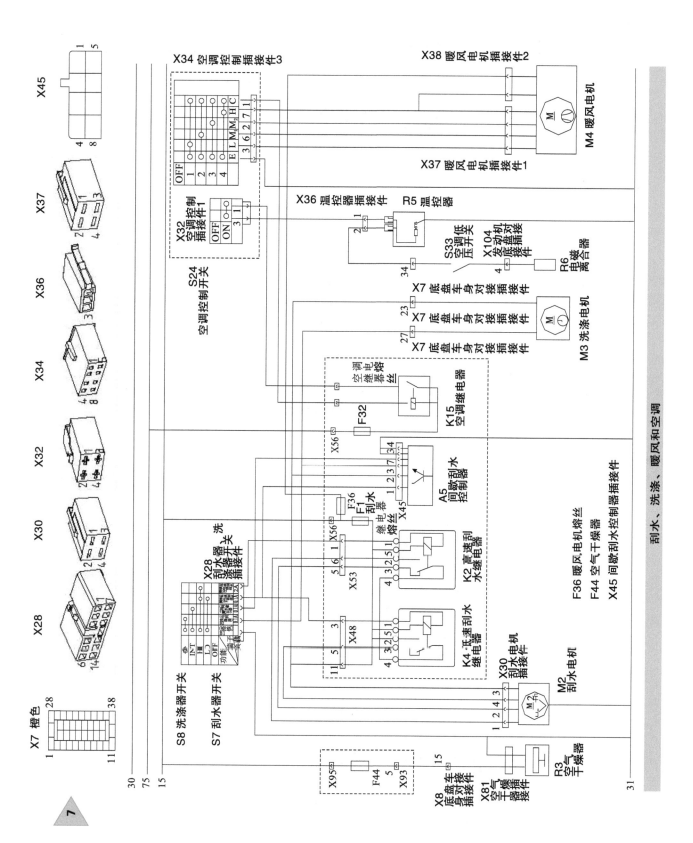

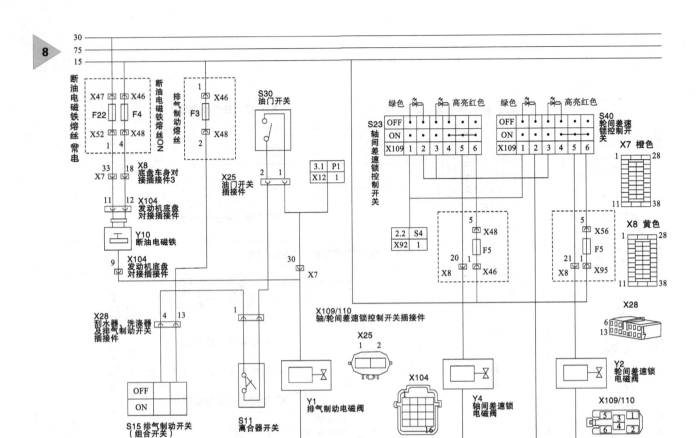

排气制动和断油

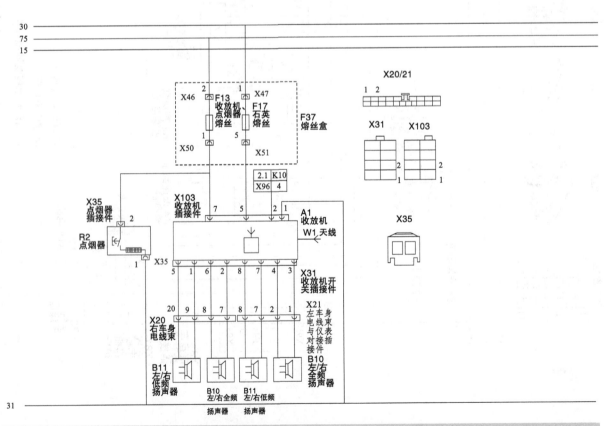

电气附件（时钟、收放机和点烟器）

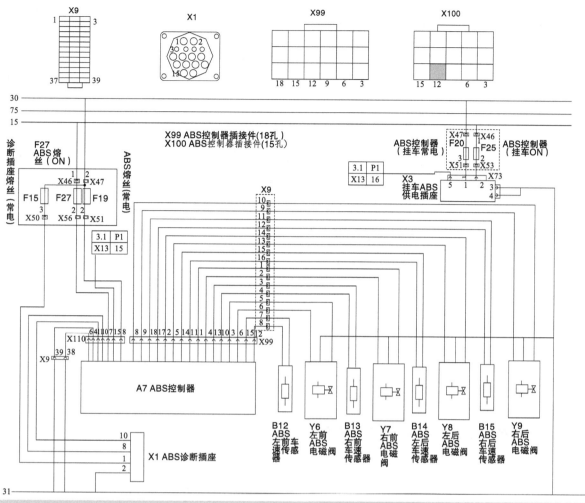

ABS和挂车ABS

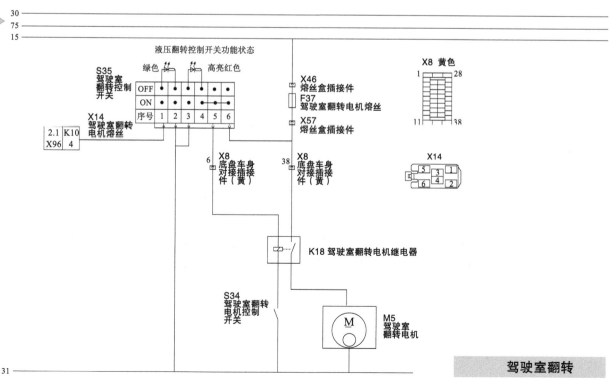

驾驶室翻转

熔丝盒插接件1（为插接件出线方向视图）

熔丝盒插接件2（为插接件出线方向视图）

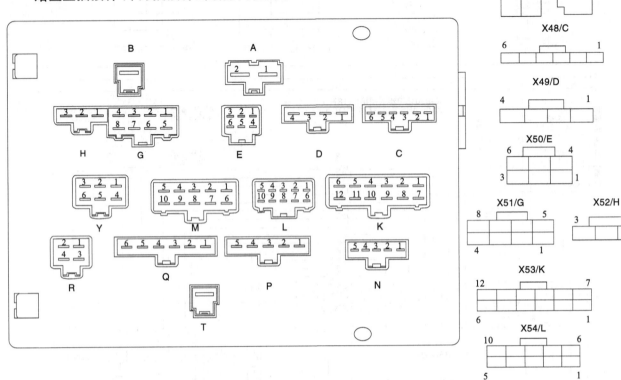
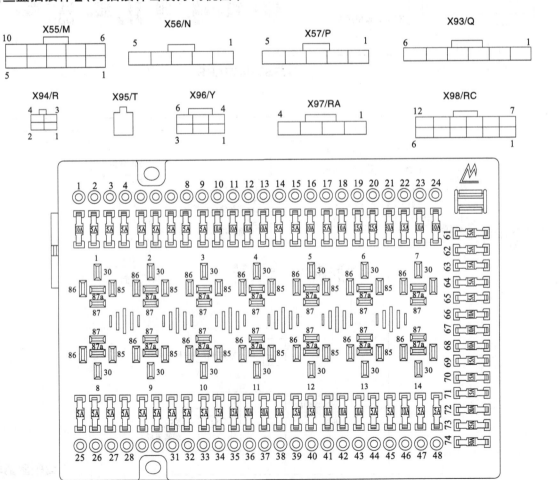

3.2 解放 J5 换代高配车型电气线路图

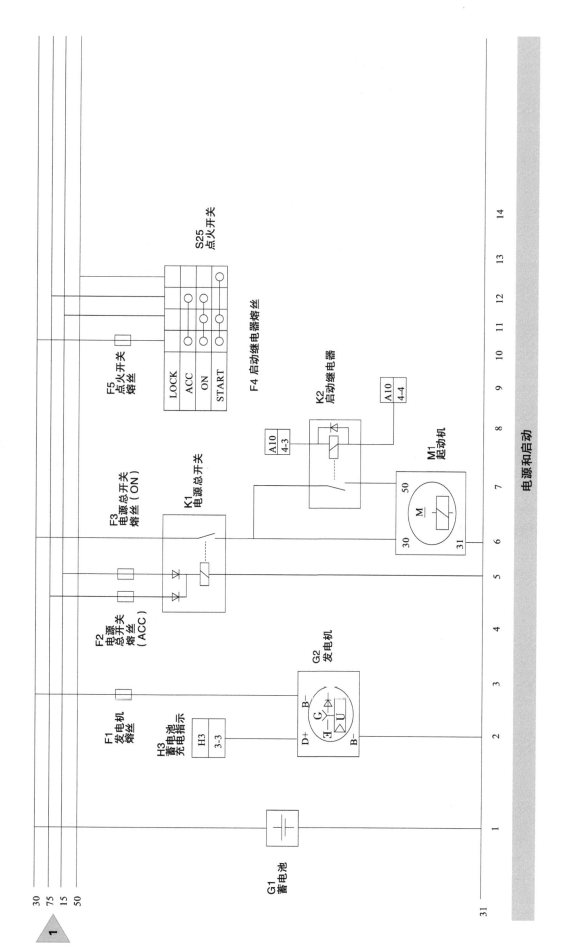

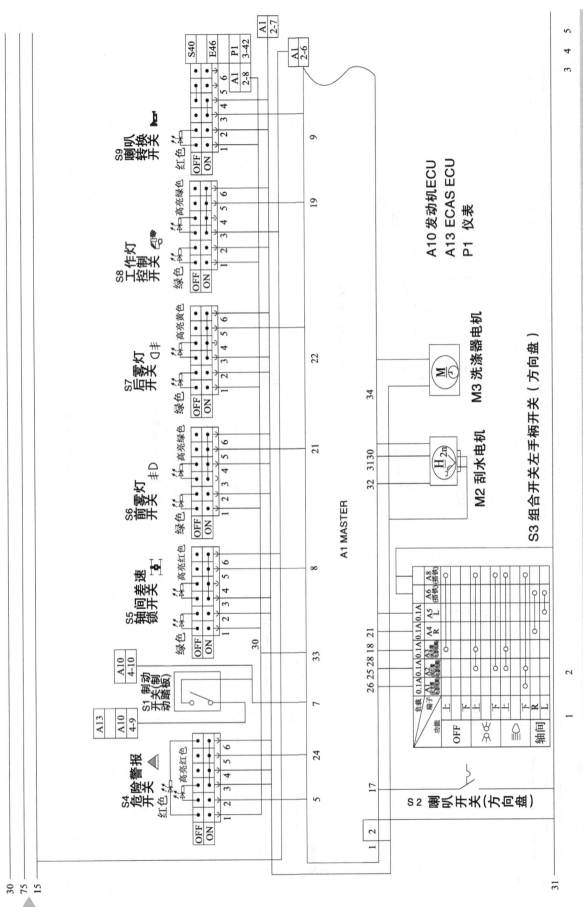

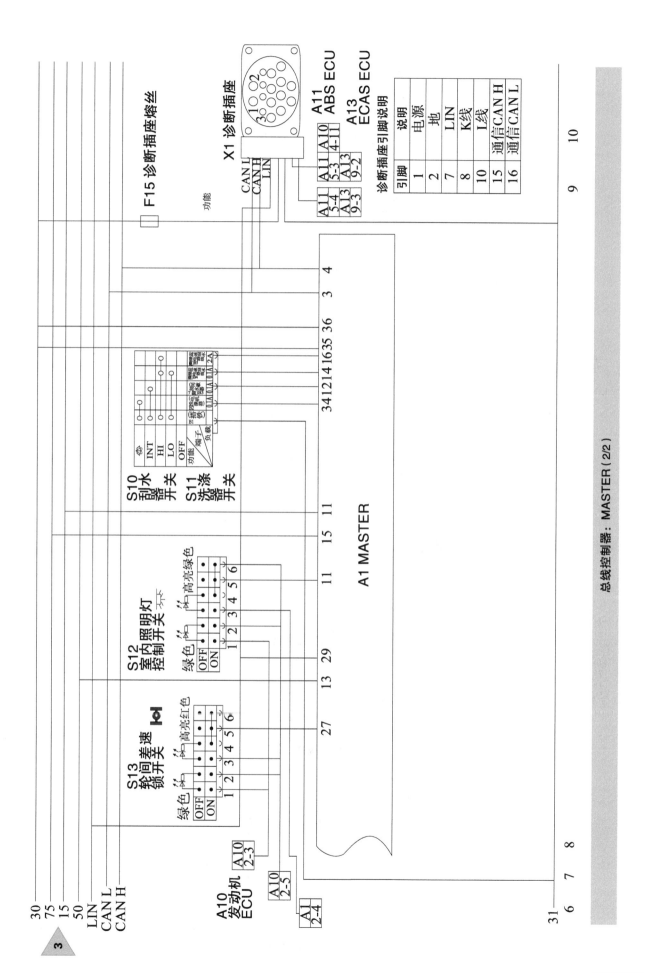

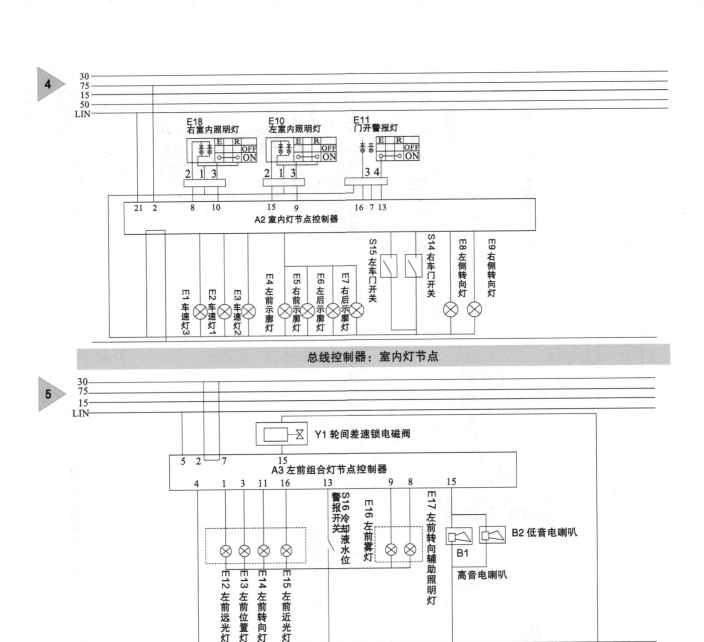

总线控制器：室内灯节点

总线控制器：左前组合灯节点

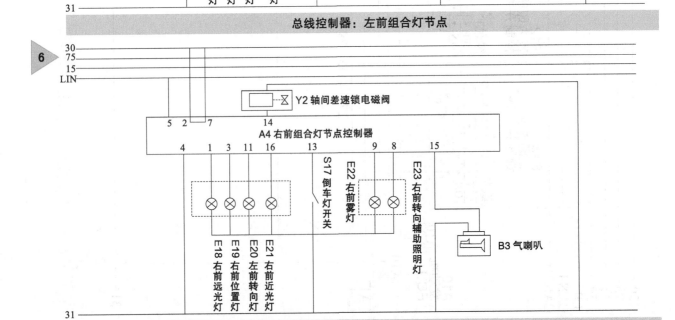

总线控制器：右前组合灯节点

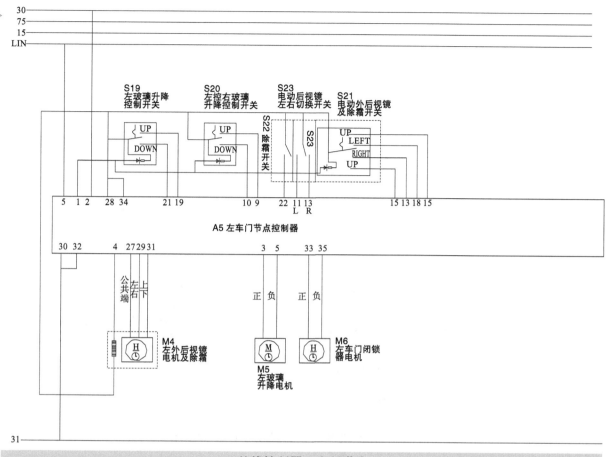

总线控制器：左门节点

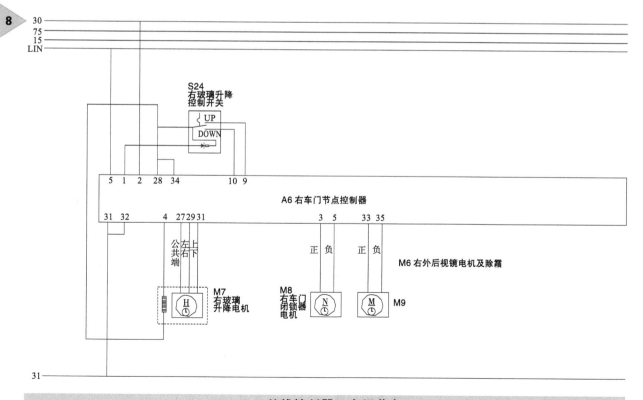

总线控制器：右门节点

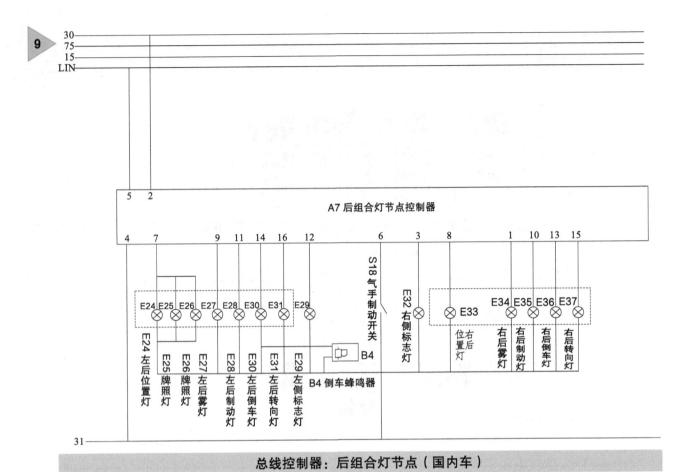

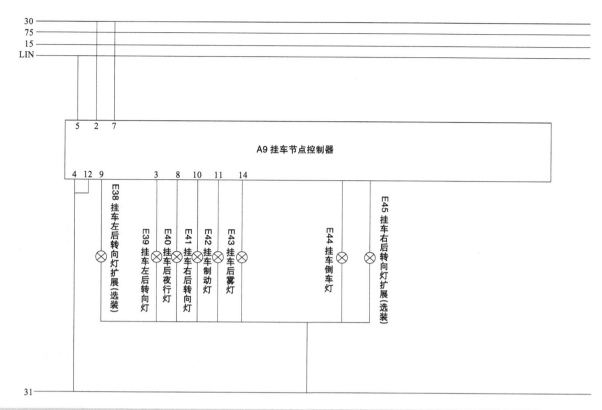

总线控制器：挂车节点（牵引车）

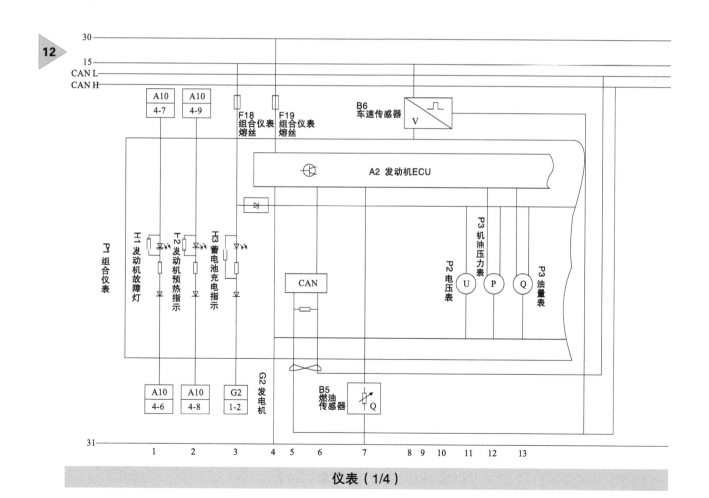

仪表（1/4）

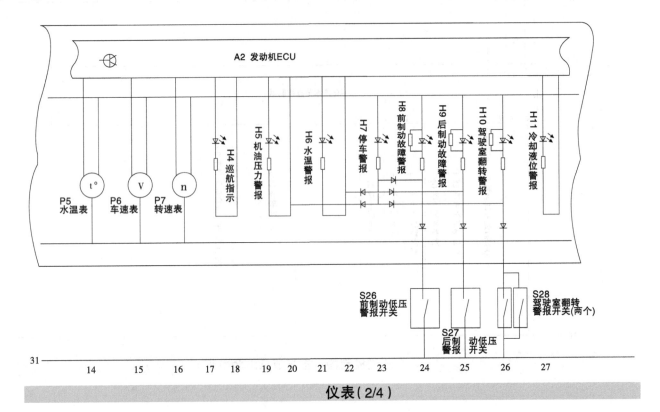

仪表(2/4)

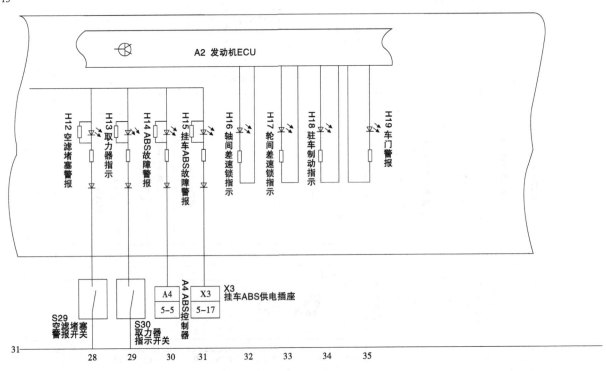

仪表(3/4)

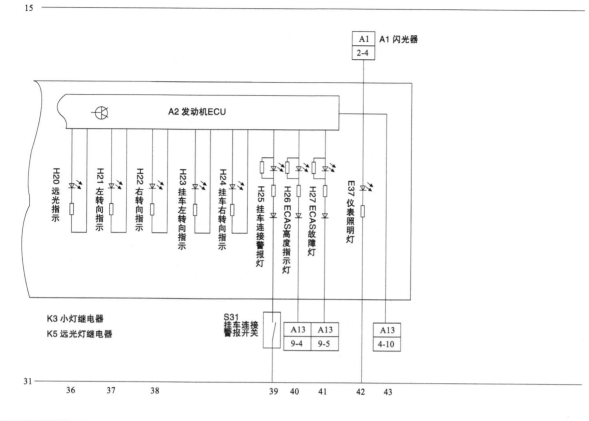

仪表（4/4）

仪表（附表1）

仪表系统符号

序号	符号	显示颜色	标志意义	序号	符号	显示颜色	标志意义	序号	符号	显示颜色	标志意义
1		黄色	发动机故障警报	12		红色	冷却液液位警报	23		绿色	右转向指示
2		红色	驻车制动指示	13		红色	制动系统故障警报	24		绿色	左转向指示
3		红色	燃油滤清器堵塞警报	14		红色	机油压力警报	25		绿色	挂车左转向指示
4		红色	空气滤清器堵塞警报	15		红色	驾驶室翻转警报	26		红色	蓄电池充电指示
5		黄色	低速挡指示	16		红色	冷却液温度警报	27		黄色	ECAS高度指示
6		黄色	取力器工作指示	17	STOP	红色	STOP故障警报	28		红色	ECAS故障警报
7		红色	ABS（主车）	18		黄色	灯具故障警报	29		红色	挂车连接警报
8		黄色	ABS1（挂车）	19		黄色	发动机预热指示	30		黄色	巡航指示
9		黄色	ASR警报	20		黄色	辅助制动指示				
10		黄色	轮间差速器指示	21		蓝色	远光指示				
11		黄色	轴间差速器指示	22		绿色	挂车右转向指示				

仪表（附表2）

黄色插接器			蓝色插接器		
引脚序号	功能说明	信号特征	引脚序号	功能说明	信号特征
X1:1	预留（辅助制动指示）	CAN数据	X2:1	蓄电池充电指示	低电平
X1:2	发动机预热指示	高电平24V	X2:2	预留(冷却液位警报)	CAN数据
X1:3	发动机预热指示	低电平	X2:3	预留(驻车制动指示)	CAN数据
X1:4	预留（辅助制动指示）	CAN数据	X2:4	轮间差速器指示	低电平
X1:5	预留（冷却液温度警报）	CAN数据	X2:5	预留(灯具故障警报)	CAN数据
X1:6	预留（机油压力警报）	CAN数据	X2:6	发动机故障警报	低电平
X1:7	预留（远光灯指示）	CAN数据	X2:7	燃油滤清器堵塞警报	低电平
X1:8	CAN-H(L)	125kbps	X2:8	发动机故障警报	高电平（24V）
X1:9	CAN-L(L)	125kbps	X2:9	车速表信号输入	
X1:10	电源输出（车速传感器）	12V(40mA)	X2:10	预留(转速信号输入)	CAN数据
X1:11	电源输出（气压传感器）	5V(60mA)	X2:11	预留(水温表信号输入)	CAN数据
X1:12	电源（ON挡）		X2:12	燃油表信号输入	
X1:13	电源（蓄电池）		X2:13	预留(机油压力信号输入)	CAN数据
X1:14	预留（右转向指示）	CAN数据	X2:14	轴间差速器指示	CAN数据
X1:15	预留（左转向指示）	CAN数据	X2:15	ABS(主车)	低电平
X1:16	预留（挂车右转向指示）	CAN数据	X2:16	ABS1(挂车)指示	低电平
X1:17	预留（挂车左转向指示）	CAN数据	X2:17	ASR警报	低电平
X1:18	驾驶室翻转警报	低电平	X2:18	取力器工作指示	低电平
X1:19	ECAS故障警报	低电平	X2:19	制动系统故障警报	
X1:20	挂车连接警报	低电平	X2:20	空气滤清器堵塞警报	低电平
X1:21	搭铁（仪表照明）		X2:21	低速挡指示	低电平
X1:22	电源（仪表照明）		X2:22	搭铁(气压传感器)	
X1:23	预留		X2:23	车速表信号(C3)输出	
X1:24	CAN-H(H)	转速、水温、油压信号输入	X2:24	ECAS高度指示	低电平
X1:25	CAN-L(H)	车速信息输出、故障码显示	X2:25	气压表1信号输入	
X1:26	搭铁（仪表）		X2:26	气压表2信号输入	

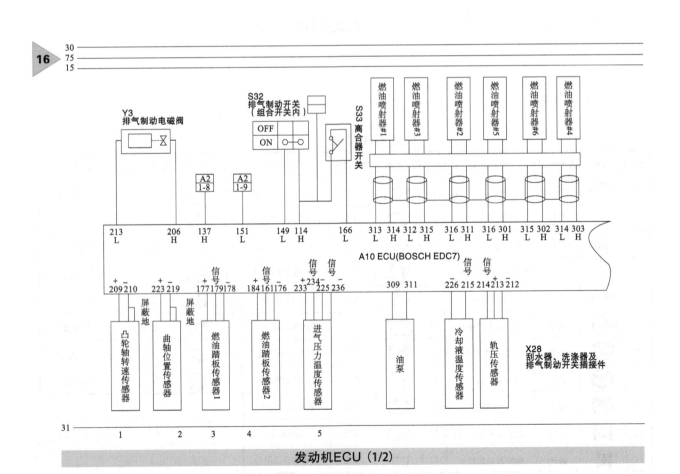

发动机ECU（1/2）

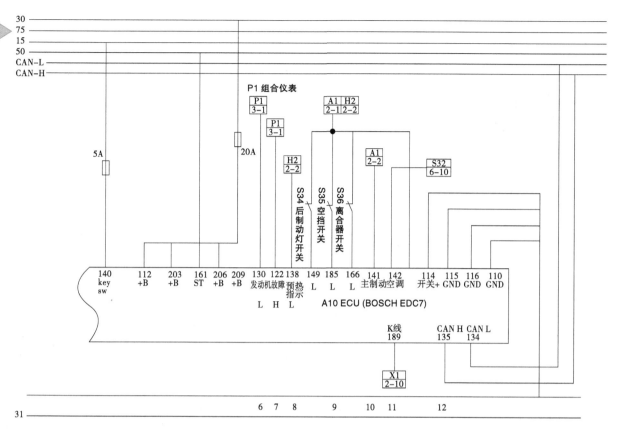

发动机ECU（2/2）

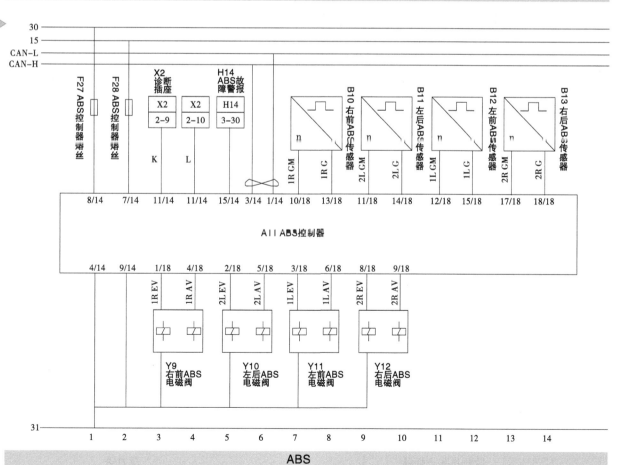

ABS

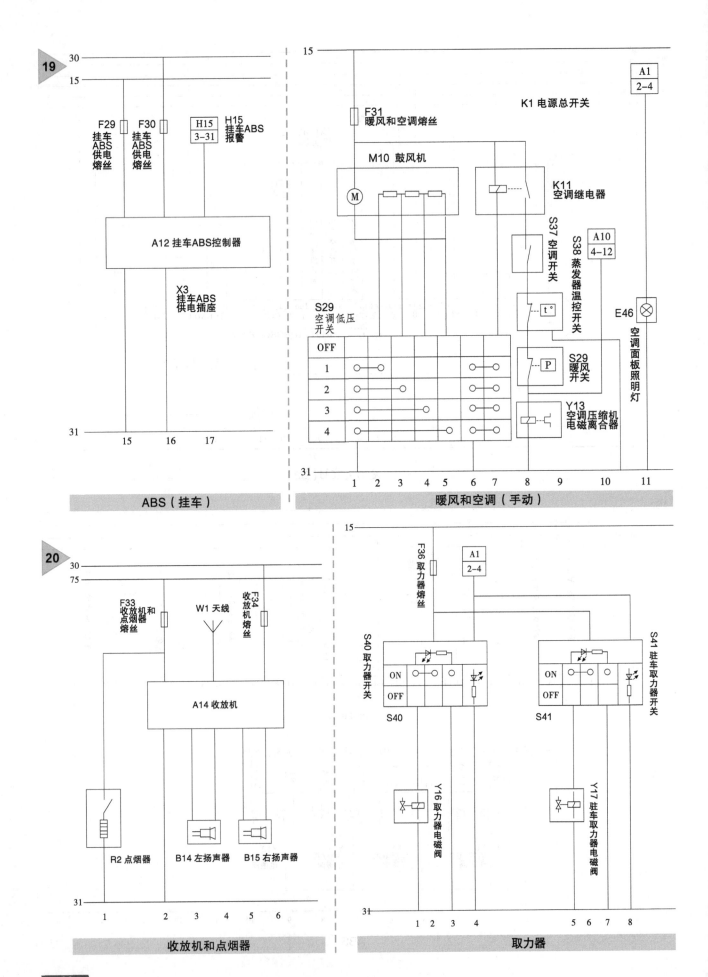

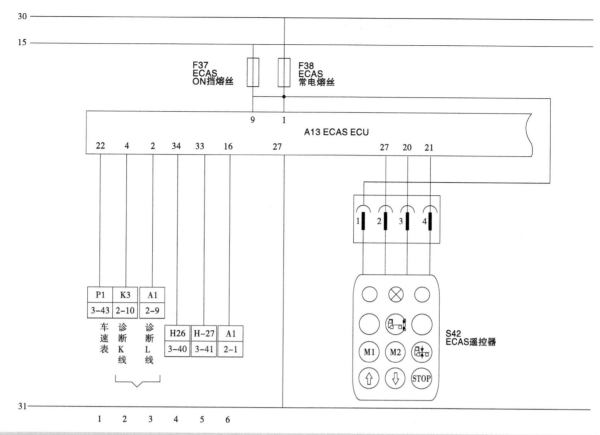

ECAS (1/2)

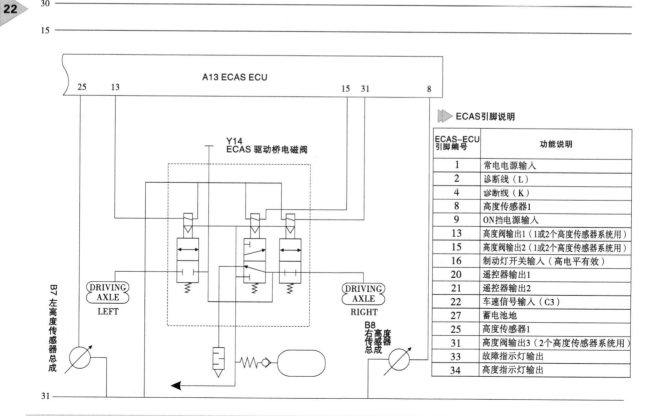

ECAS (2/2)

3.3 解放 J5 车型国三标准整车电气线路图

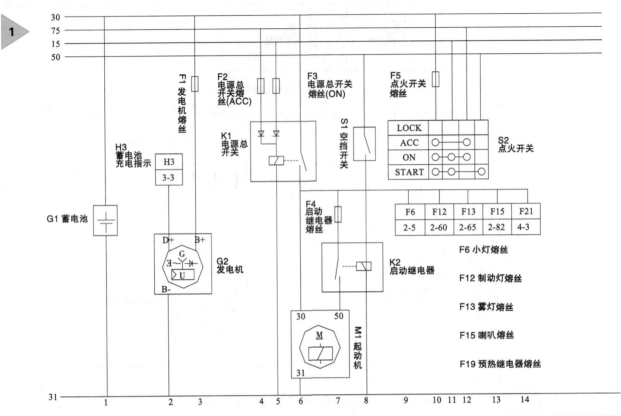

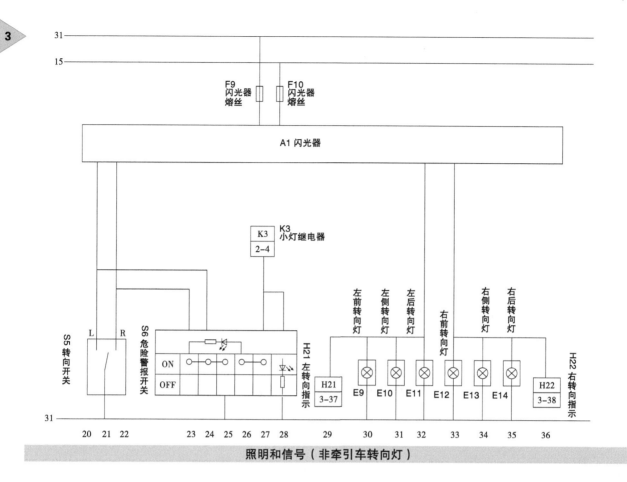

照明和信号（非牵引车转向灯）

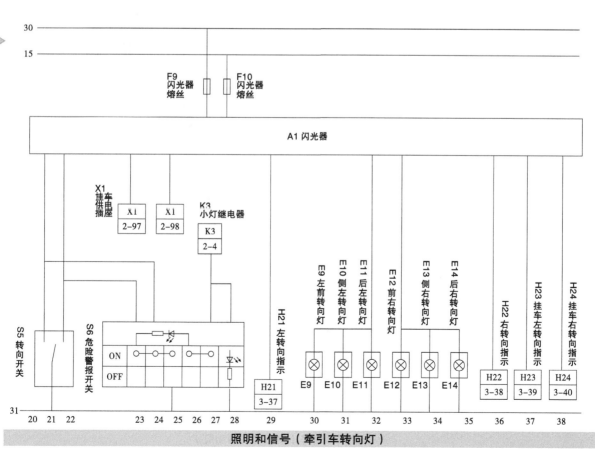

照明和信号（牵引车转向灯）

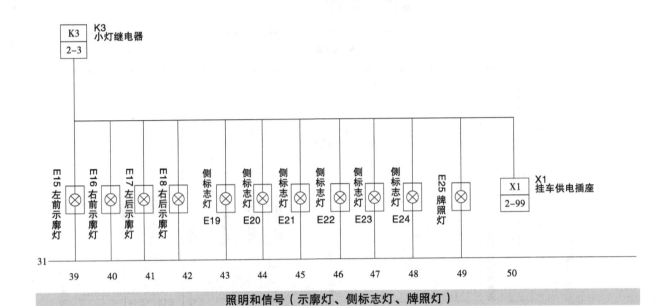

照明和信号（示廓灯、侧标志灯、牌照灯）

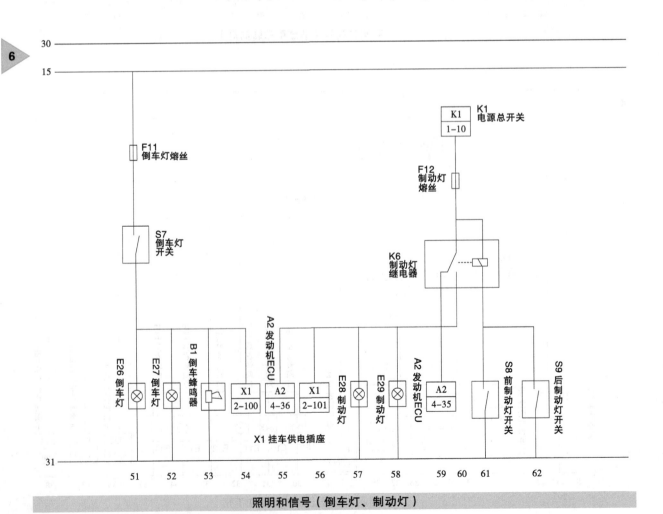

照明和信号（倒车灯、制动灯）

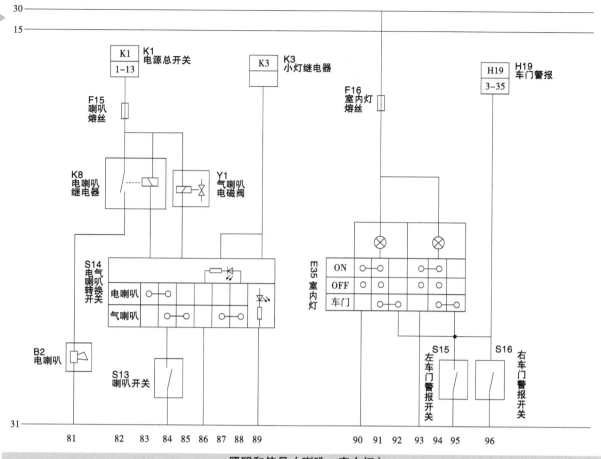

照明和信号(喇叭、室内灯)

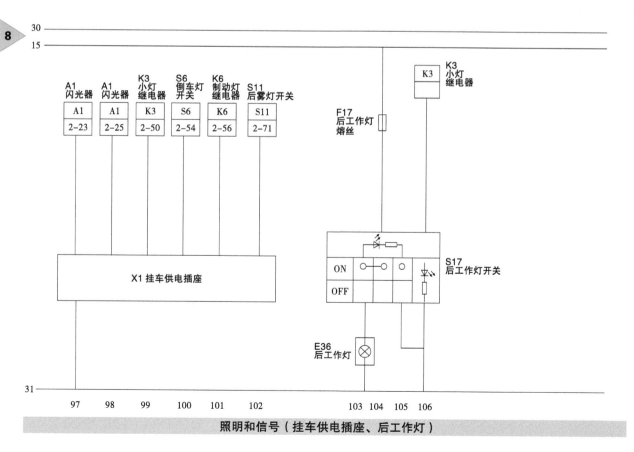

照明和信号(挂车供电插座、后工作灯)

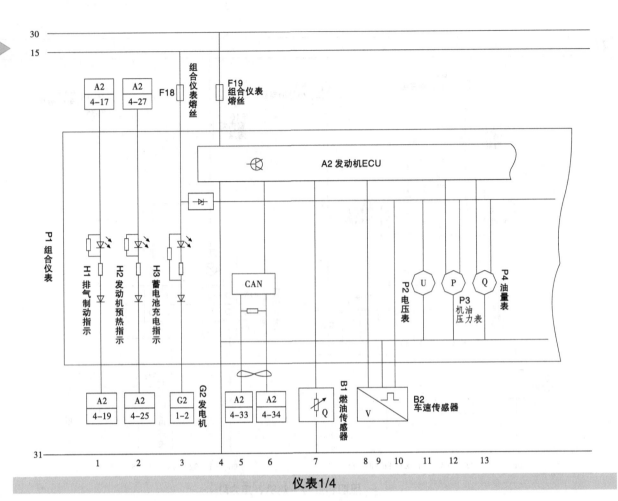

仪表1/4

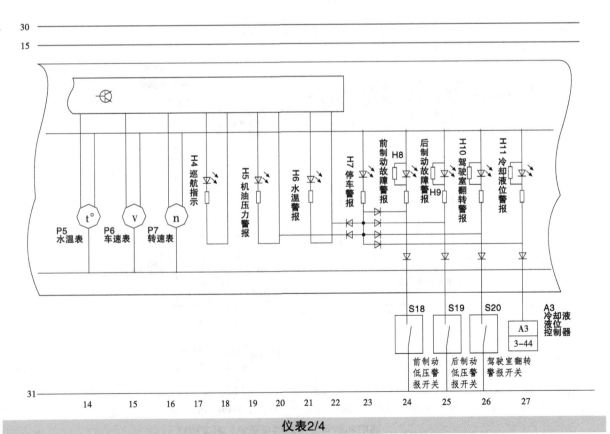

仪表2/4

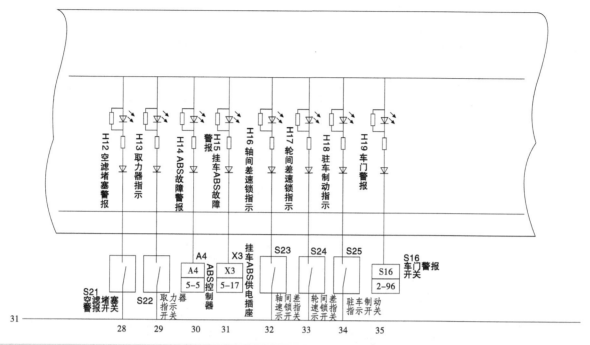

仪表3/4

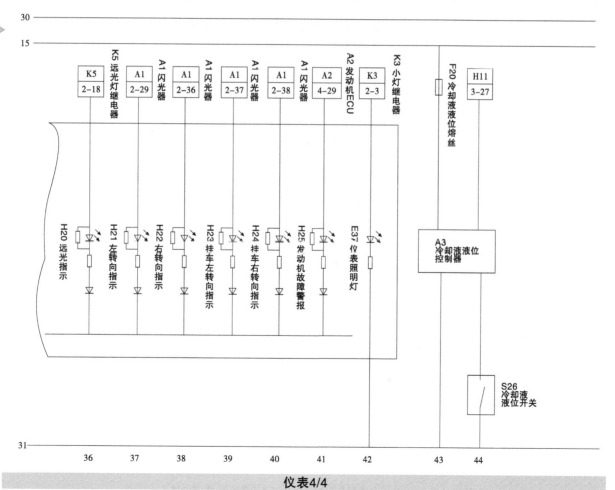

仪表4/4

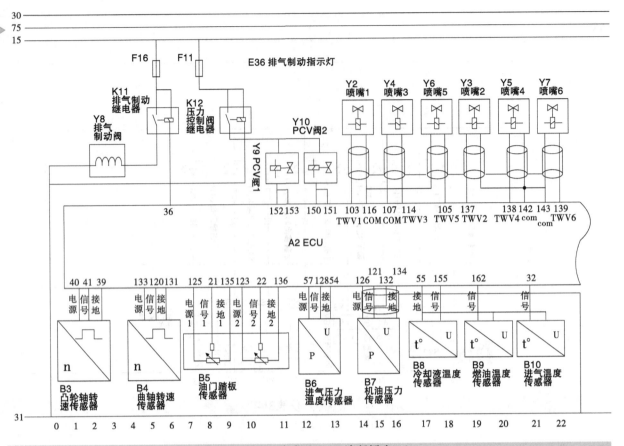

发动机ECU系统（DENSO诊断插座)1/4

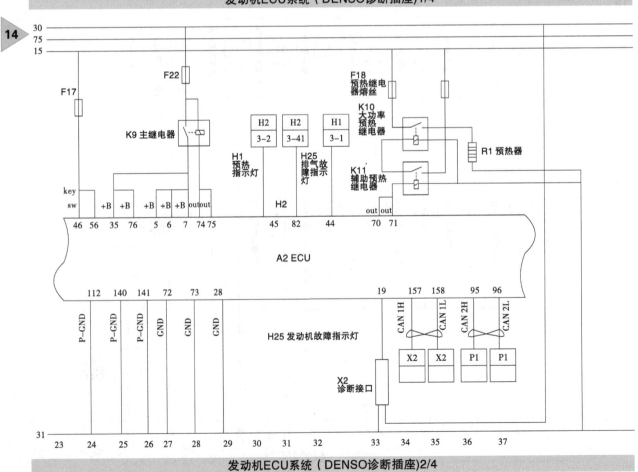

发动机ECU系统（DENSO诊断插座)2/4

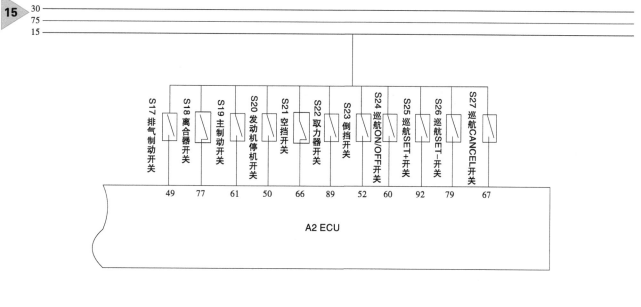

发动机ECU系统（DENSO诊断插座)3/4

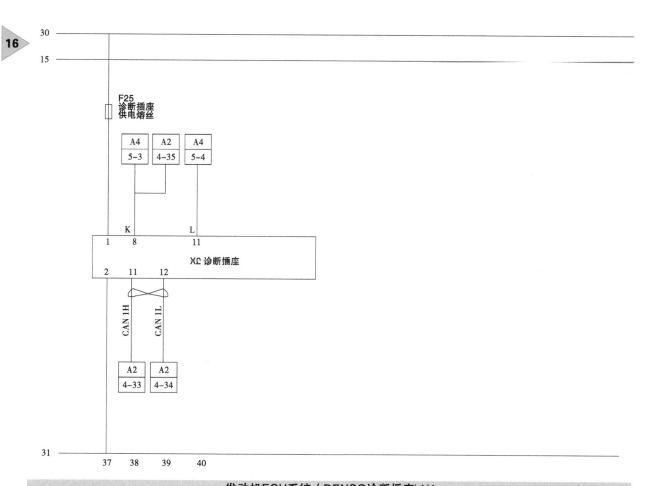

发动机ECU系统（DENSO诊断插座)4/4

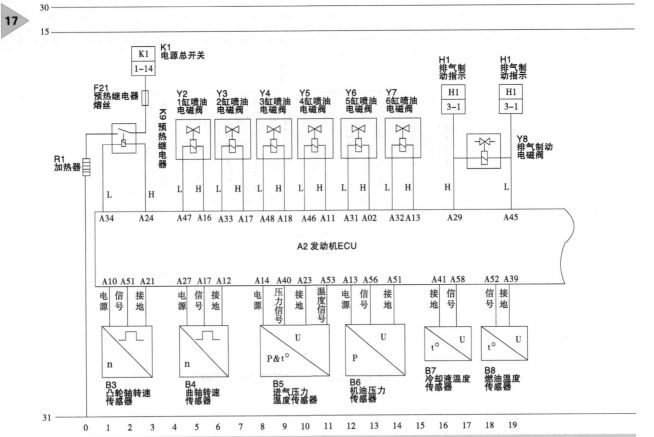

发动机电控系统（DENTZ 6缸)1/3

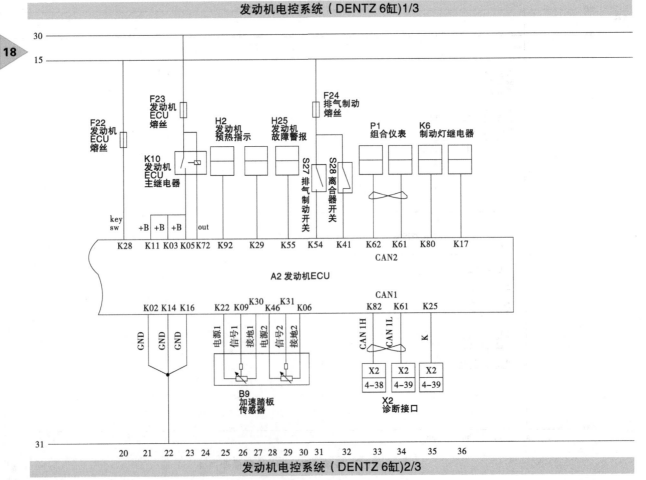

发动机电控系统（DENTZ 6缸)2/3

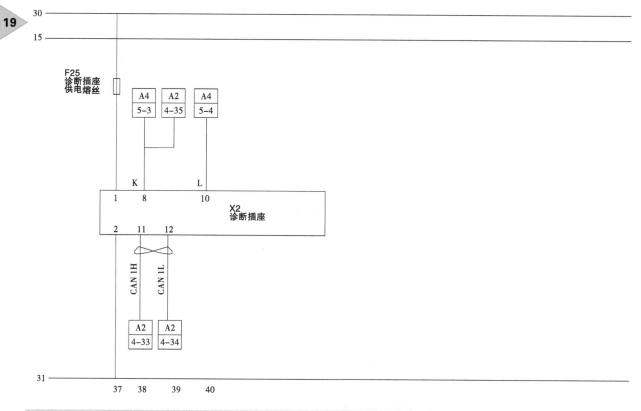

发动机电控系统（DENTZ 6缸)3/3

发动机电控系统（4DF31）1/3

— 107 —

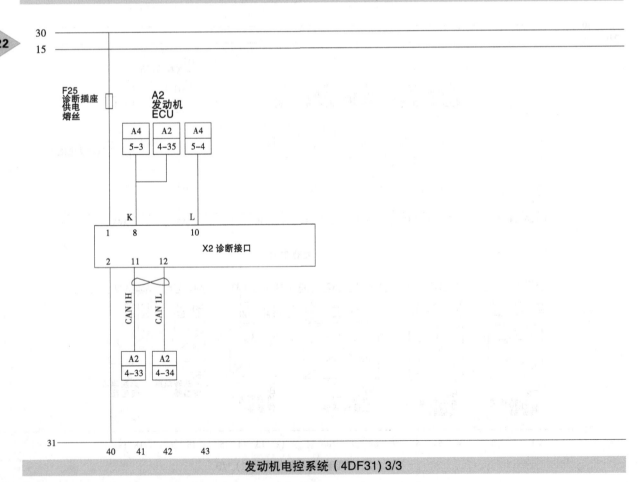

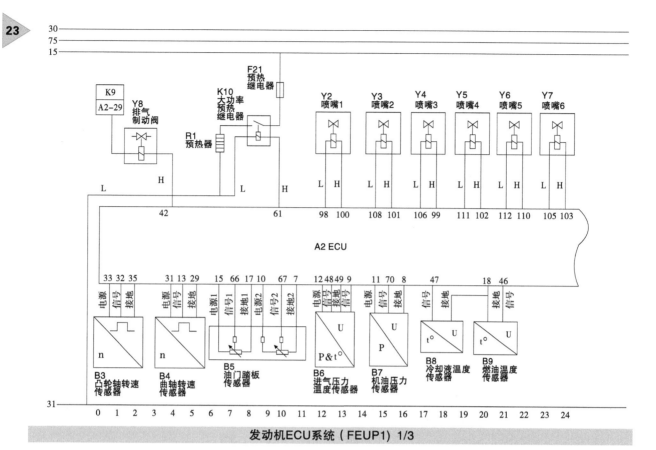

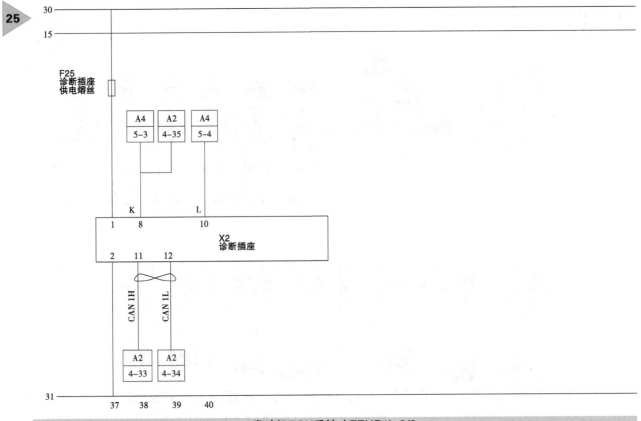

发动机ECU系统（FEUP1) 3/3

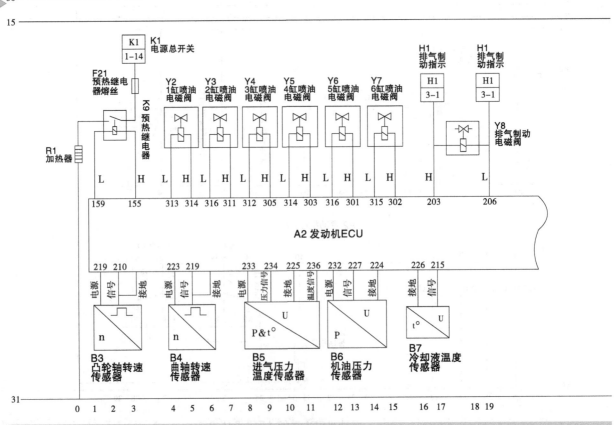

发动机电控系统（EDC7) 1/3

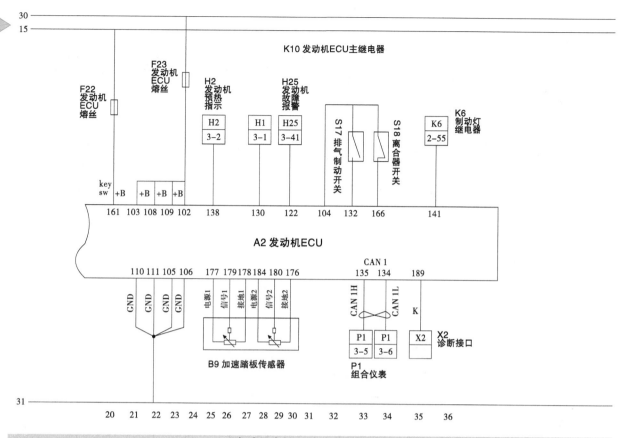

发动机电控系统（EDC7) 2/3

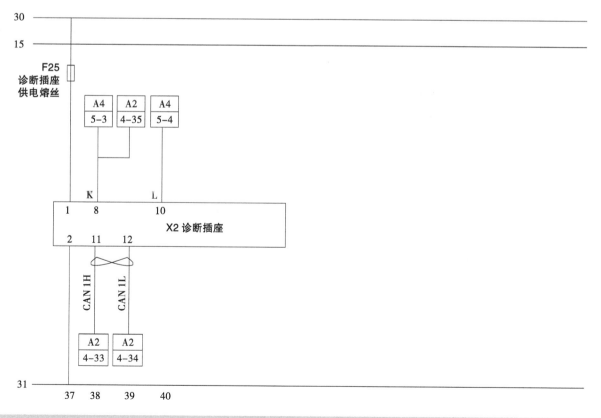

发动机电控系统（EDC7) 3/3

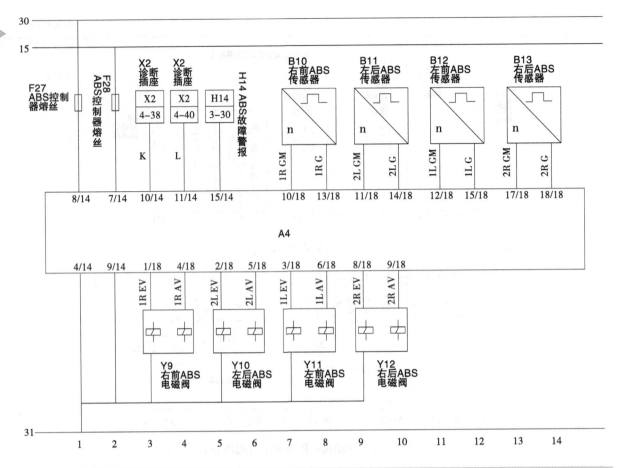

ABS

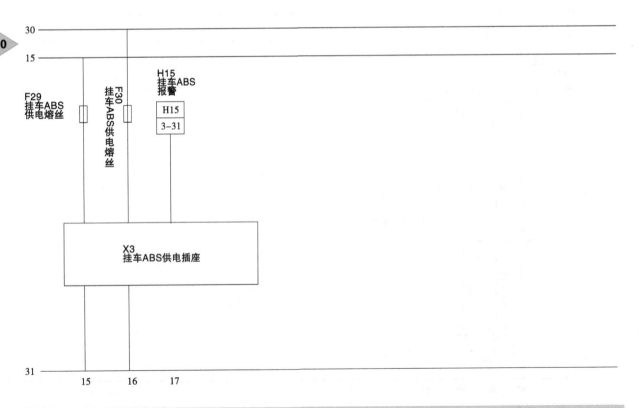

ABS（挂车）

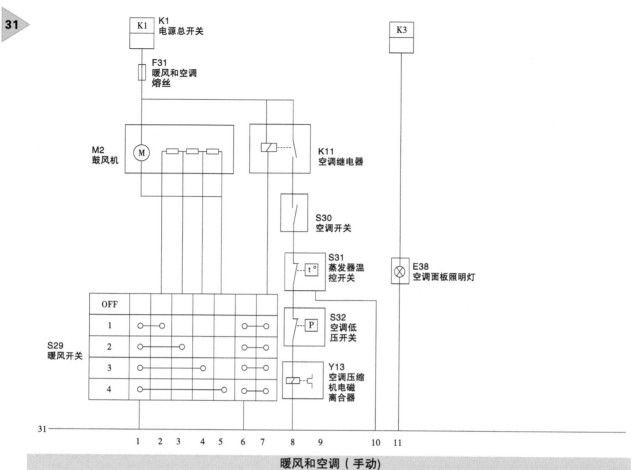

暖风和空调（手动）

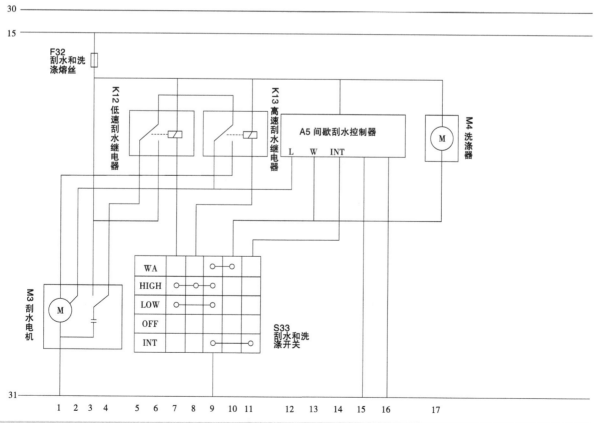

刮水和洗涤

- 113 -

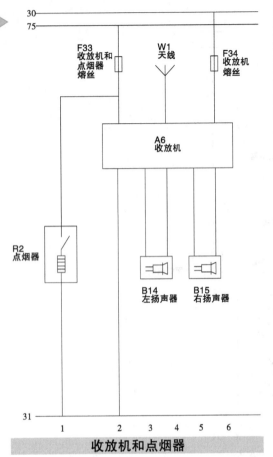

收放机和点烟器

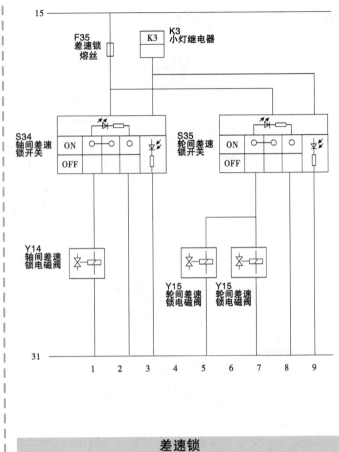

差速锁

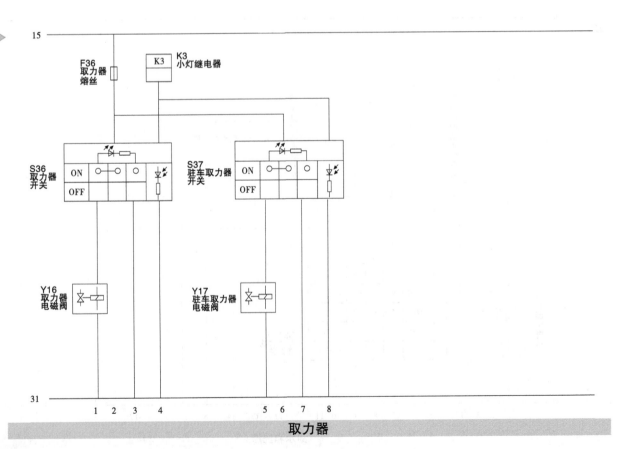

取力器

3.4 解放 J5M 配 DEUTZ 欧 4 标准电气线路图

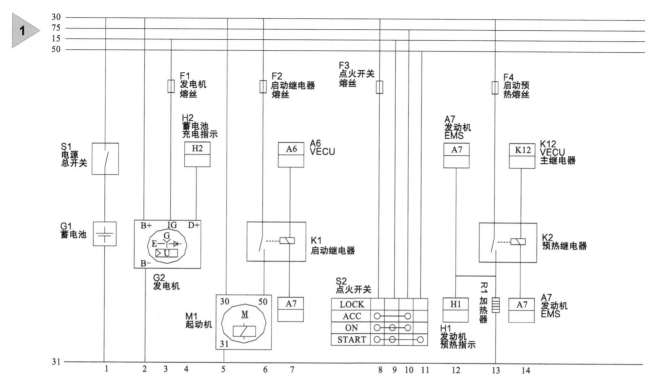

电源和启动

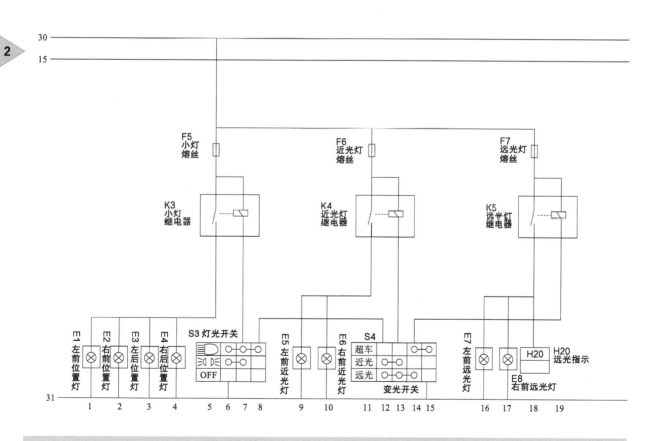

照明和信号（位置灯、近光灯、远光灯）

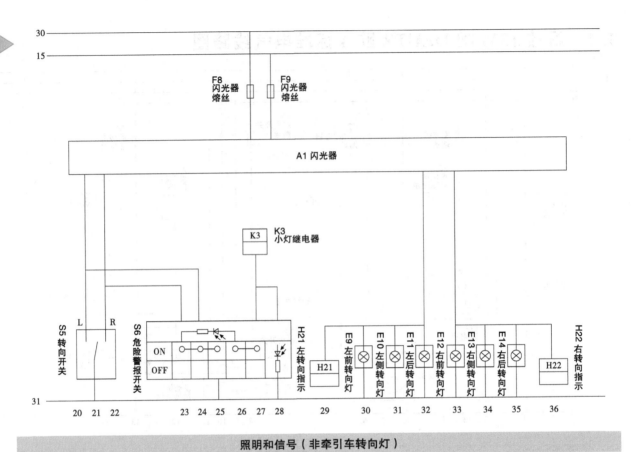

照明和信号（非牵引车转向灯）

照明和信号（牵引车转向灯）

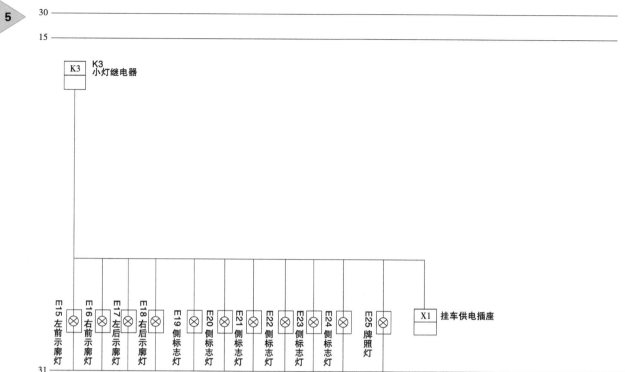

照明和信号（示廓灯、侧标志灯、牌照灯）

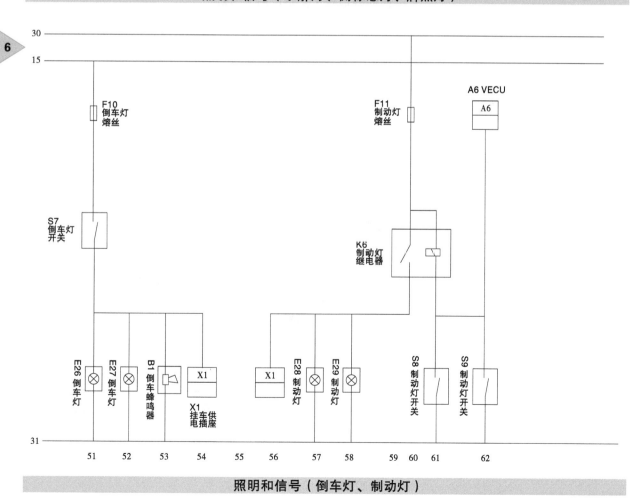

照明和信号（倒车灯、制动灯）

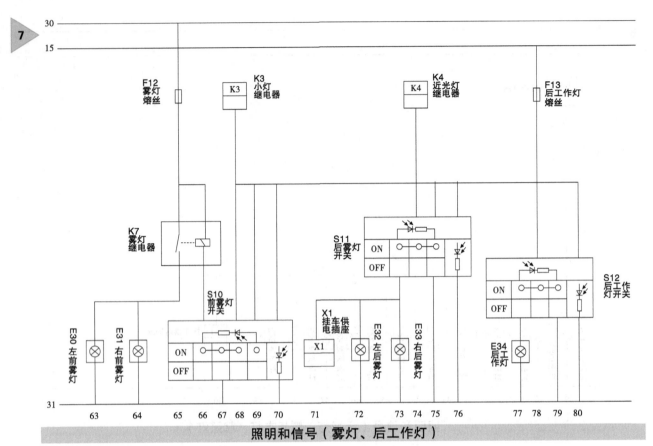

照明和信号（雾灯、后工作灯）

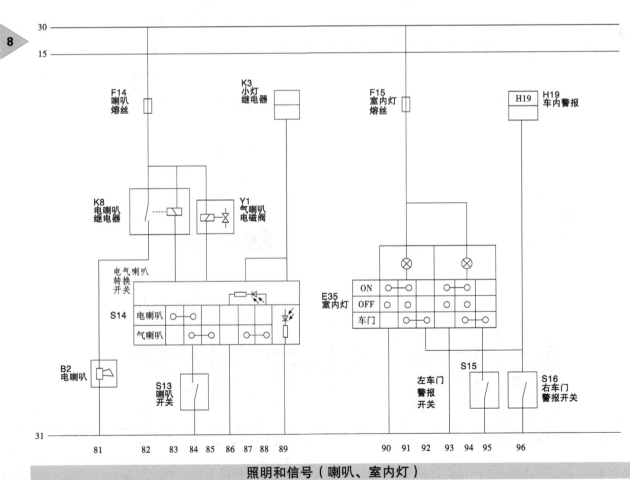

照明和信号（喇叭、室内灯）

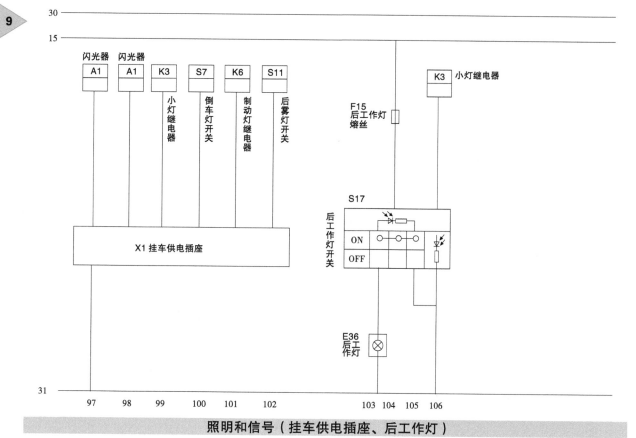

照明和信号（挂车供电插座、后工作灯）

仪表1/4

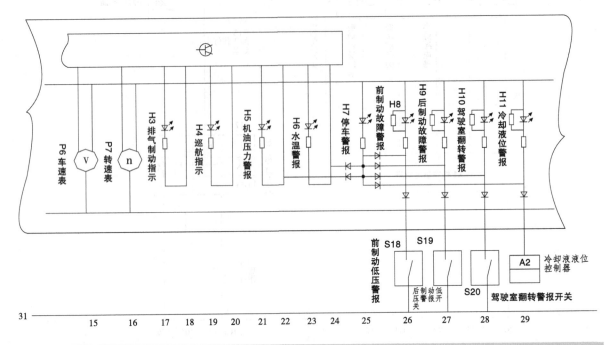

仪表2/4

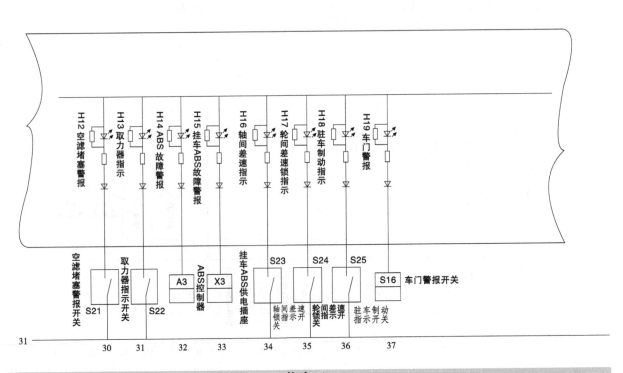

仪表3/4

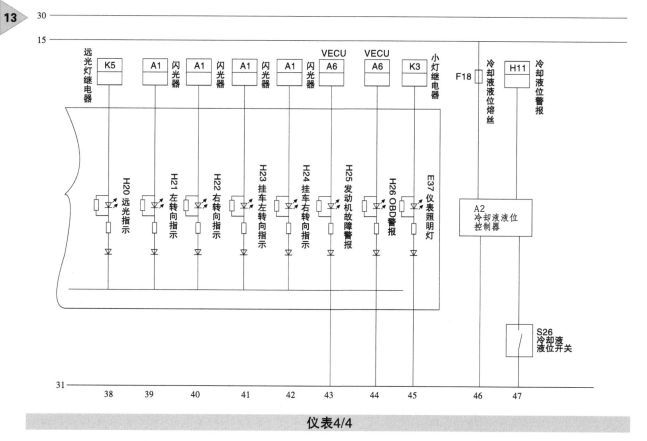

仪表4/4

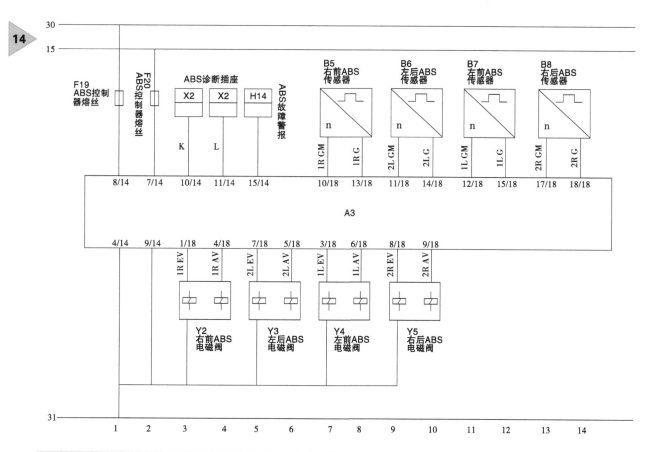

ABS

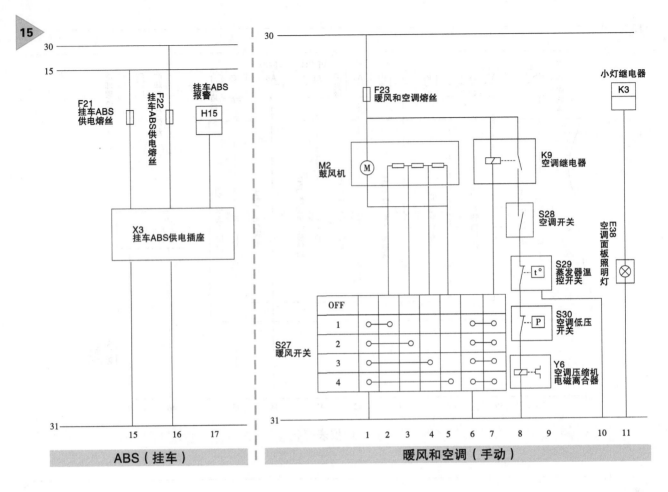

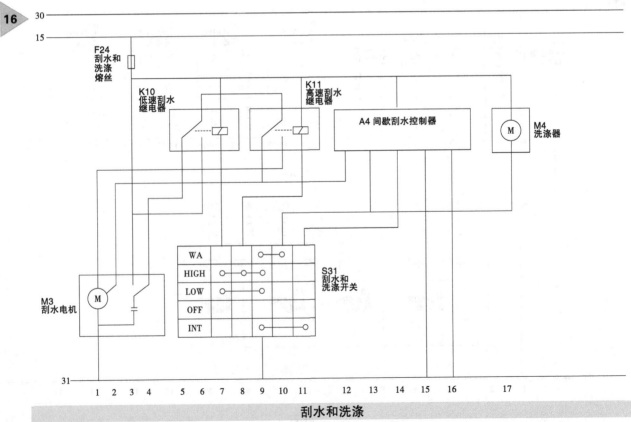

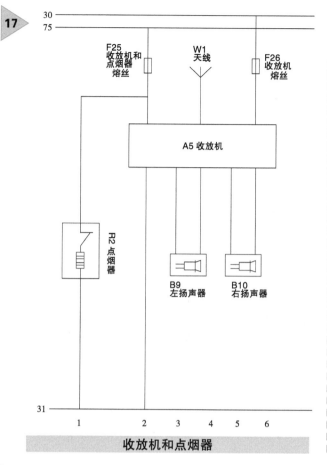
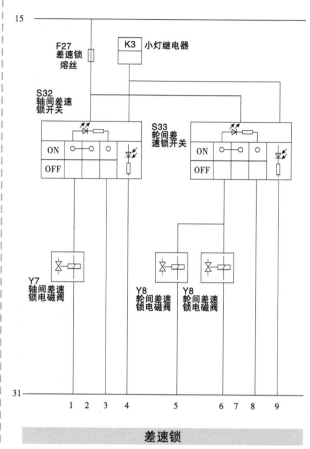
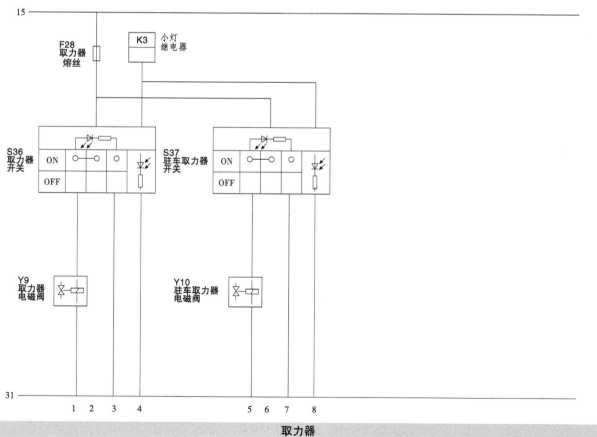

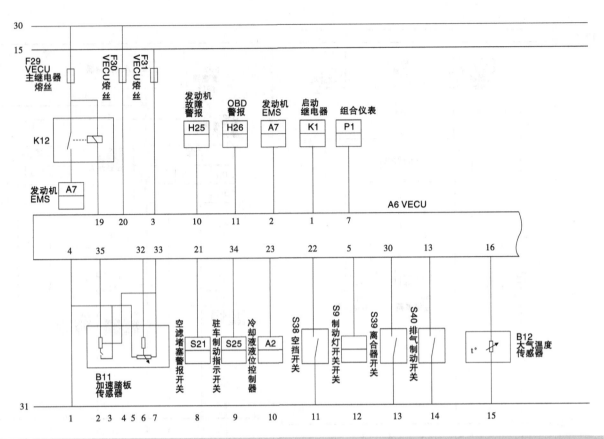

VECU 1/2

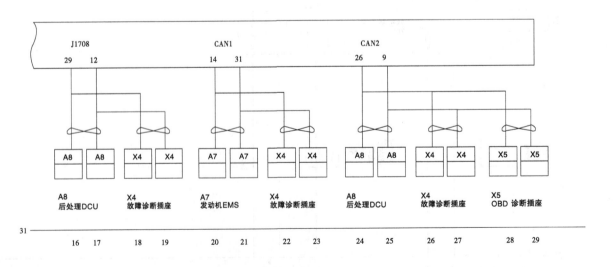

VECU 2/2

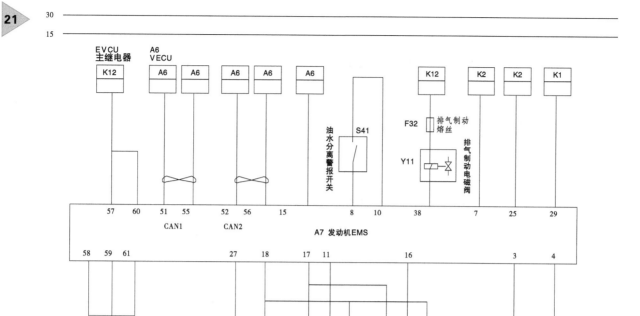

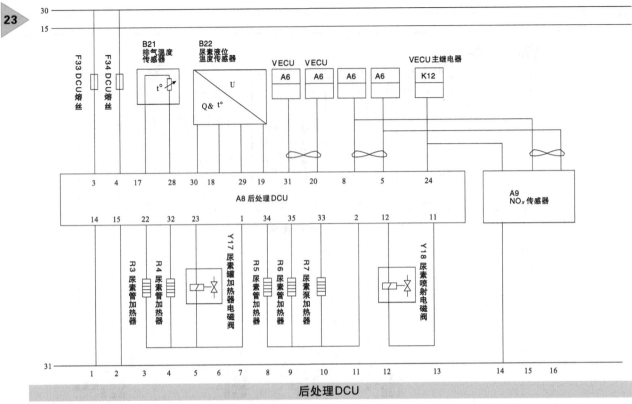

3.5 解放 J6P 车型电控系统电气线路图

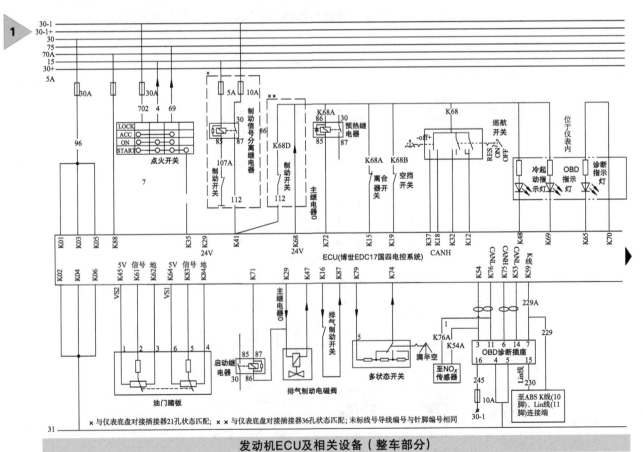

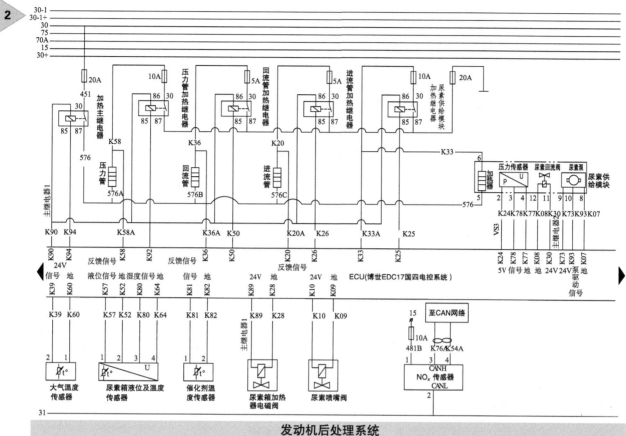

发动机后处理系统

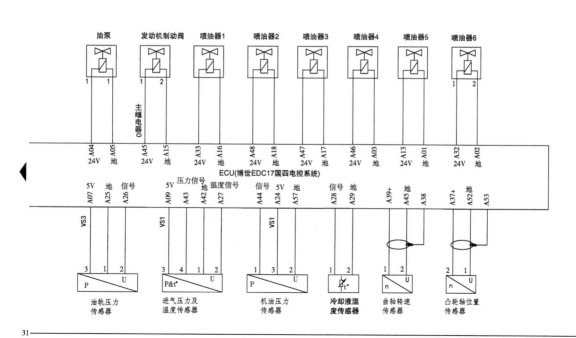

发动机ECU及相关设备（缸体部分）

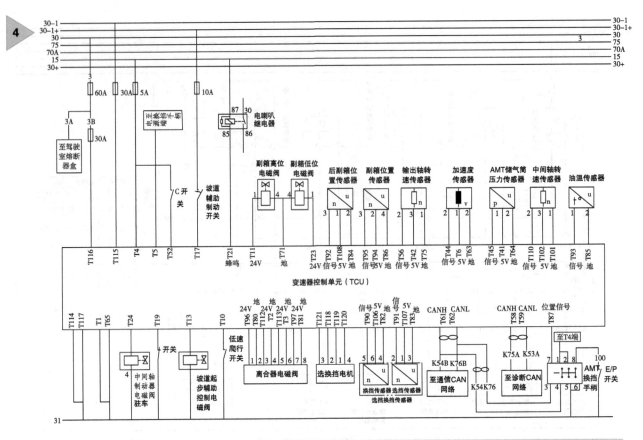

自动变速器电控系统

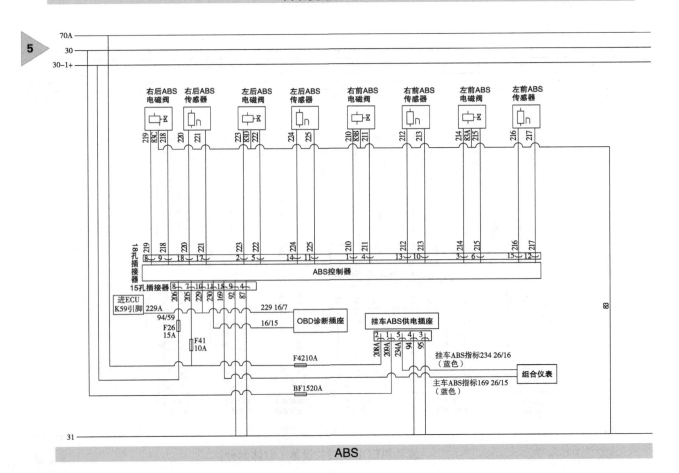

ABS

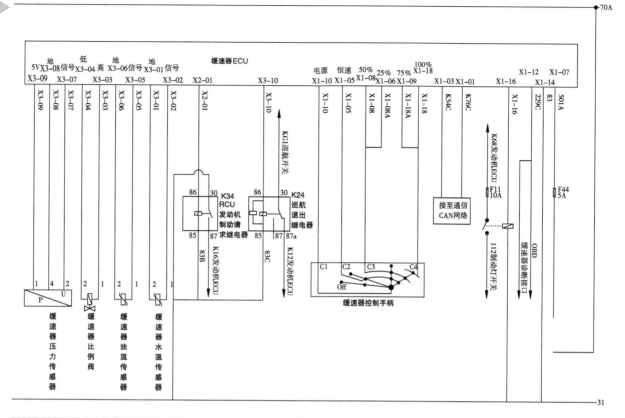

缓速器控制系统

4 陕汽重卡德龙车系整车电气线路图

4.1 德龙F2000车型整车电气线路图

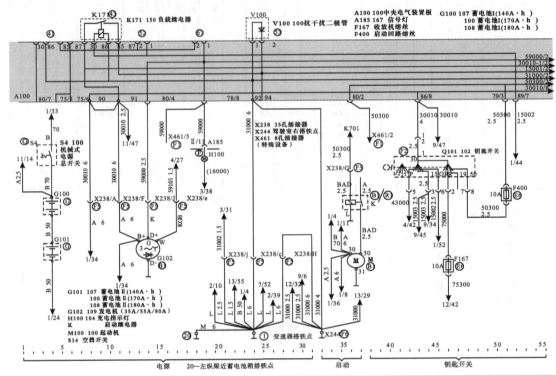

德龙F2000车型整车电气线路图1/13

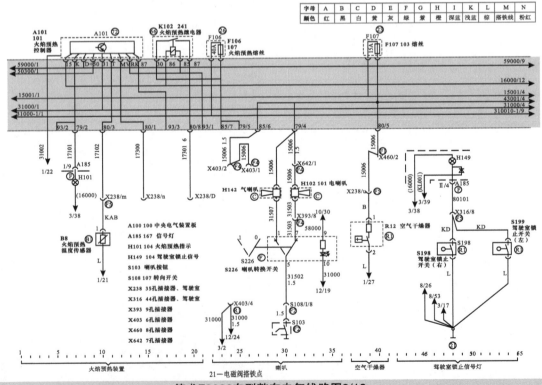

德龙F2000车型整车电气线路图2/13

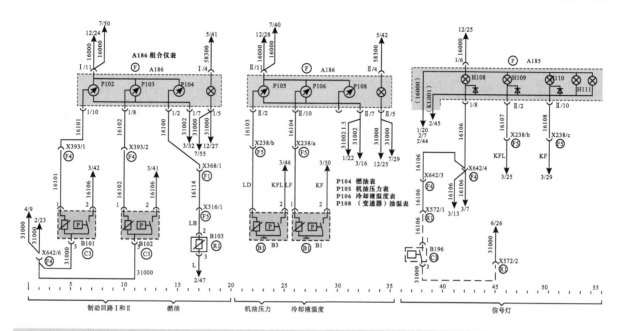

德龙F2000车型整车电气线路图3/13

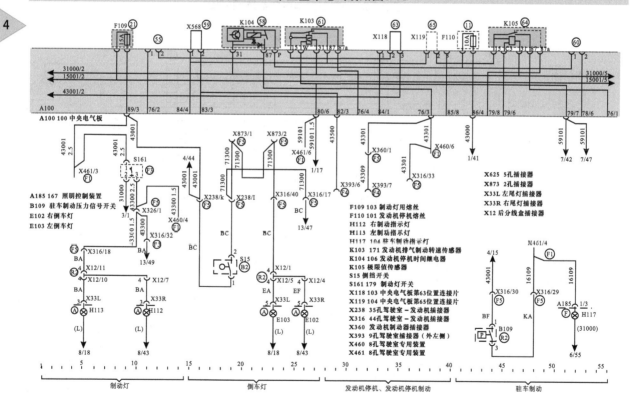

德龙F2000车型整车电气线路图4/13

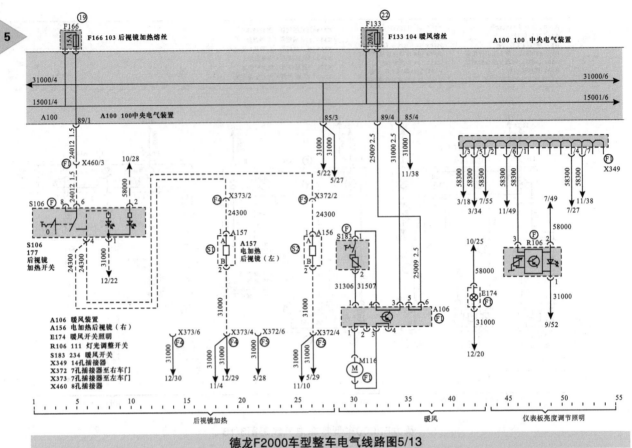

德龙F2000车型整车电气线路图5/13

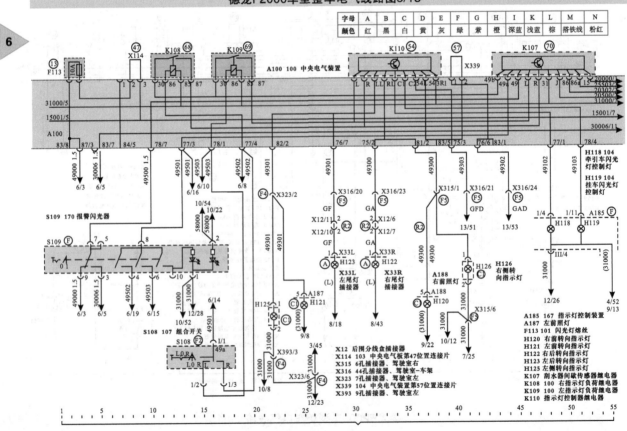

德龙F2000车型整车电气线路图6/13

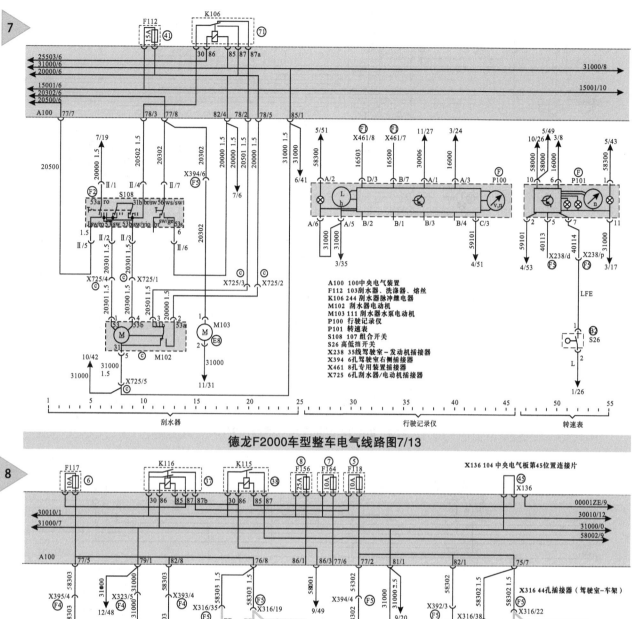

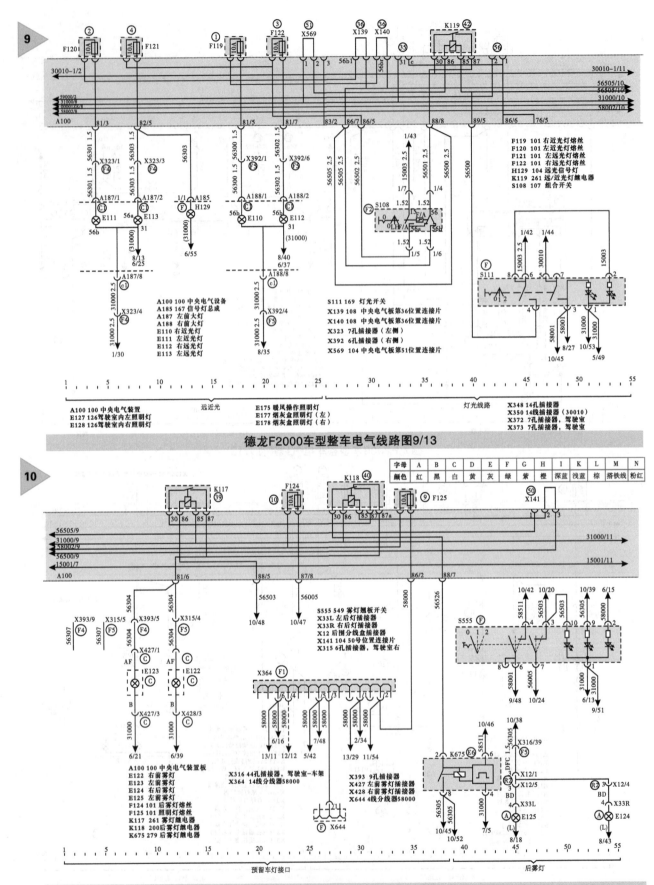

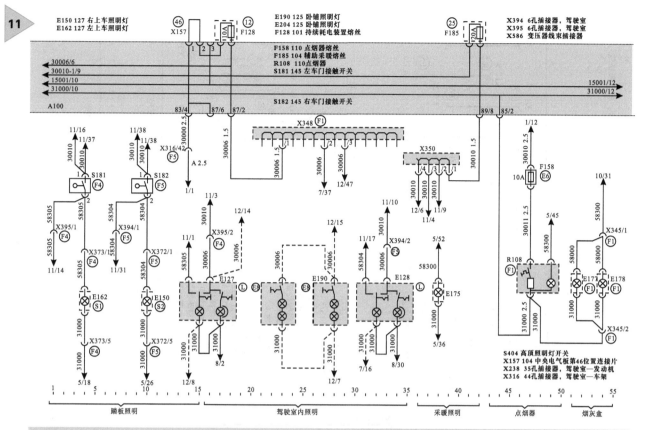

德龙F2000车型整车电气线路图11/13

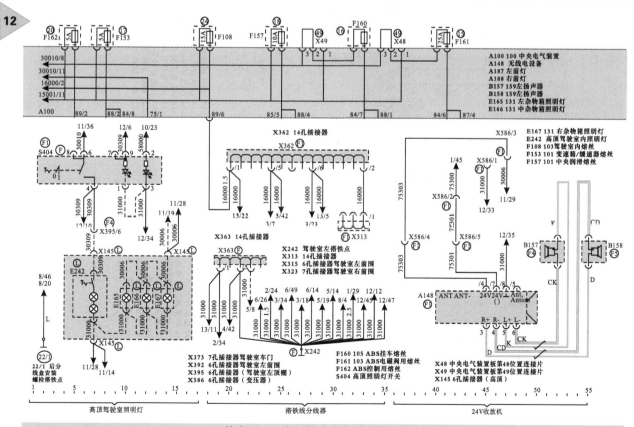

德龙F2000车型整车电气线路图12/13

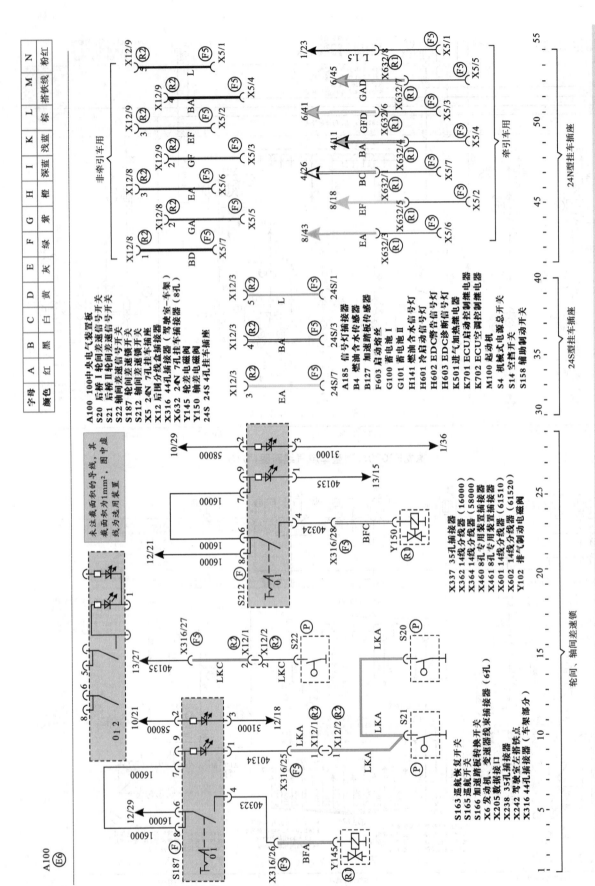

4.2 德龙F3000车型整车电气线路图

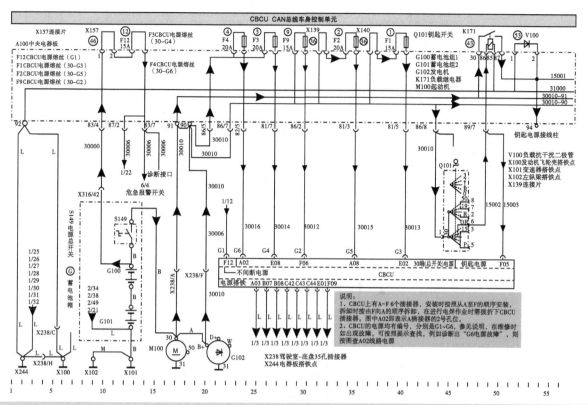

德龙F3000车型电气线路图1/10

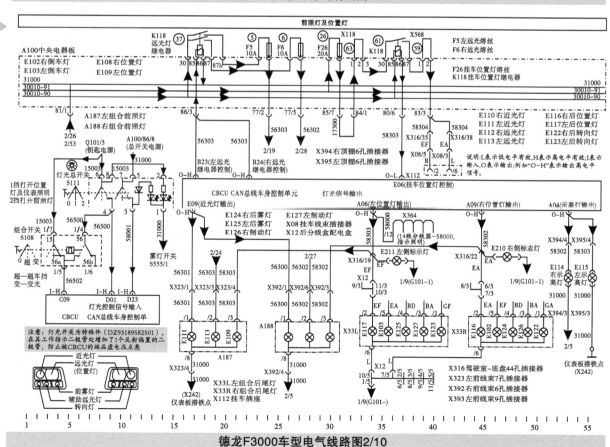

德龙F3000车型电气线路图2/10

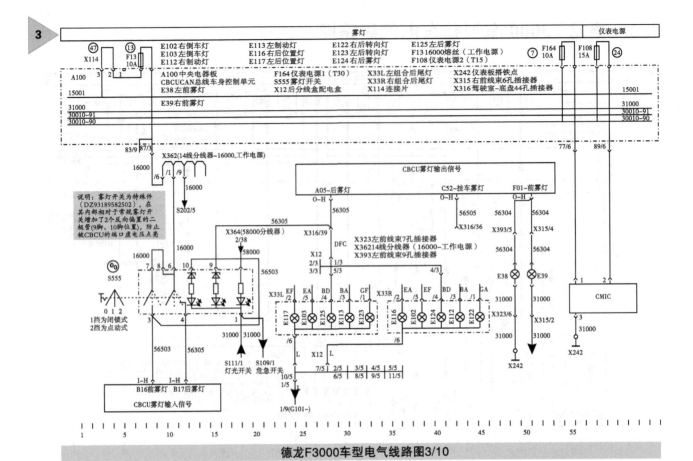

德龙F3000车型电气线路图3/10

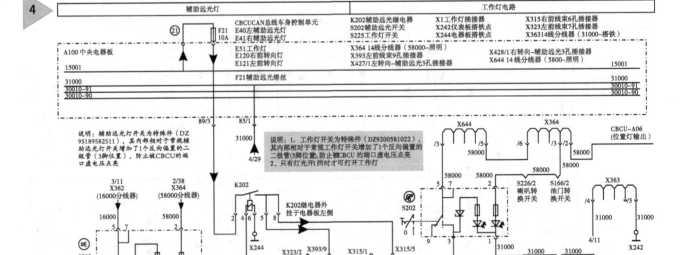

德龙F3000车型电气线路图4/10

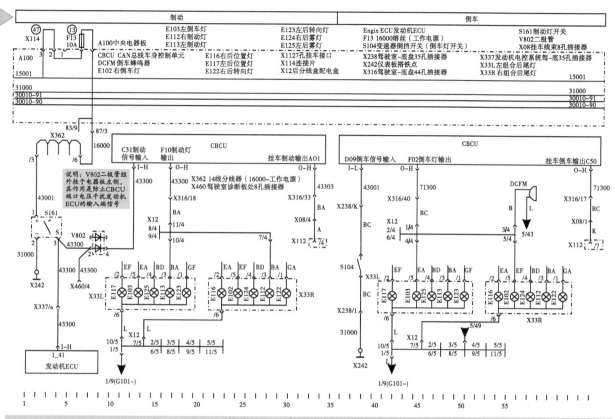

德龙F3000车型电气线路图5/10

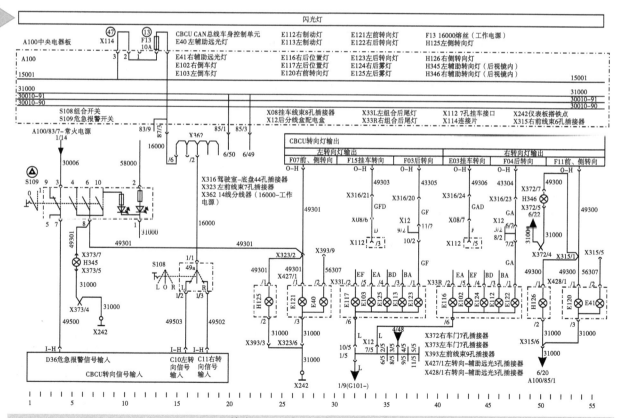

德龙F3000车型电气线路图6/10

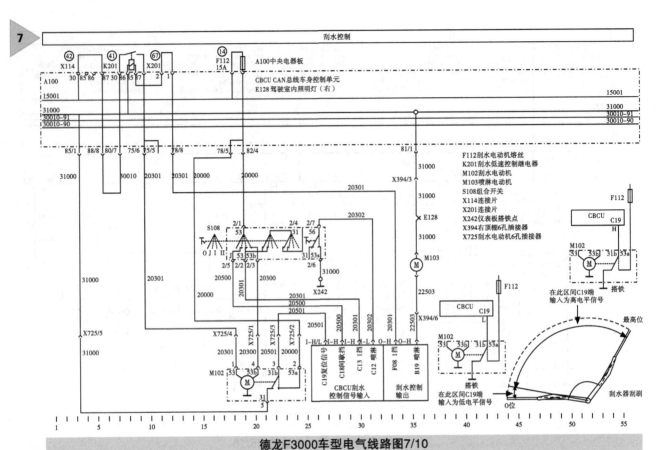

德龙F3000车型电气线路图7/10

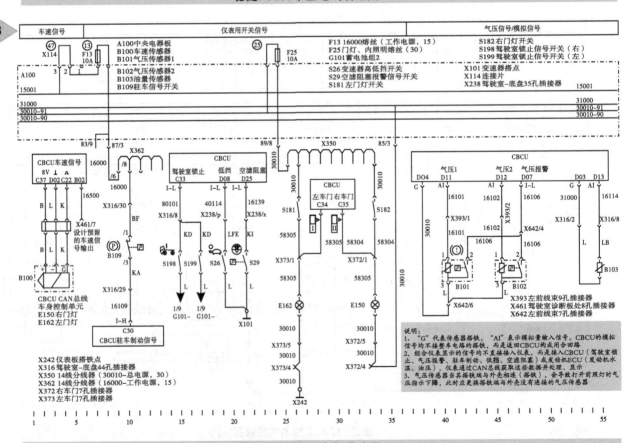

德龙F3000车型电气线路图8/10

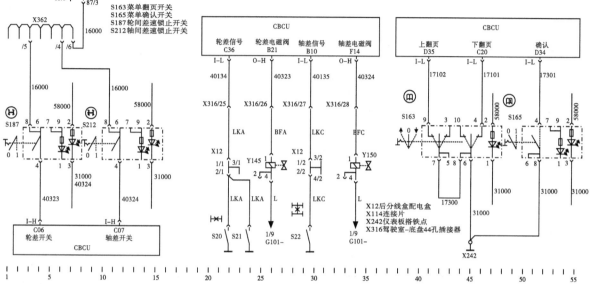

德龙F3000车型电气线路图9/10

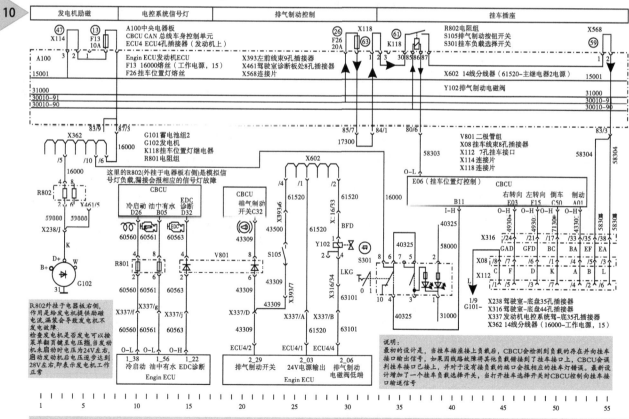

德龙F3000车型电气线路图10/10

4.3 德龙新M3000天然气车型整车电气线路图

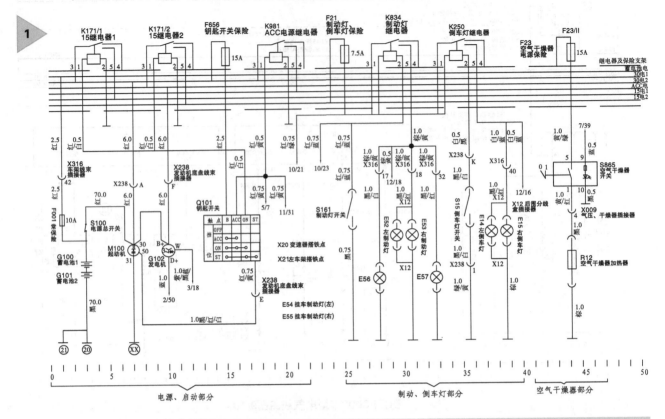

德龙新M3000天然气车型电气线路图1/12

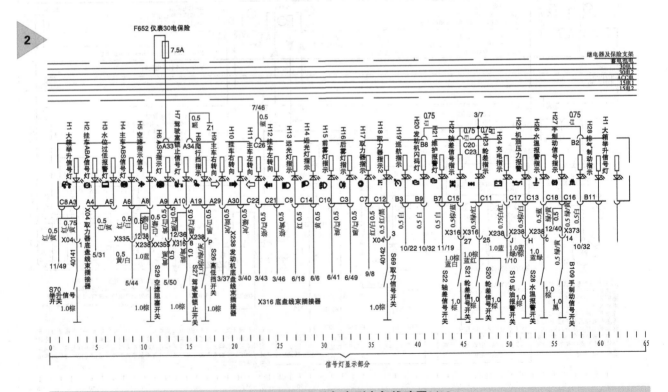

德龙新M3000天然气车型电气线路图2/12

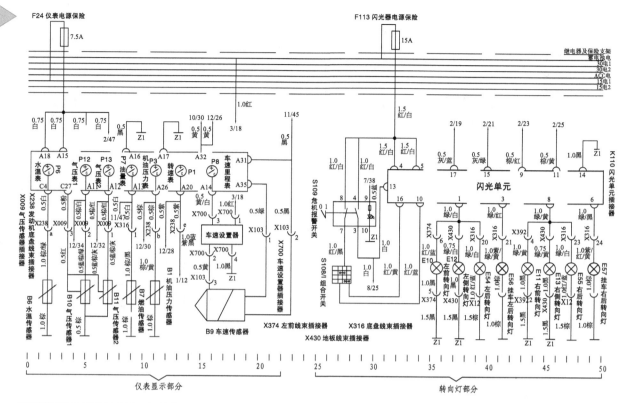

德龙新M3000天然气车型电气线路图3/12

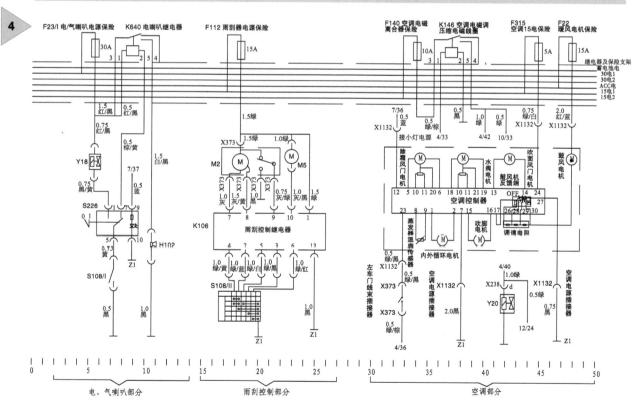

德龙新M3000天然气车型电气线路图4/12

- 143 -

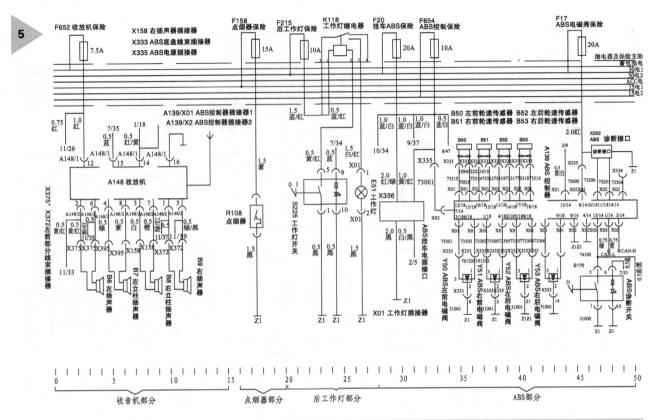

德龙新M3000天然气车型电气线路图5/12

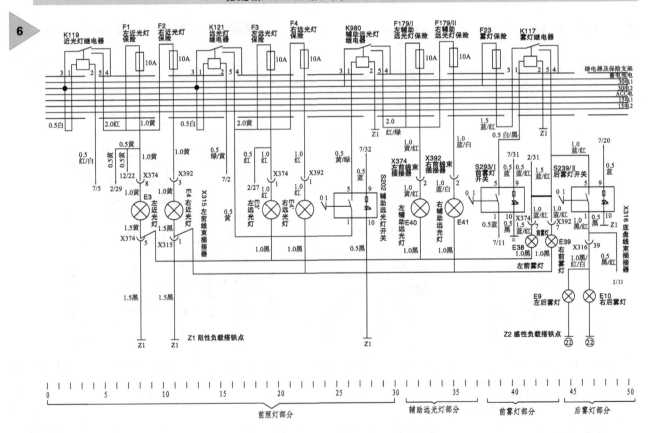

德龙新M3000天然气车型电气线路图6/12

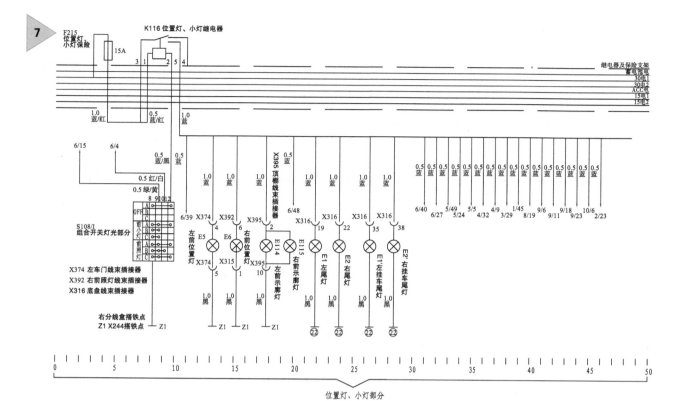

德龙新M3000天然气车型电气线路图7/12

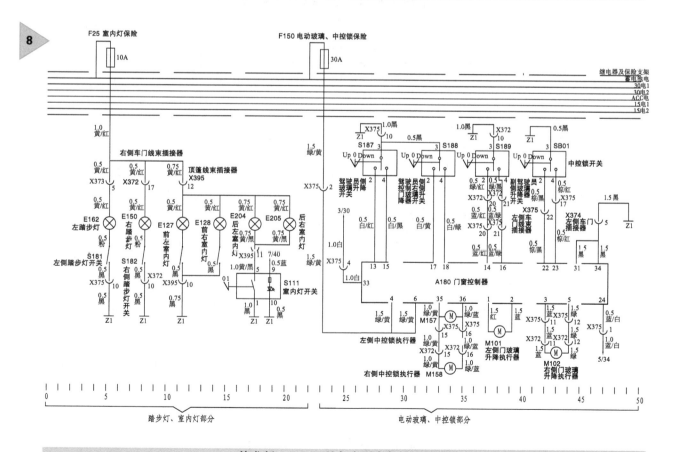

德龙新M3000天然气车型电气线路图8/12

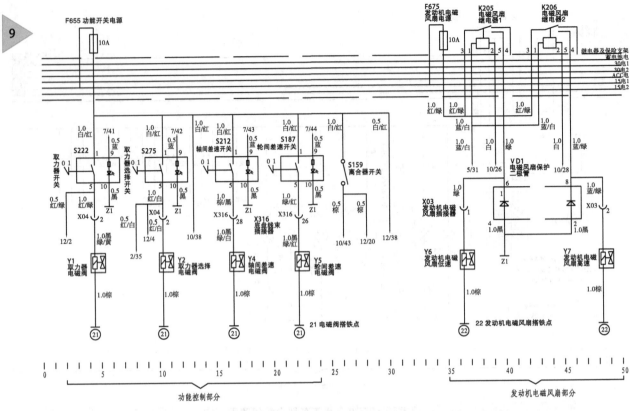

德龙新M3000天然气车型电气线路图9/12

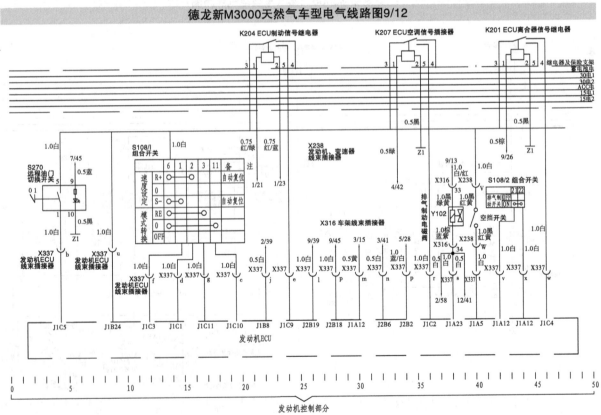

德龙新M3000天然气车型电气线路图10/12

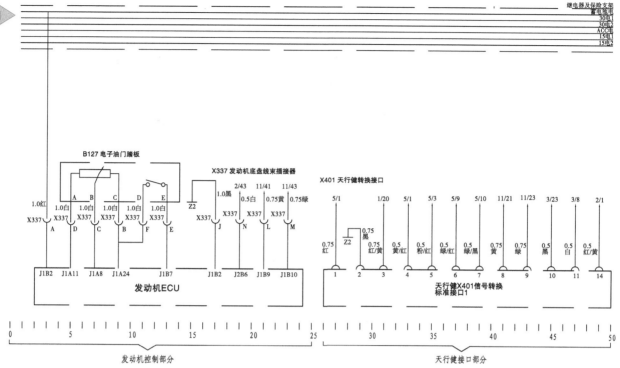

德龙新M3000天然气车型电气线路图11/12

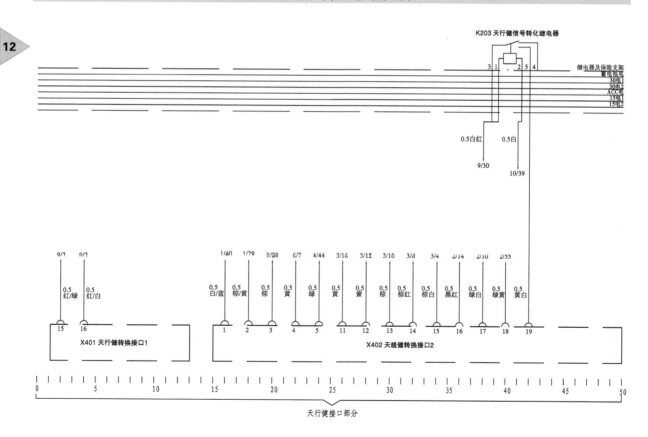

德龙新M3000天然气车型电气线路图12/12

4.4 德龙新M3000 EGR车型整车电气线路图

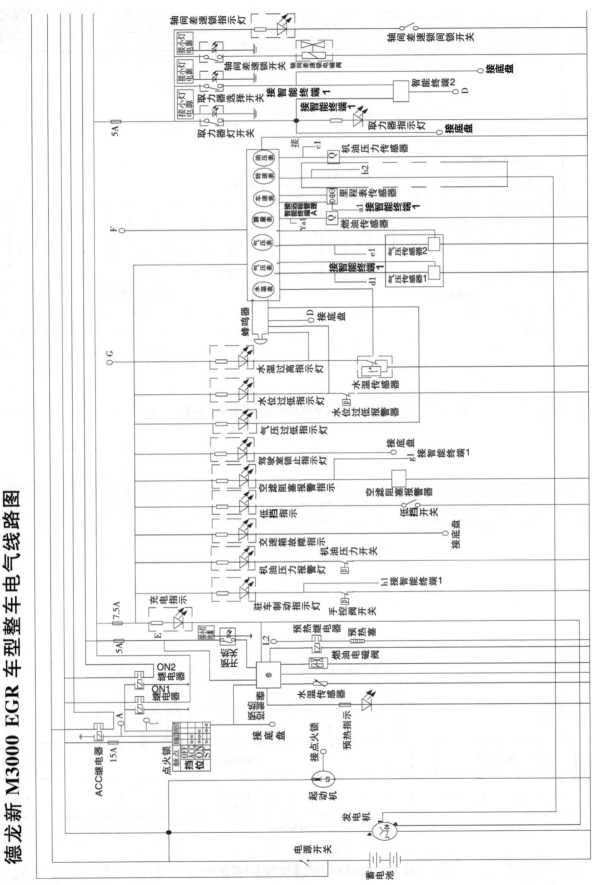

德龙新M3000 EGR车型电气线路图1/4

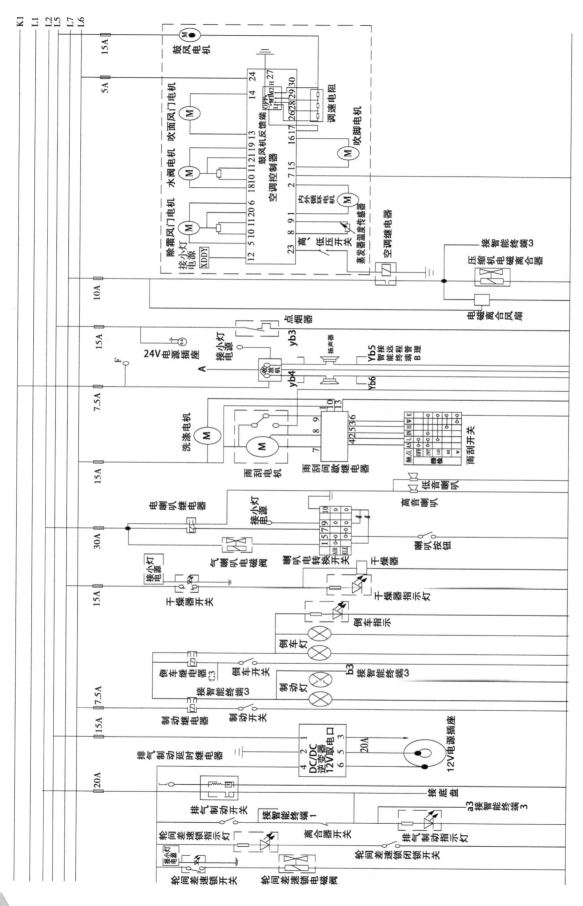

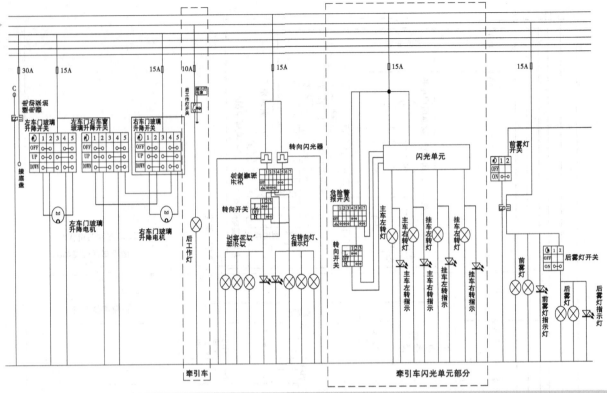

德龙新M3000 EGR车型电气线路图3/4

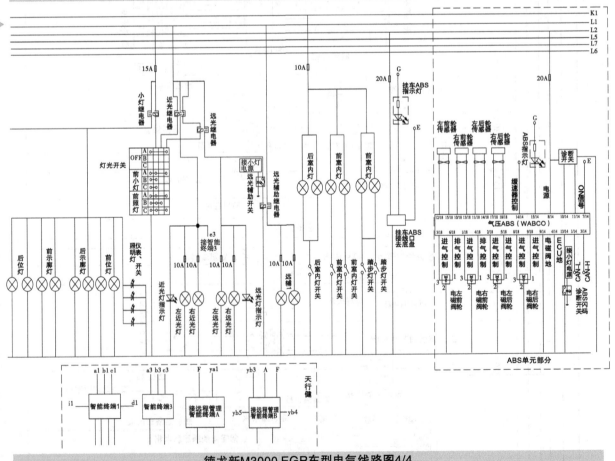

德龙新M3000 EGR车型电气线路图4/4

4.5 德龙X3000车型整车电气线路图

4.5.1 康明斯ISM发动机配置车型线路图

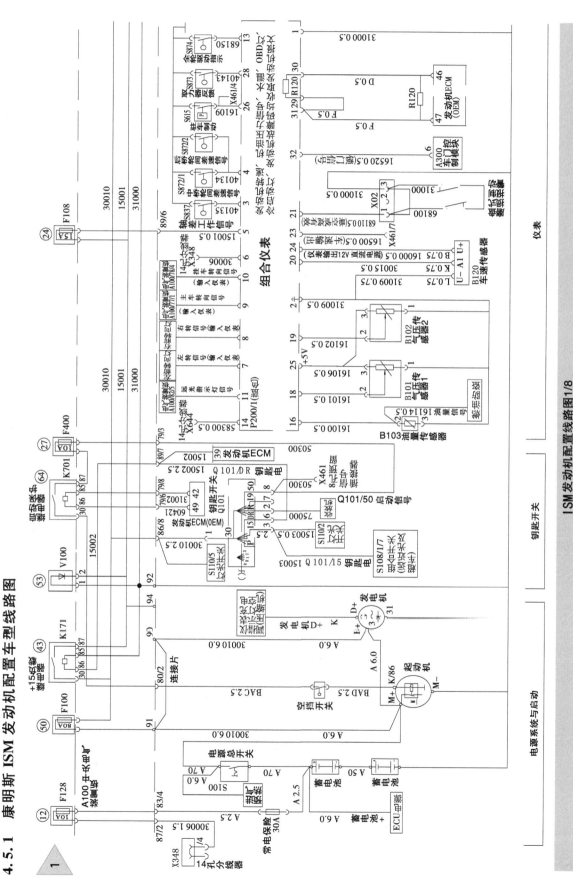

ISM发动机配置线路图1/8

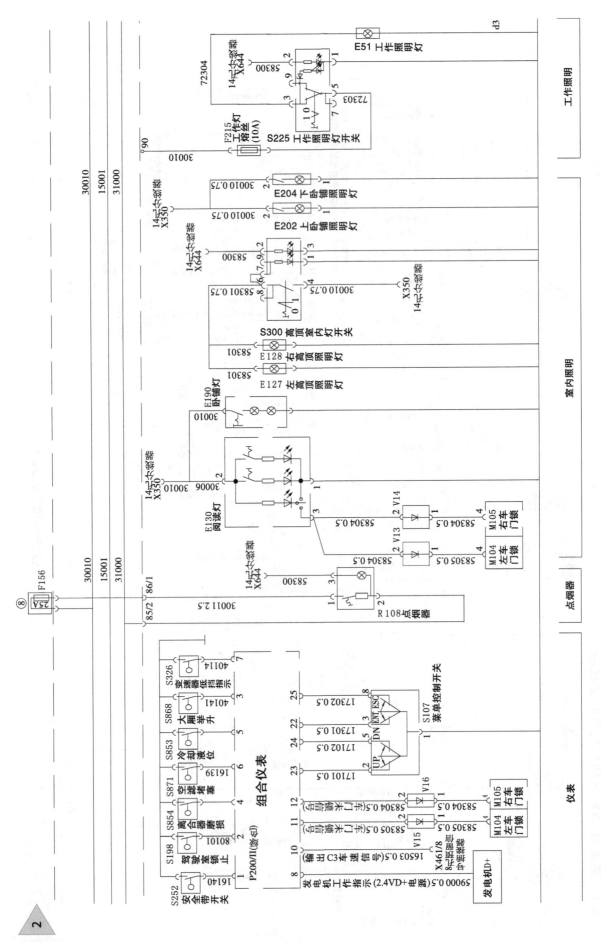

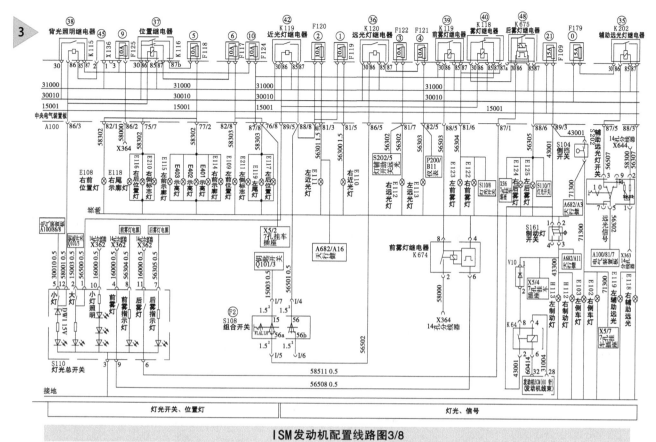

ISM发动机配置线路图3/8

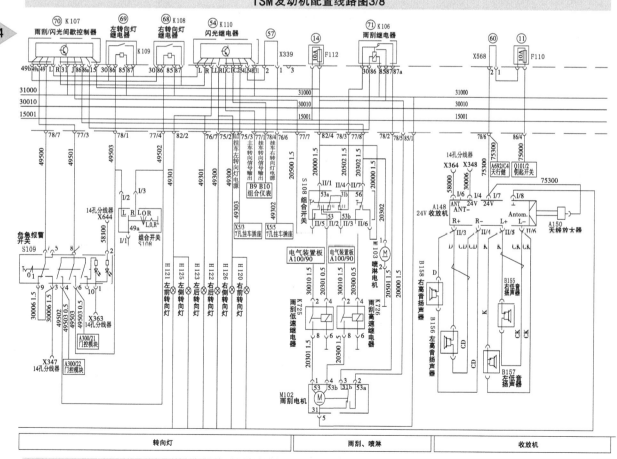

ISM发动机配置线路图4/8

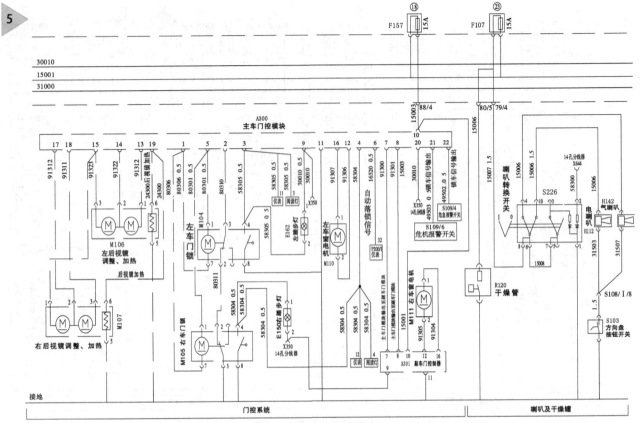

ISM发动机配置线路图5/8

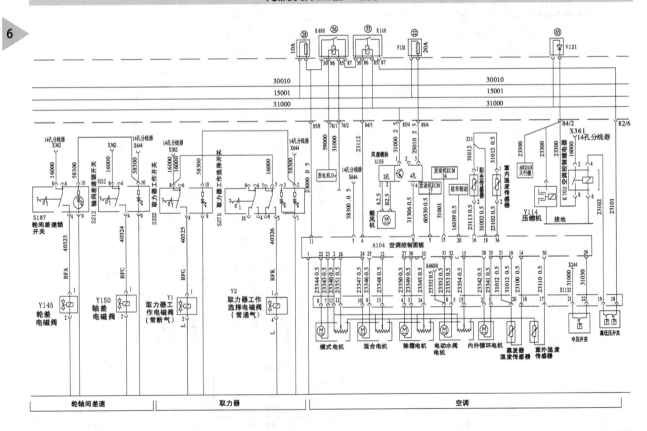

ISM发动机配置线路图6/8

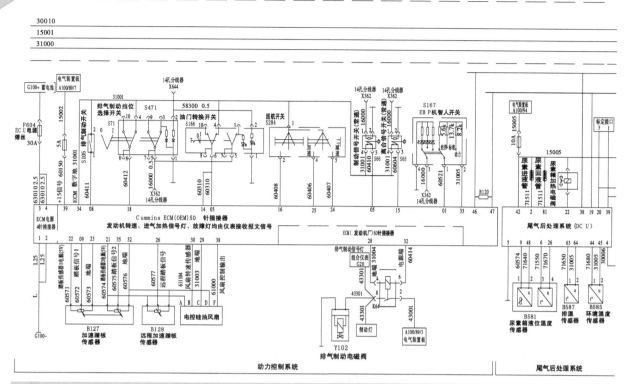

ISM发动机配置线路图7/8

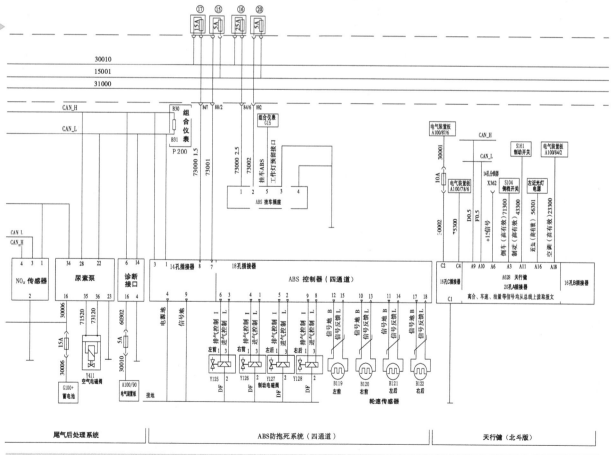

ISM发动机配置线路图8/8

4.5.2 潍柴 WP13（BCM）发动机配置车型线路图

WP13（BCM）发动机配置线路图 1/8

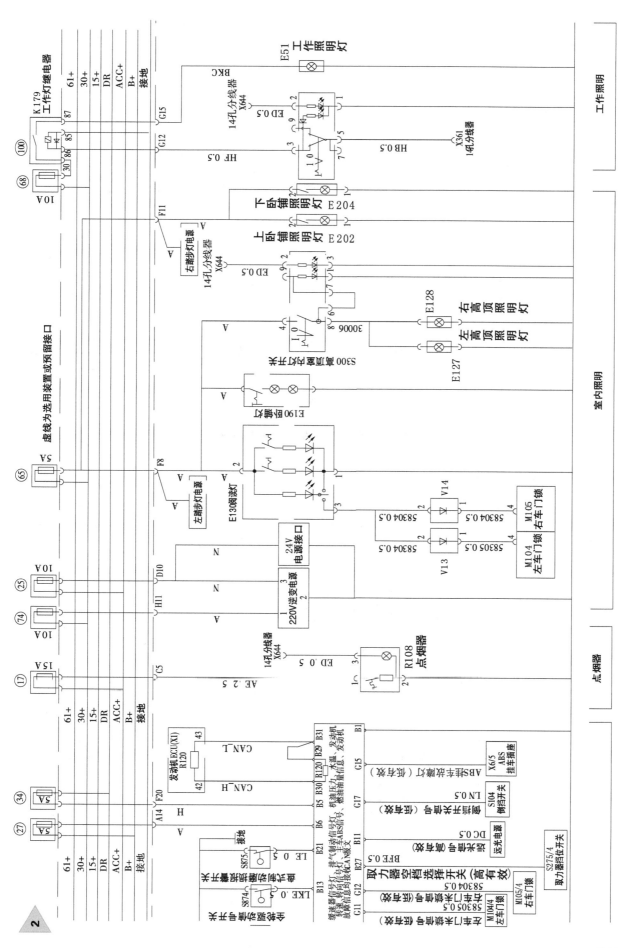

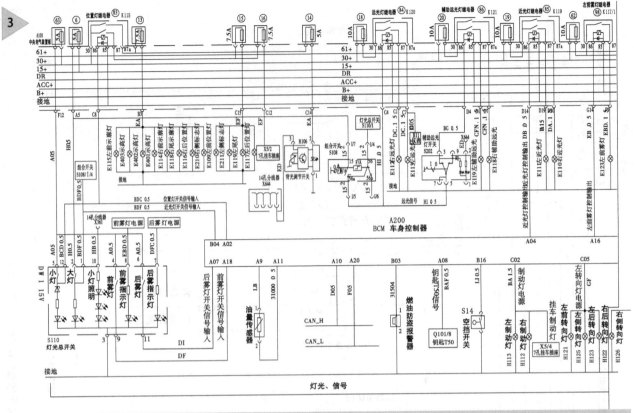

WP13（BCM）发动机配置线路图3/8

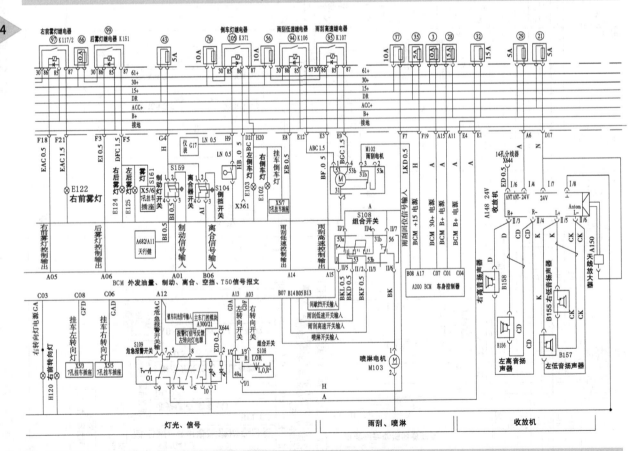

WP13（BCM）发动机配置线路图4/8

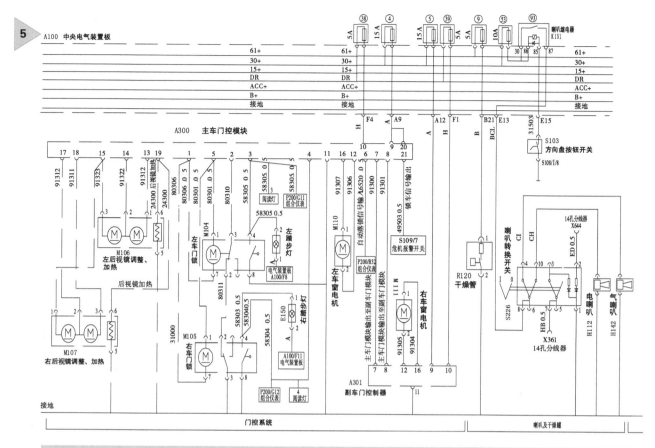

WP13（BCM）发动机配置线路图 5/8

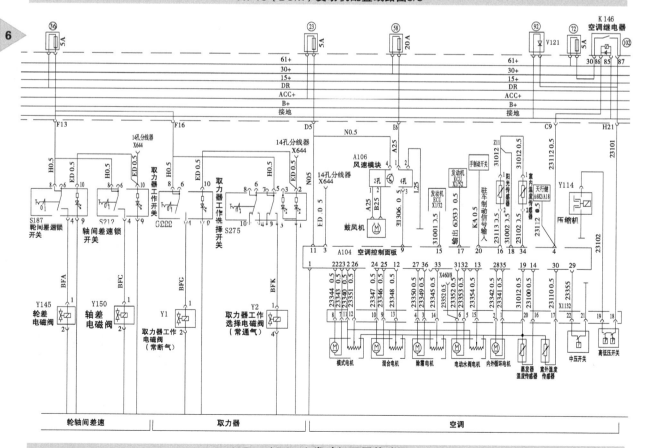

WP13（BCM）发动机配置线路图 6/8

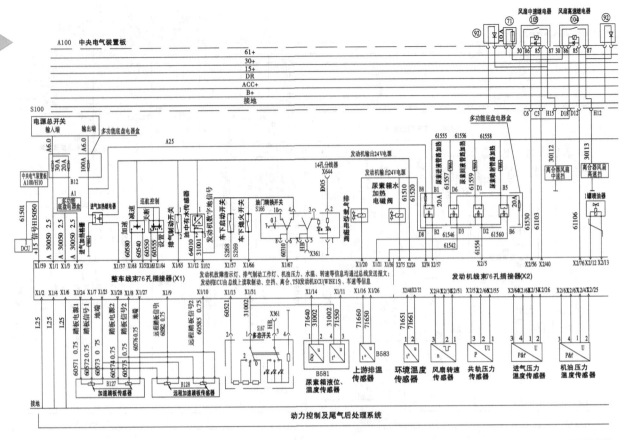

WP13（BCM）发动机配置线路图7/8

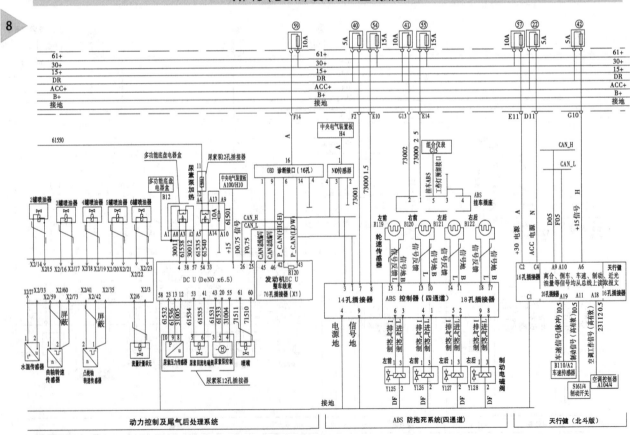

WP13（BCM）发动机配置线路图8/8

4.5.3 天然气（BCM）车型线路图

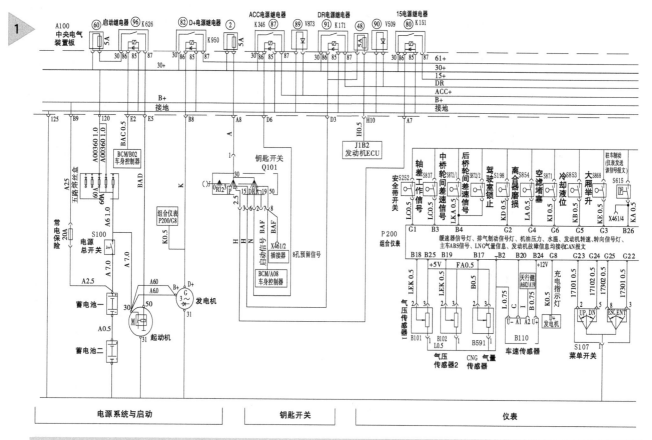

天然气（BCM）车型线路图 1/8

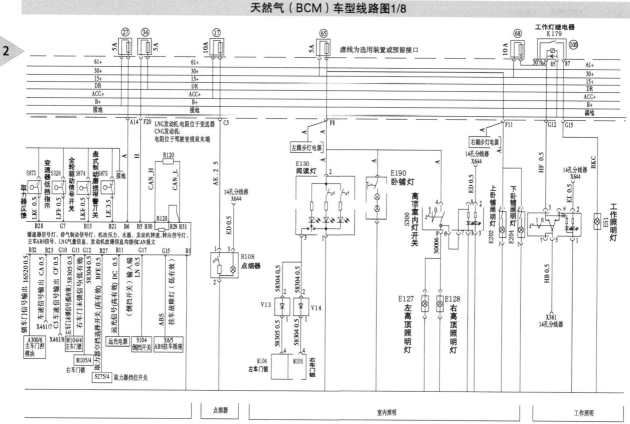

天然气（BCM）车型线路图 2/8

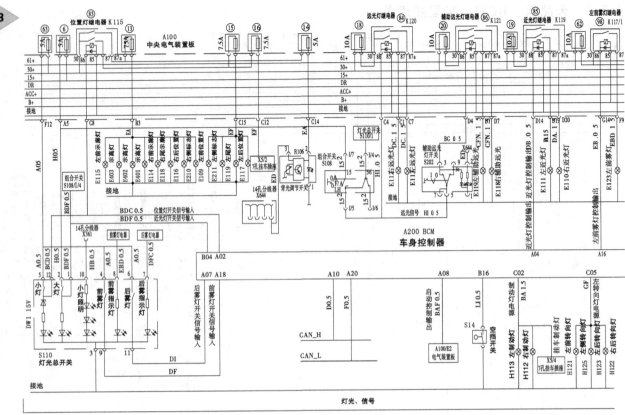

天然气（BCM）车型线路图3/8

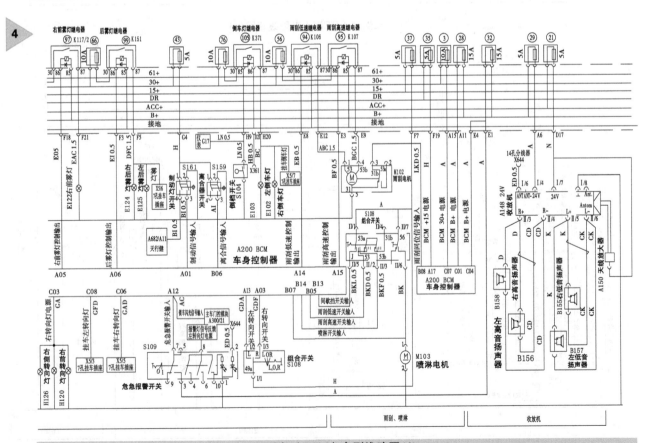

天然气（BCM）车型线路图4/8

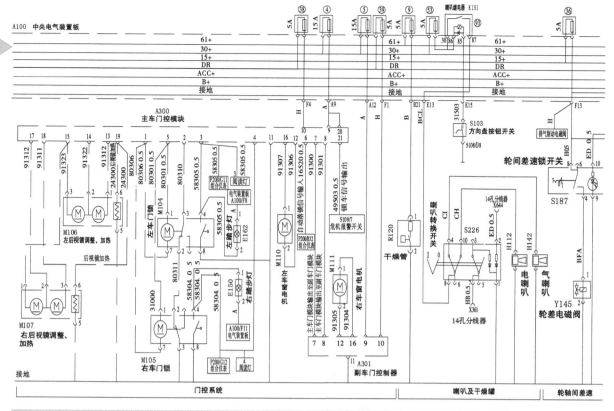

天然气（BCM）车型线路图5/8

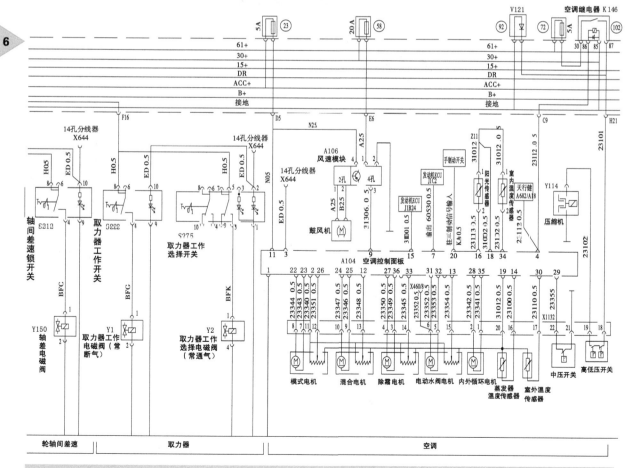

天然气（BCM）车型线路图6/8

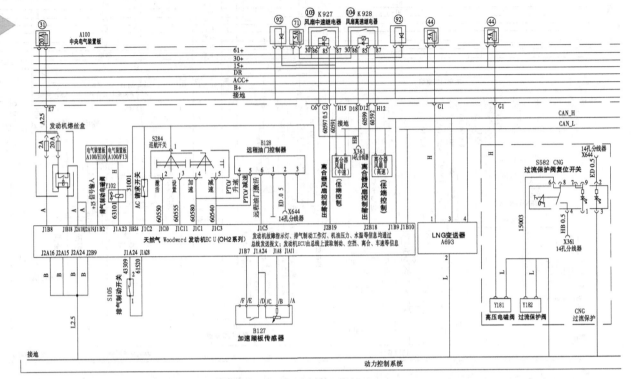

天然气（BCM）车型线路图7/8

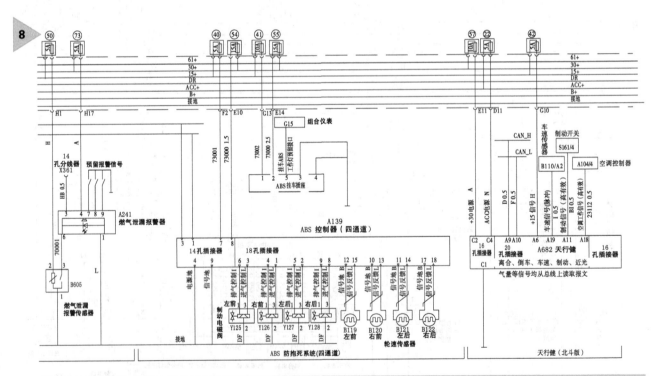

天然气（BCM）车型线路图8/8

4.5.4 EDC17（CBCU）系统配置车型线路图

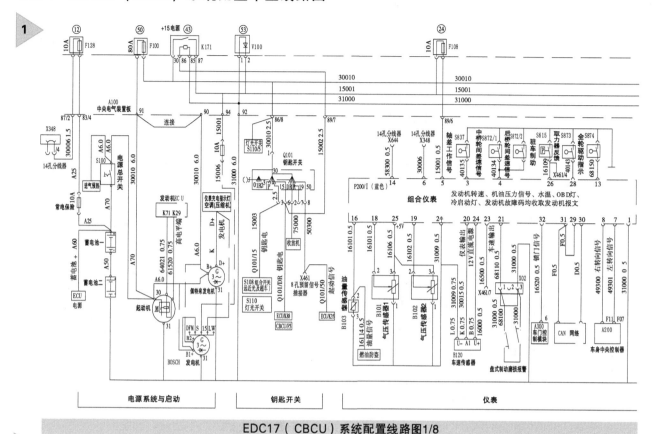

EDC17（CBCU）系统配置线路图1/8

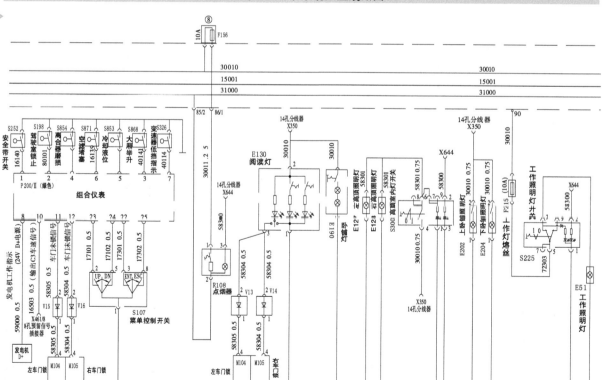

EDC17（CBCU）系统配置线路图2/8

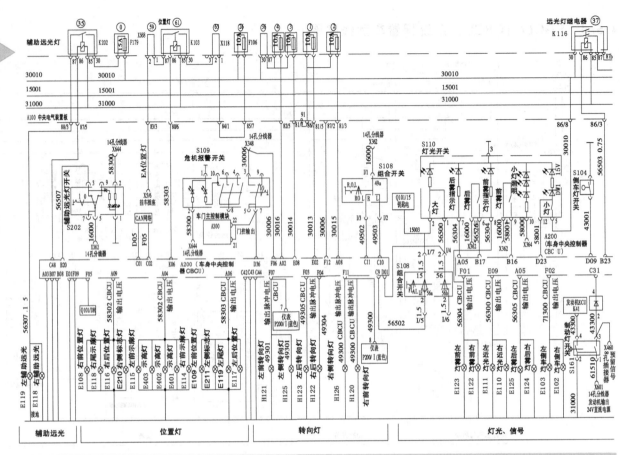

EDC17（CBCU）系统配置线路图3/8

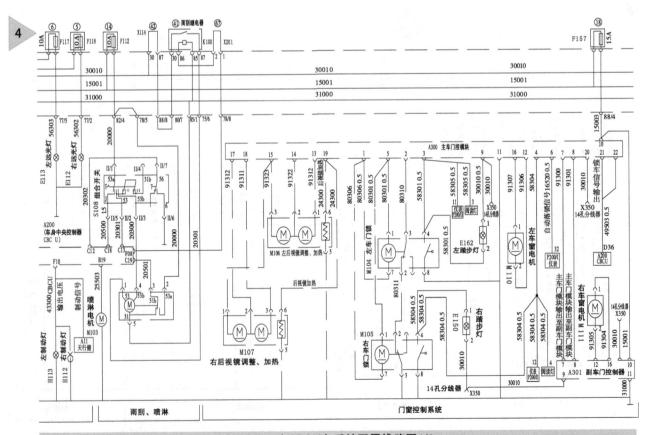

EDC17（CBCU）系统配置线路图4/8

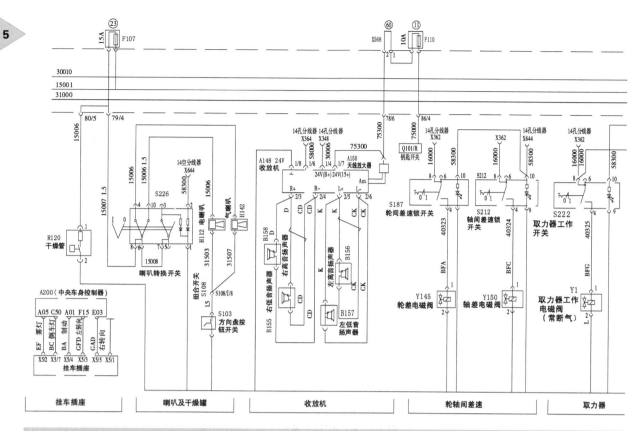

EDC17（CBCU）系统配置线路图5/8

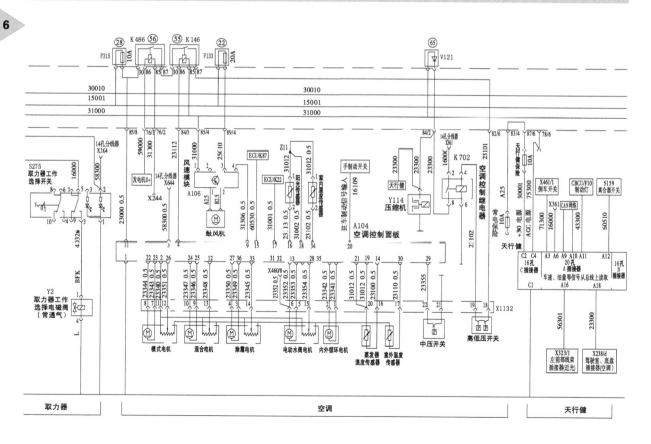

EDC17（CBCU）系统配置线路图6/8

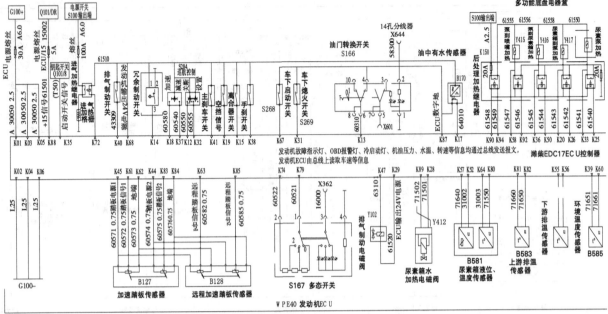

EDC17（CBCU）系统配置线路图7/8

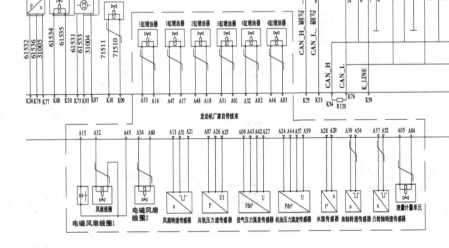

EDC17（CBCU）系统配置线路图8/8

4.5.5　X3000 EDC17 DeNO$_x$ 2.2 系统配置车型线路图

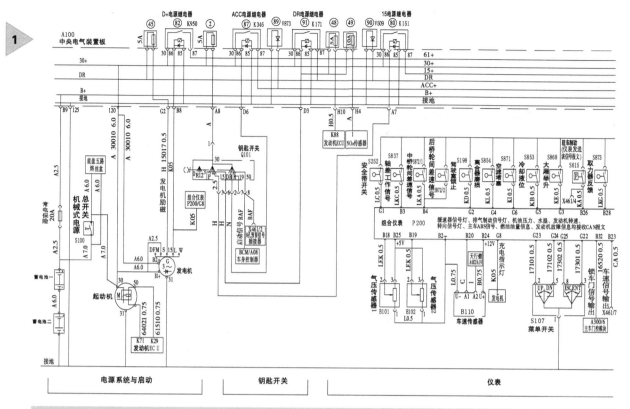

X3000 EDC17 DeNO$_x$ 2.2系统配置线路图1/8

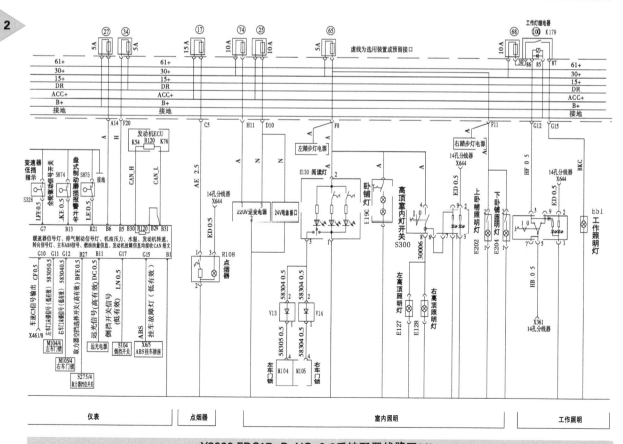

X3000 EDC17 DeNO$_x$ 2.2系统配置线路图2/8

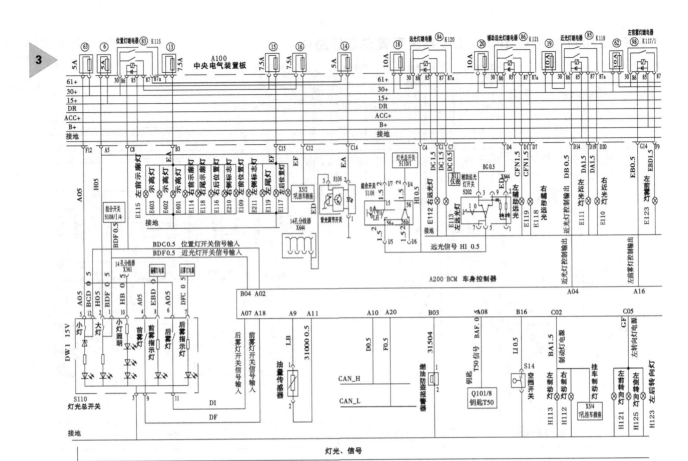

X3000 EDC17 DeNO$_x$2.2系统配置线路图3/8

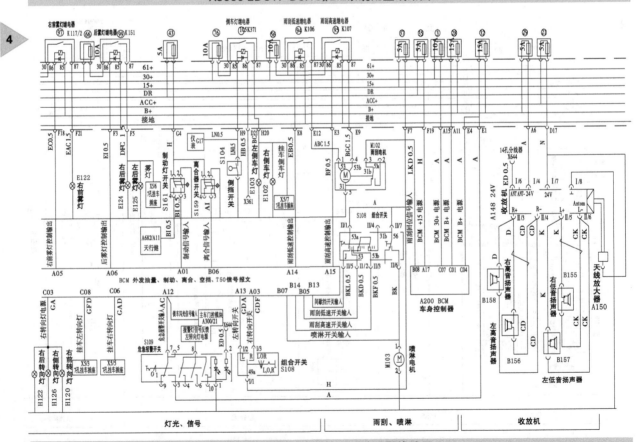

X3000 EDC17 DeNO$_x$2.2系统配置线路图4/8

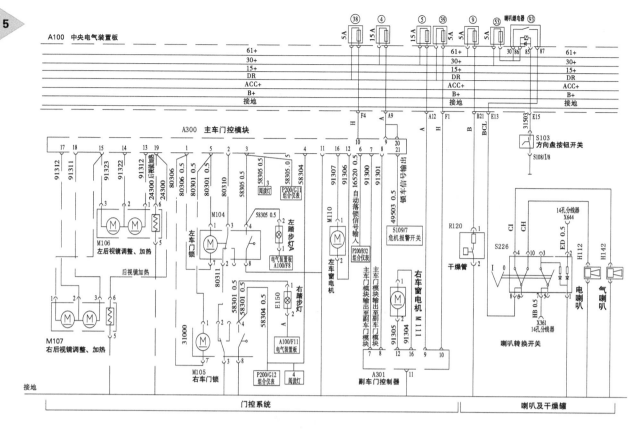

X3000 EDC17 DeNO$_x$2.2系统配置线路图5/8

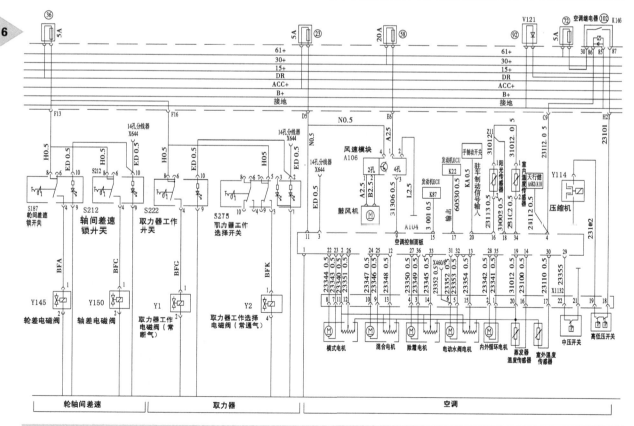

X3000 EDC17 DeNO$_x$2.2系统配置线路图6/8

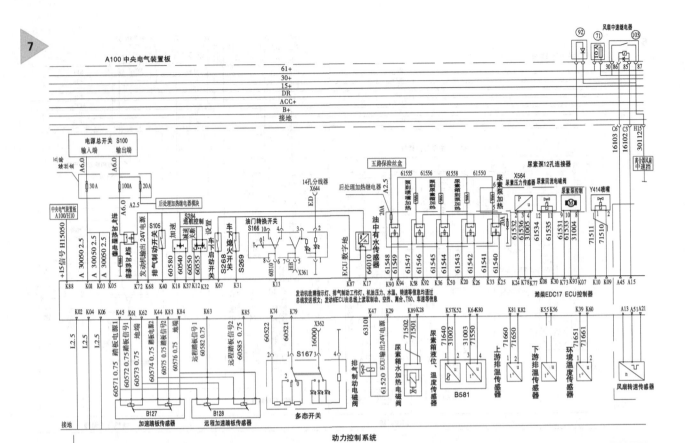

X3000 EDC17 DeNO$_x$2.2系统配置线路图7/8

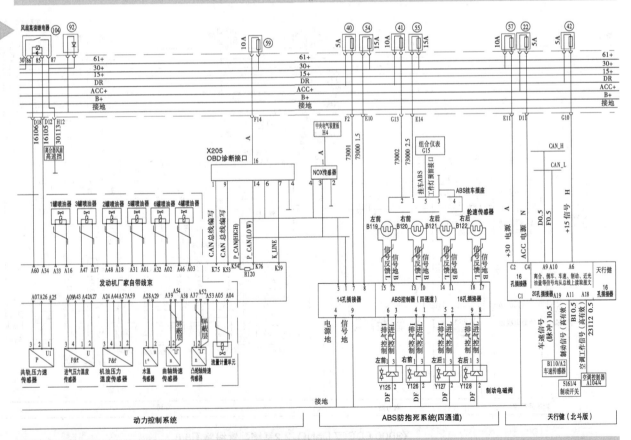

X3000 EDC17 DeNO$_x$2.2系统配置线路图8/8

5 陕汽重卡奥龙-德御车型电气线路图

5.1 奥龙潍柴 WP 发动机配置车型电气线路图

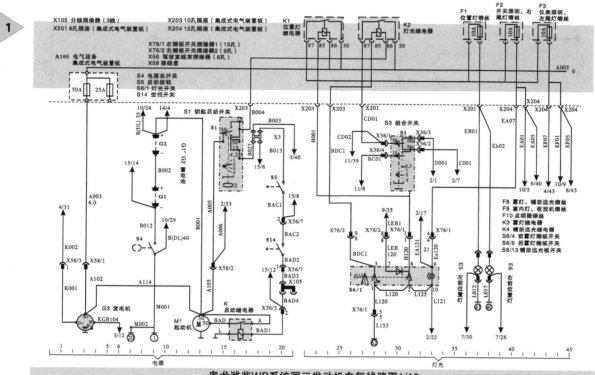

奥龙潍柴WP系统国三发动机电气线路图1/15

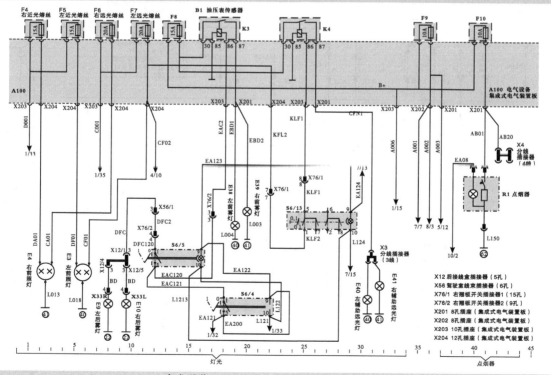

奥龙潍柴WP系统国三发动机电气线路图2/15

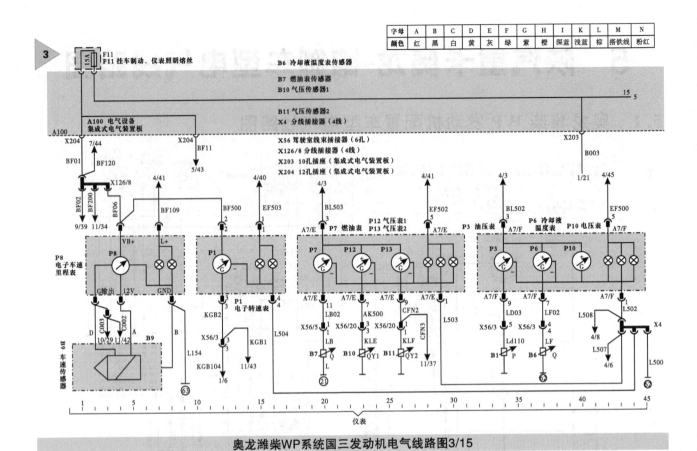

奥龙潍柴WP系统国三发动机电气线路图3/15

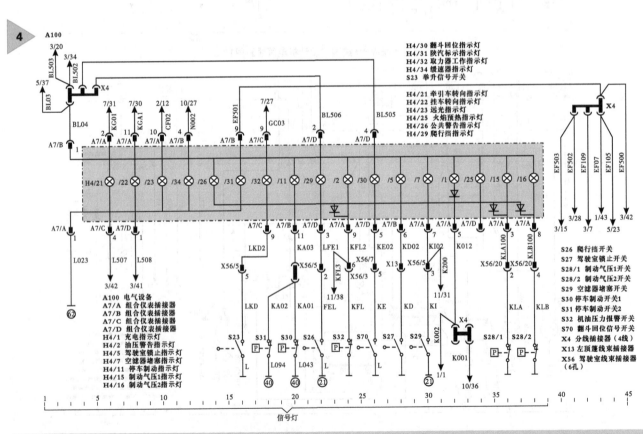

奥龙潍柴WP系统国三发动机电气线路图4/15

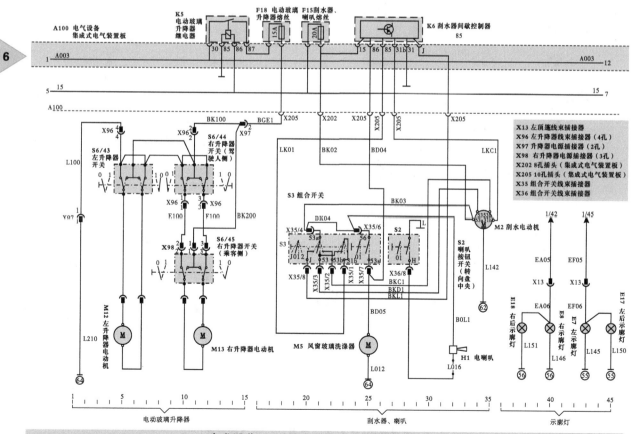

奥龙潍柴WP系统国三发动机电气线路图5/15

奥龙潍柴WP系统国三发动机电气线路图6/15

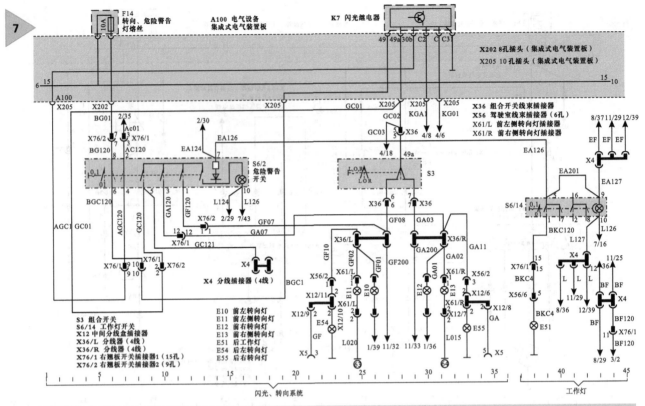

奥龙潍柴WP系统国三发动机电气线路图7/15

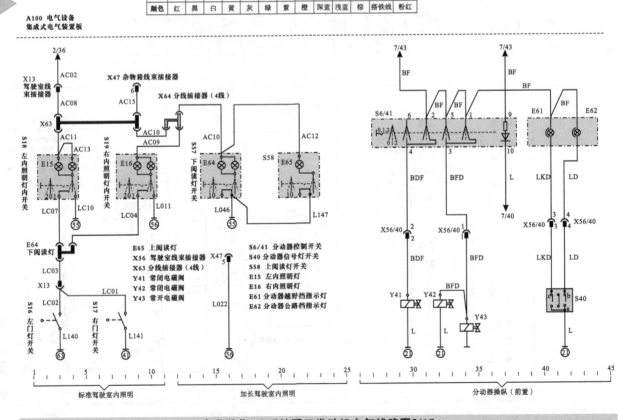

奥龙潍柴WP系统国三发动机电气线路图8/15

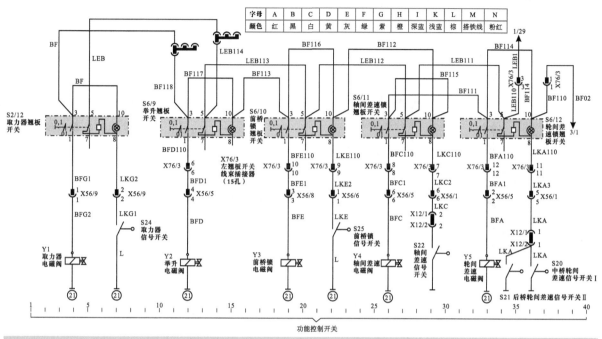

奥龙潍柴WP系统国三发动机电气线路图9/15

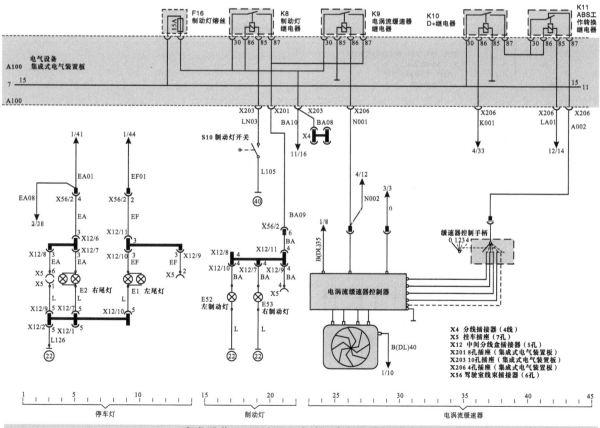

奥龙潍柴WP系统国三发动机电气线路图10/15

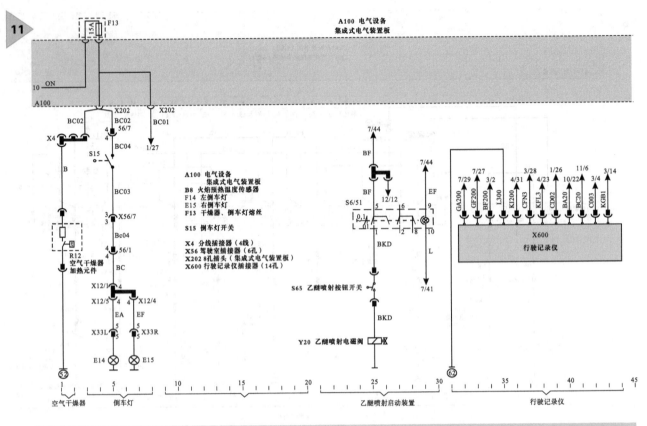

奥龙潍柴WP系统国三发动机电气线路图11/15

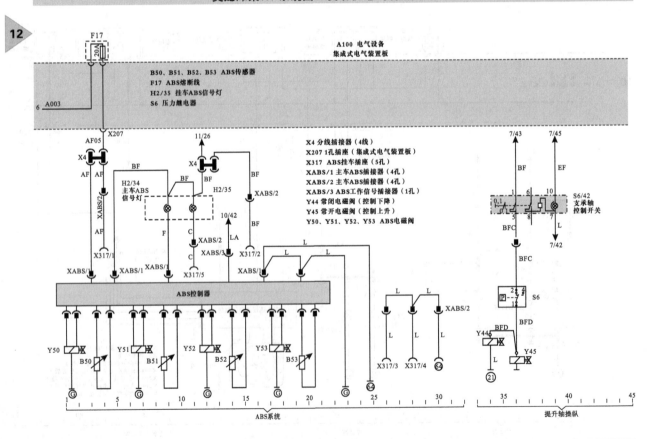

奥龙潍柴WP系统国三发动机电气线路图12/15

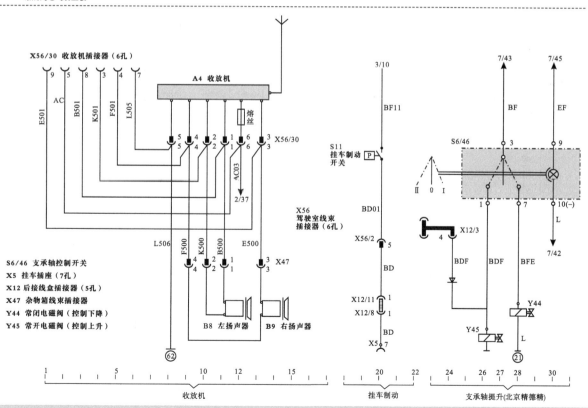

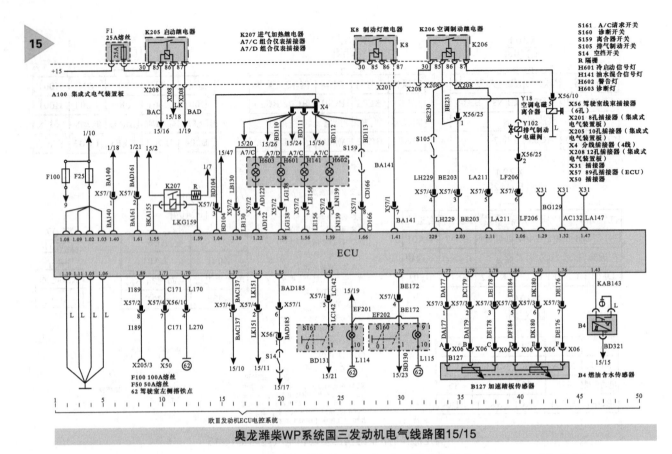

奥龙潍柴WP系统国三发动机电气线路图15/15

5.2 奥龙 S2000 车型电磁离合器风扇电气线路图（ECU 控制）

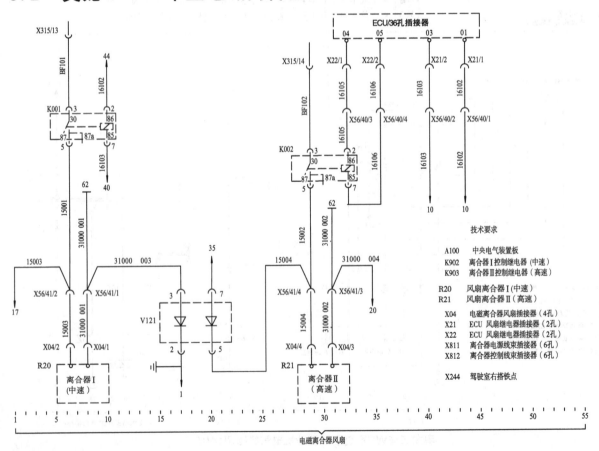

5.3 德御配潍柴 WP 发动机车型电气线路图

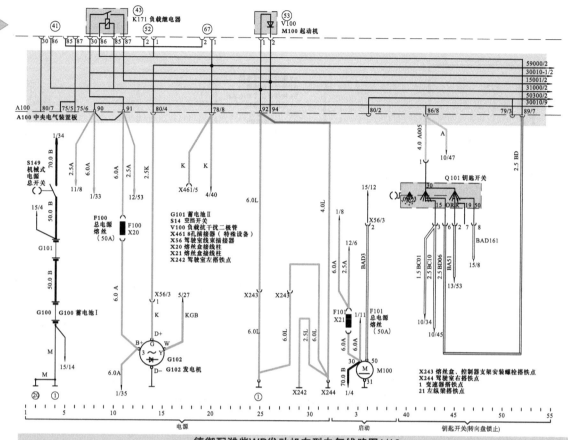

德御配潍柴WP发动机车型电气线路图1/16

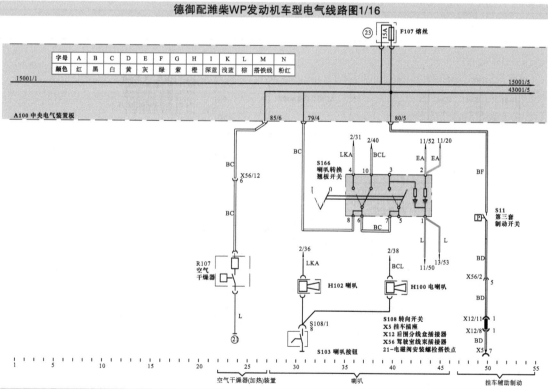

德御配潍柴WP发动机车型电气线路图2/16

字母	A	B	C	D	E	F	G	H	I	K	L	M	N
颜色	红	黑	白	黄	灰	绿	紫	橙	深蓝	浅蓝	棕	搭铁线	粉红

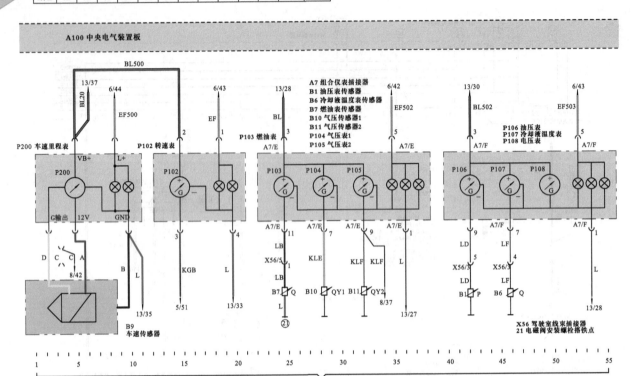

德御配潍柴WP发动机车型电气线路图3/16

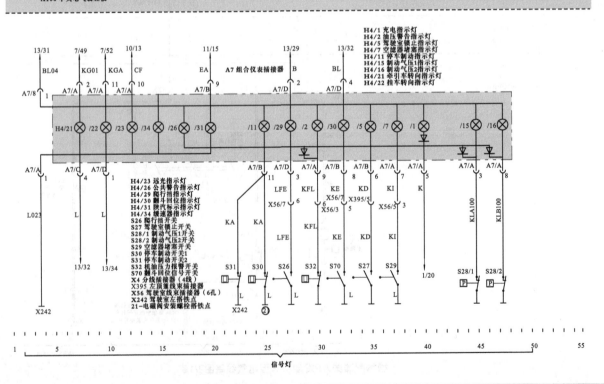

德御配潍柴WP发动机车型电气线路图4/16

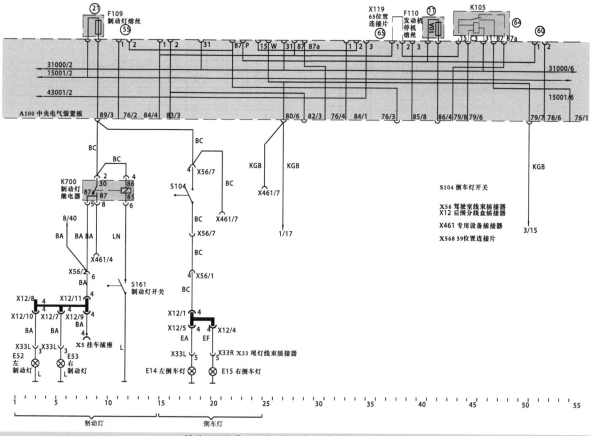

德御配潍柴WP发动机车型电气线路图5/16

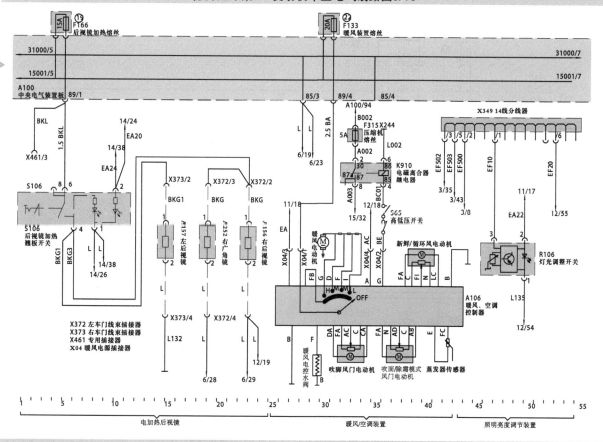

德御配潍柴WP发动机车型电气线路图6/16

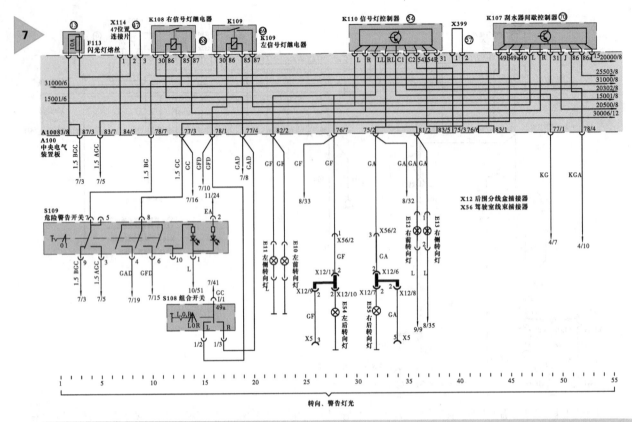

德御配潍柴WP发动机车型电气线路图7/16

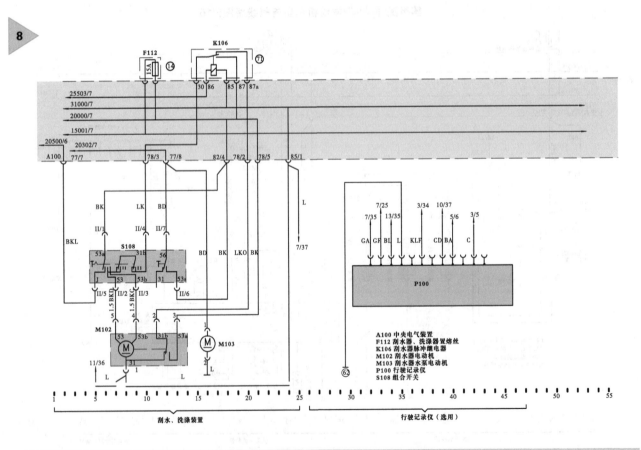

德御配潍柴WP发动机车型电气线路图8/16

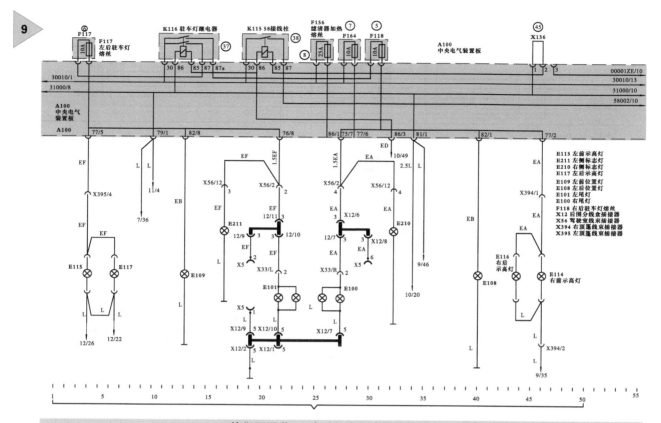

德御配潍柴WP发动机车型电气线路图9/16

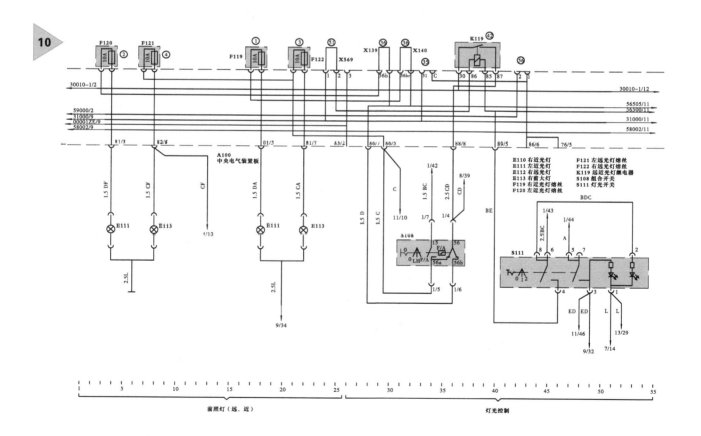

德御配潍柴WP发动机车型电气线路图10/16

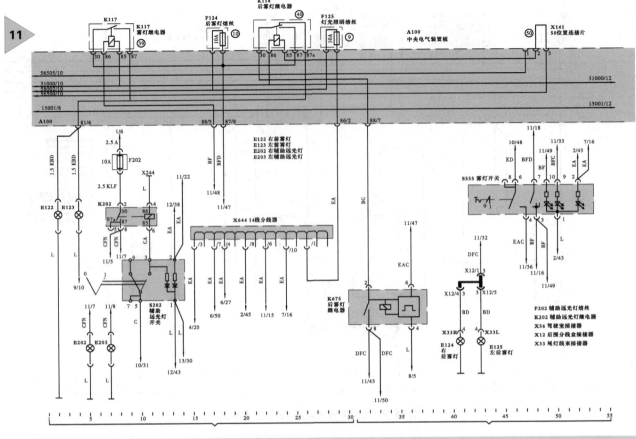

德御配潍柴WP发动机车型电气线路图11/16

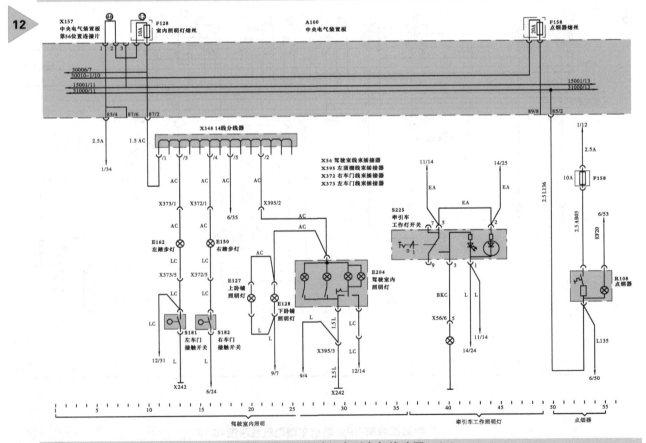

德御配潍柴WP发动机车型电气线路图12/16

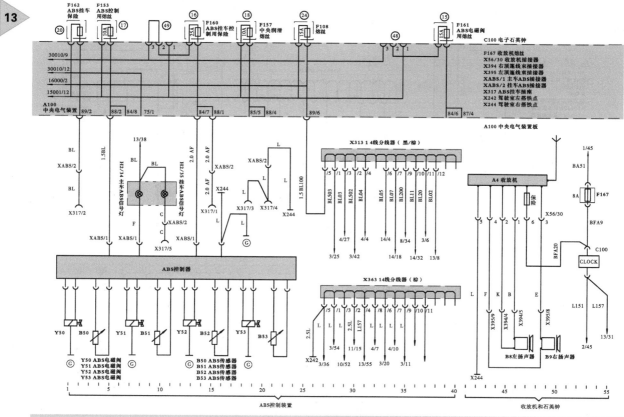

德御配潍柴WP发动机车型电气线路图13/16

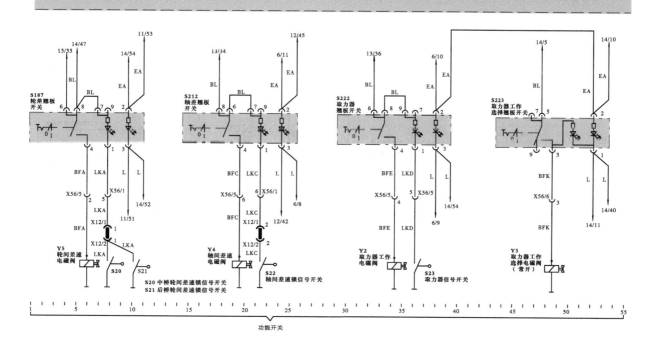

德御配潍柴WP发动机车型电气线路图14/16

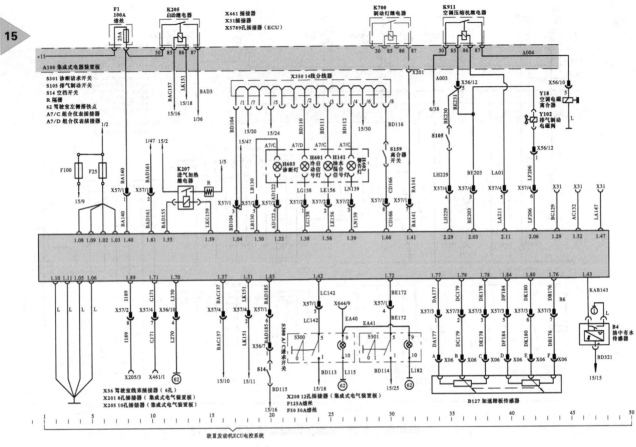

德御配潍柴WP发动机车型电气线路图15/16

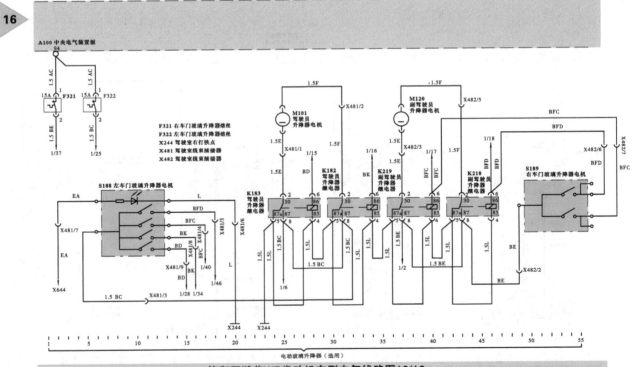

德御配潍柴WP发动机车型电气线路图16/16

6 东风天龙车系整车电气线路图

6.1 天龙配雷诺 DCI-EDC7 系统发动机车型电气线路图

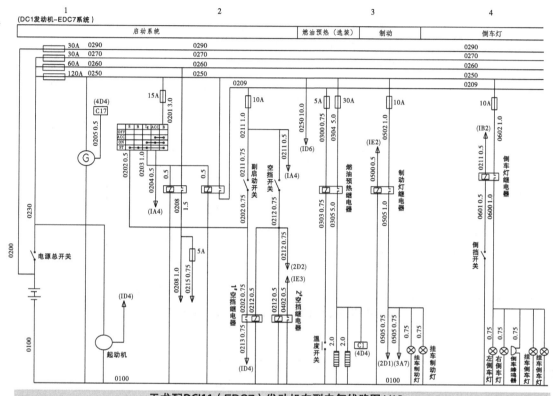

天龙配DCI11（EDC7）发动机车型电气线路图1/13

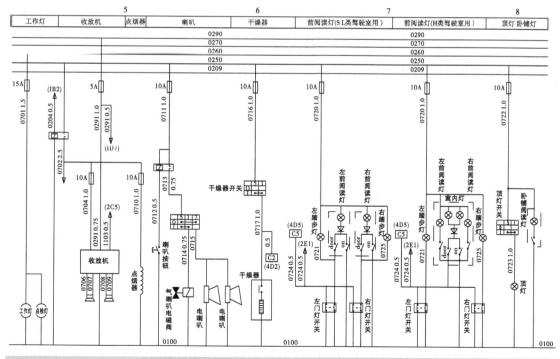

天龙配DCI11（EDC7）发动机车型电气线路图2/13

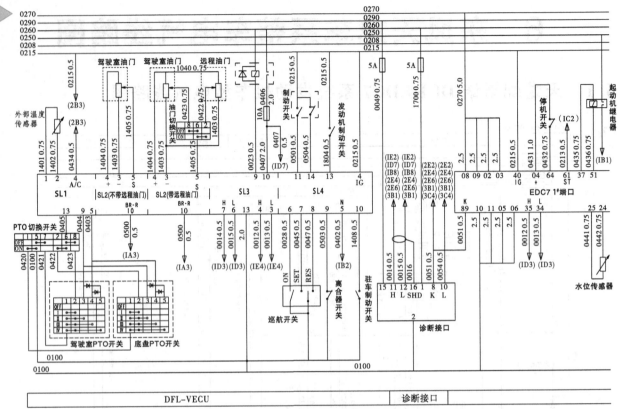

天龙配DCI11（EDC7）发动机车型电气线路图3/13

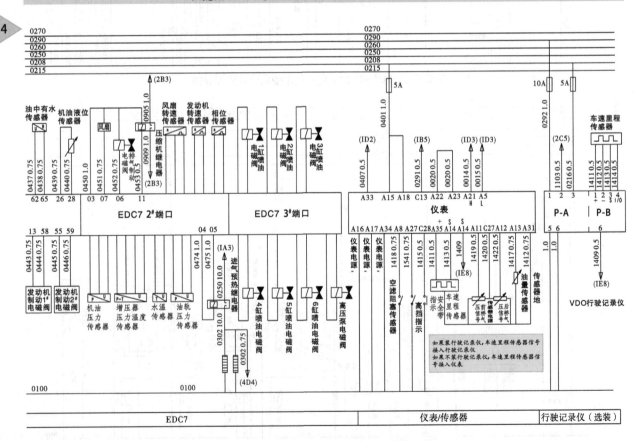

天龙配DCI11（EDC7）发动机车型电气线路图4/13

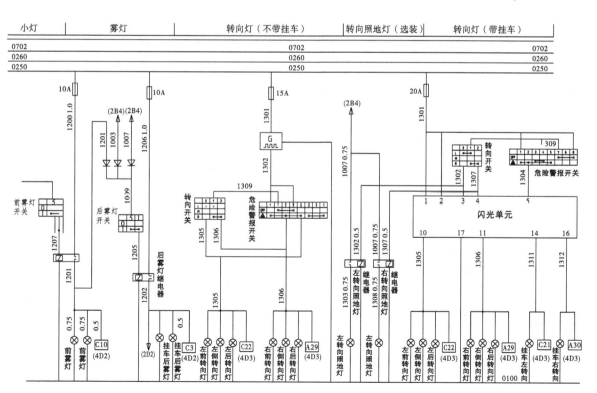

天龙配DCI11（EDC7）发动机车型电气线路图5/13

天龙配DCI11（EDC7）发动机车型电气线路图6/13

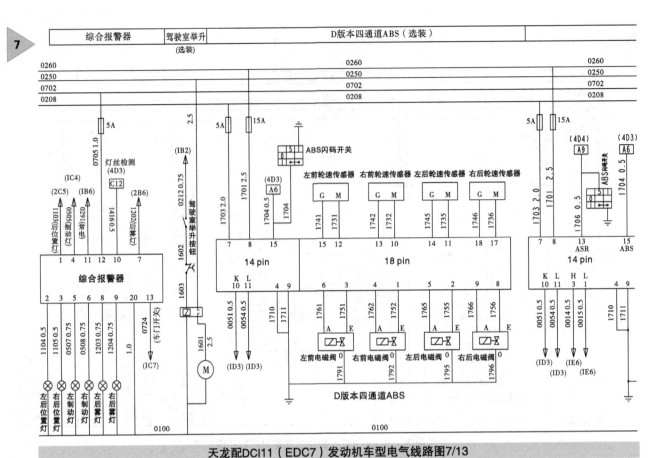

天龙配DCI11（EDC7）发动机车型电气线路图7/13

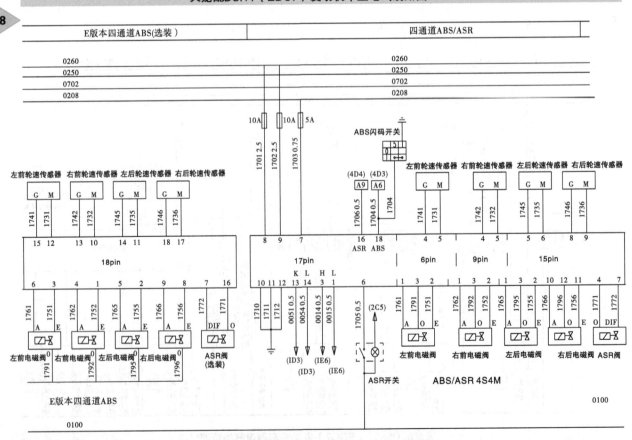

天龙配DCI11（EDC7）发动机车型电气线路图8/13

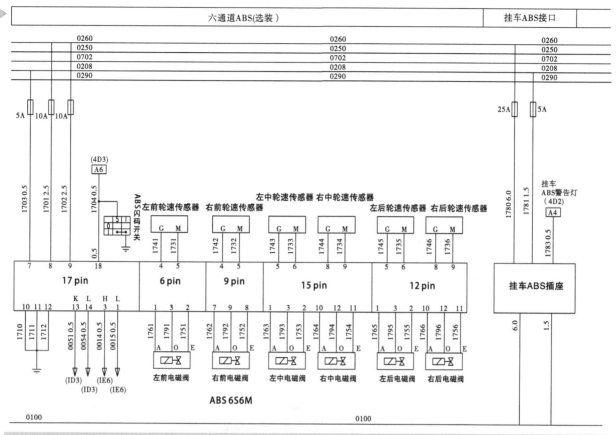

天龙配DCI11（EDC7）发动机车型电气线路图9/13

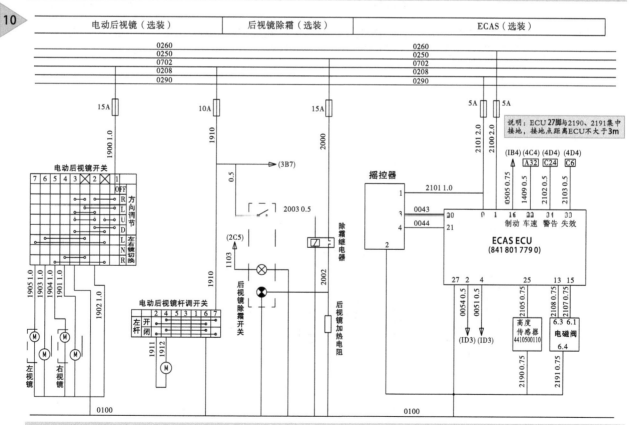

天龙配DCI11（EDC7）发动机车型电气线路图10/13

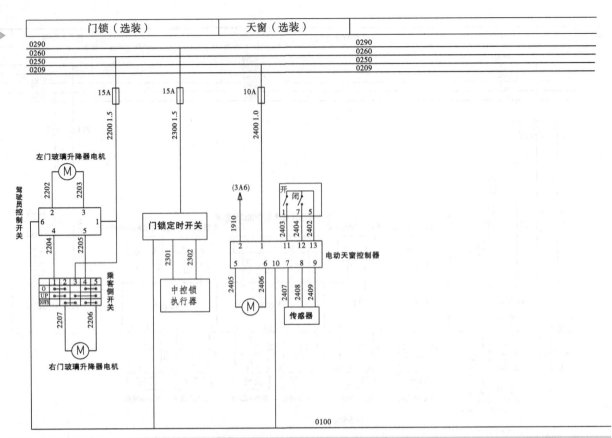

天龙配DCI11（EDC7）发动机车型电气线路图11/13

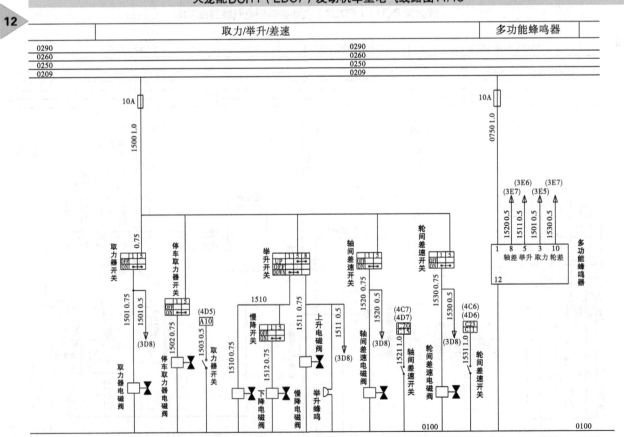

天龙配DCI11（EDC7）发动机车型电气线路图12/13

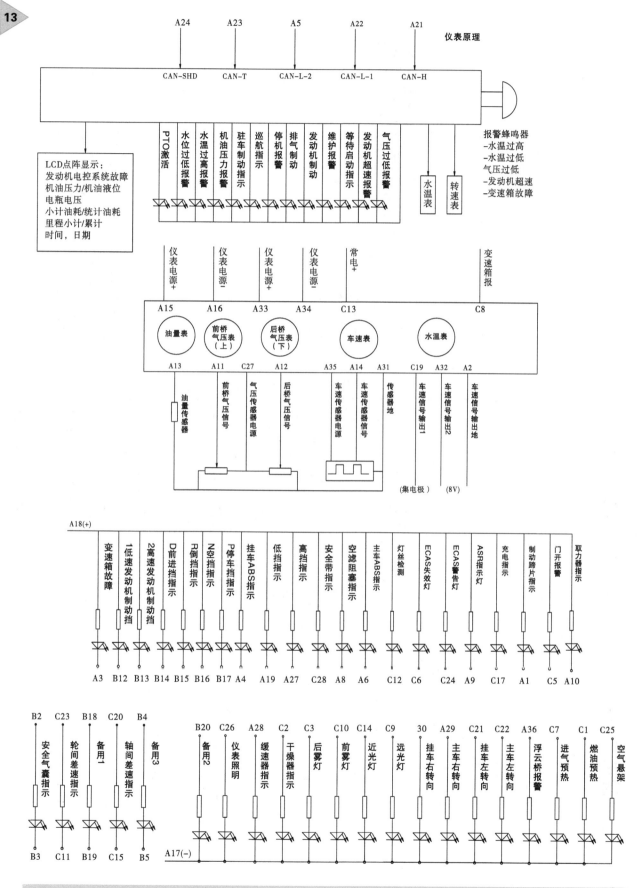

天龙配DCI11（EDC7）发动机车型电气线路图13/13

6.2 天龙配雷诺DCI-LNG发动机车型电气线路图

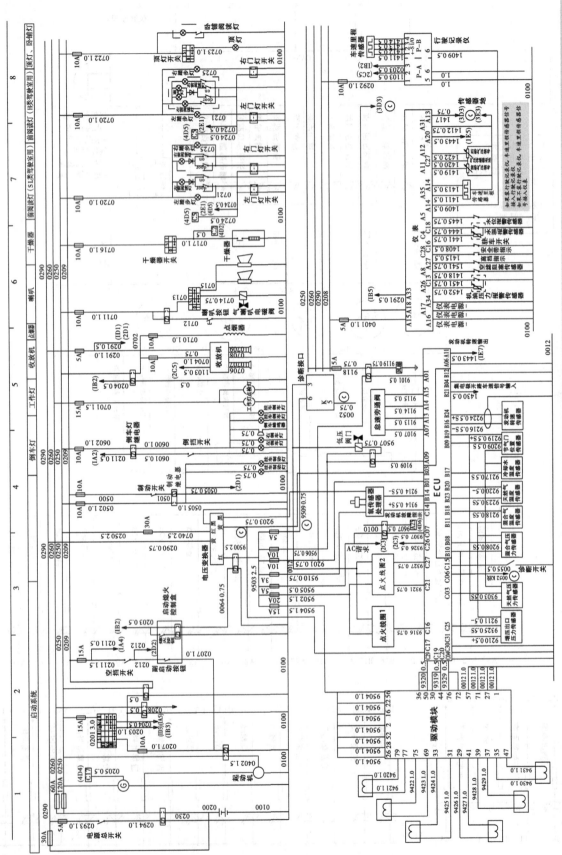

天龙配DCI-LN G发动机车型电气线路图1/10

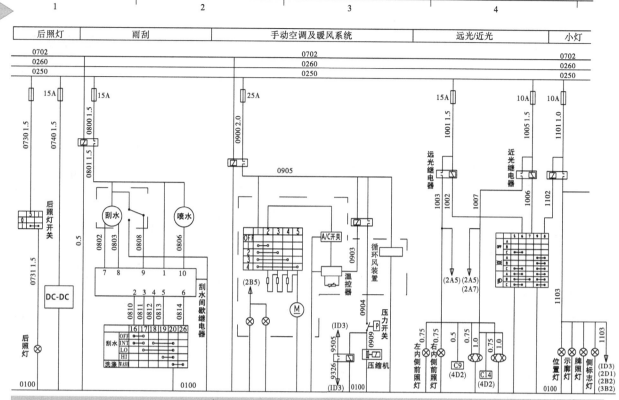

天龙配DCI-LN G发动机车型电气线路图2/10

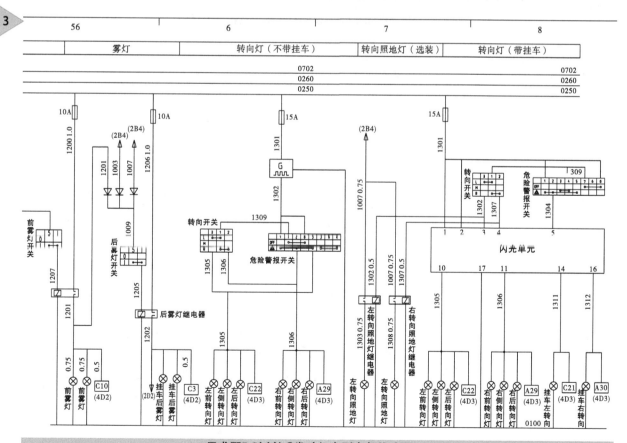

天龙配DCI-LN G发动机车型电气线路图3/10

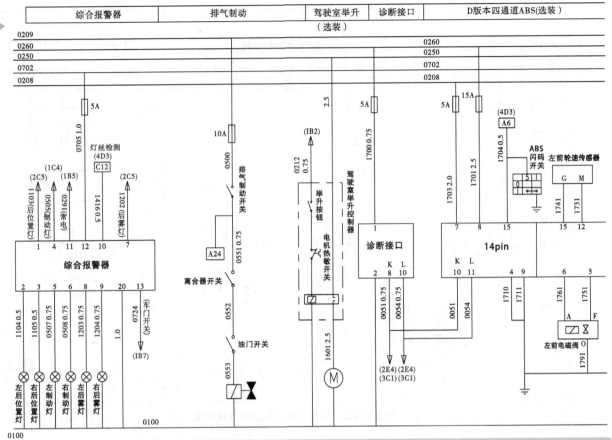

天龙配DCI-LN G发动机车型电气线路图4/10

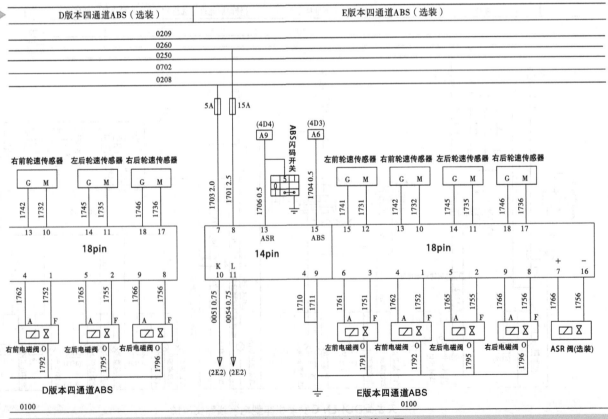

天龙配DCI-LN G发动机车型电气线路图5/10

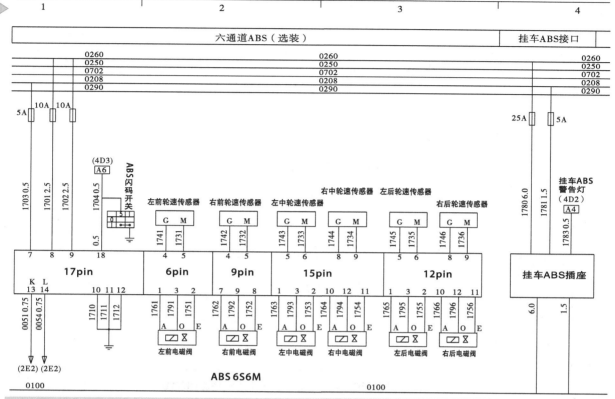

天龙配DCI-LN G发动机车型电气线路图6/10

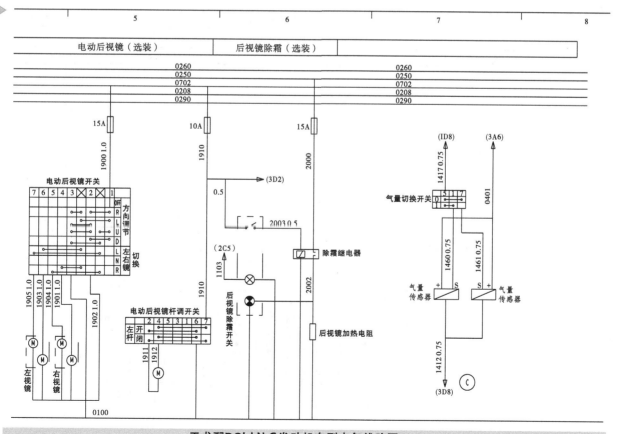

天龙配DCI-LN G发动机车型电气线路图7/10

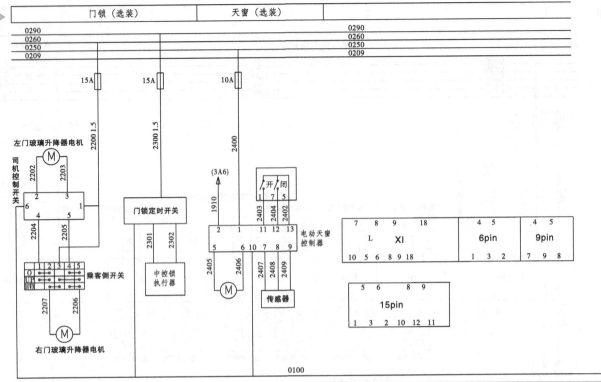

天龙配DCI-LNG发动机车型电气线路图8/10

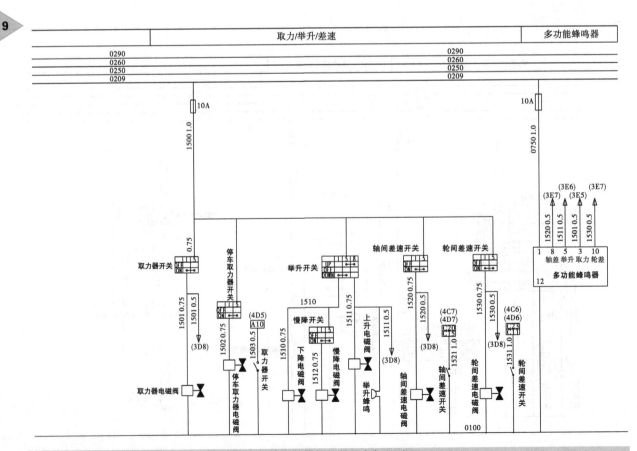

天龙配DCI-LNG发动机车型电气线路图9/10

仪表原理

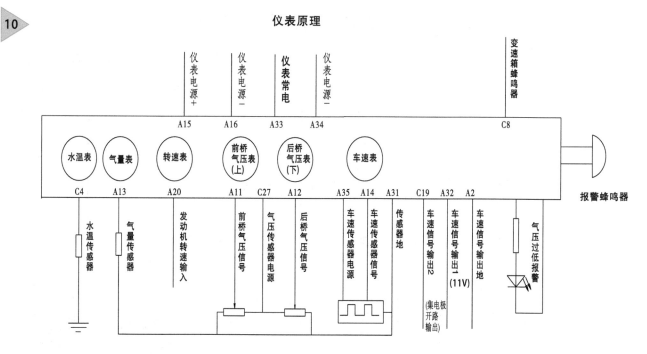

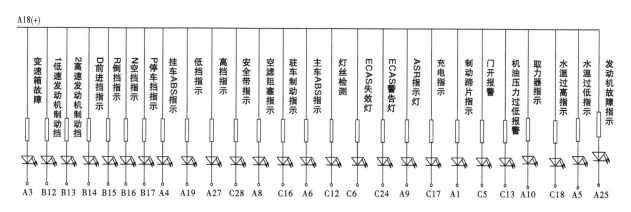

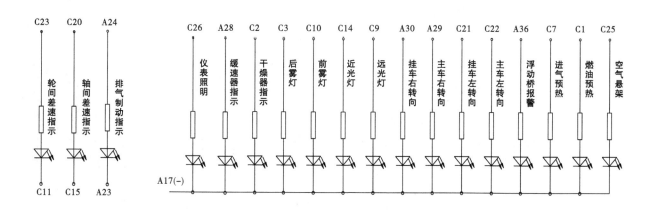

天龙配DCI-LN G发动机车型电气线路图10/10

6.3 天龙配康明斯 ISLE 发动机车型电气线路图

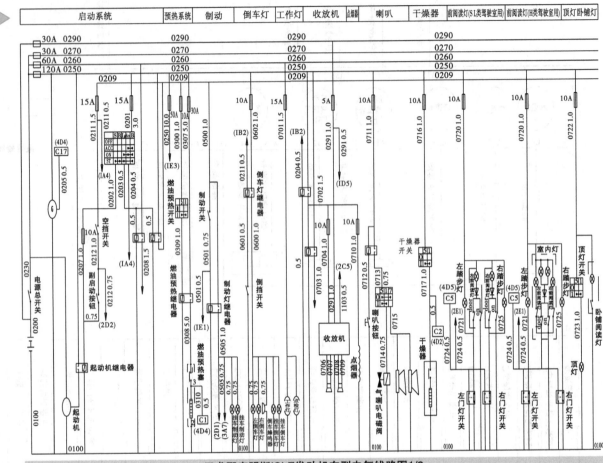

天龙配康明斯ISLE发动机车型电气线路图1/2

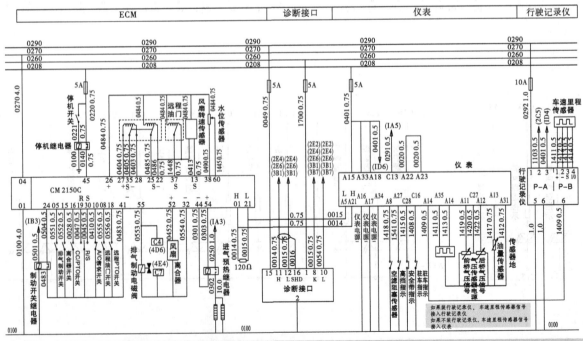

天龙配康明斯ISLE发动机车型电气线路图2/2

7 东风乘龙车系电气线路图

7.1 乘龙 H7 车型配载发动机电控系统电路图

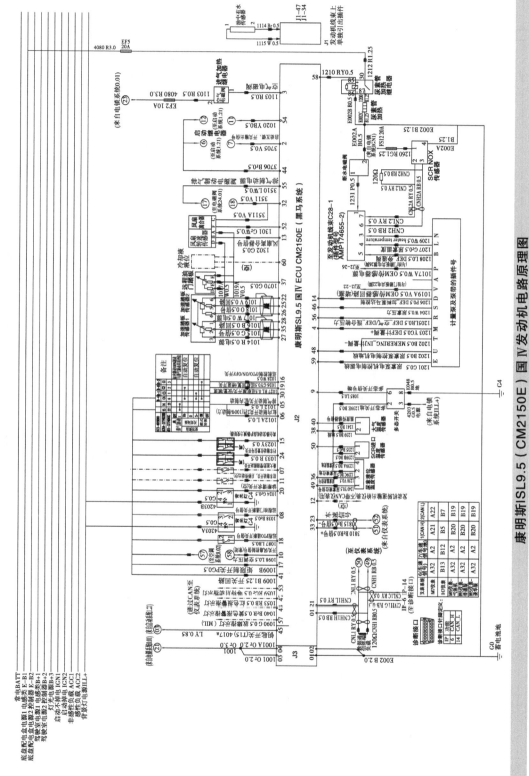

康明斯ISL9.5（CM2150E）国Ⅳ发动机电路原理图

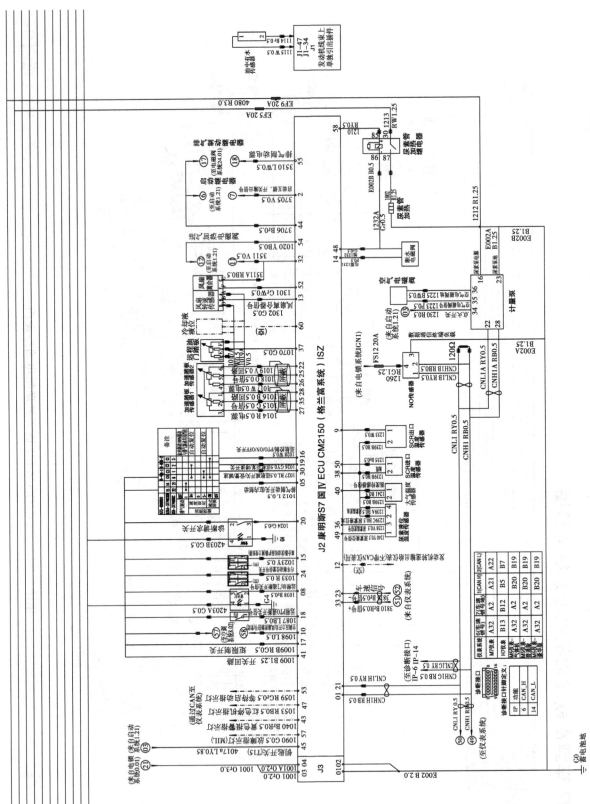

康明斯ISZ（CM2150）国Ⅳ发动机电路原理图

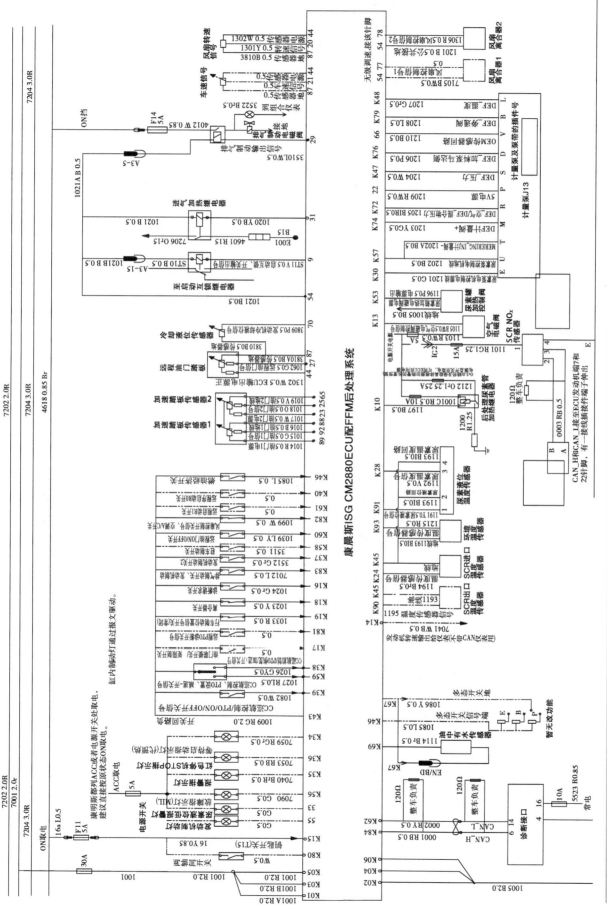

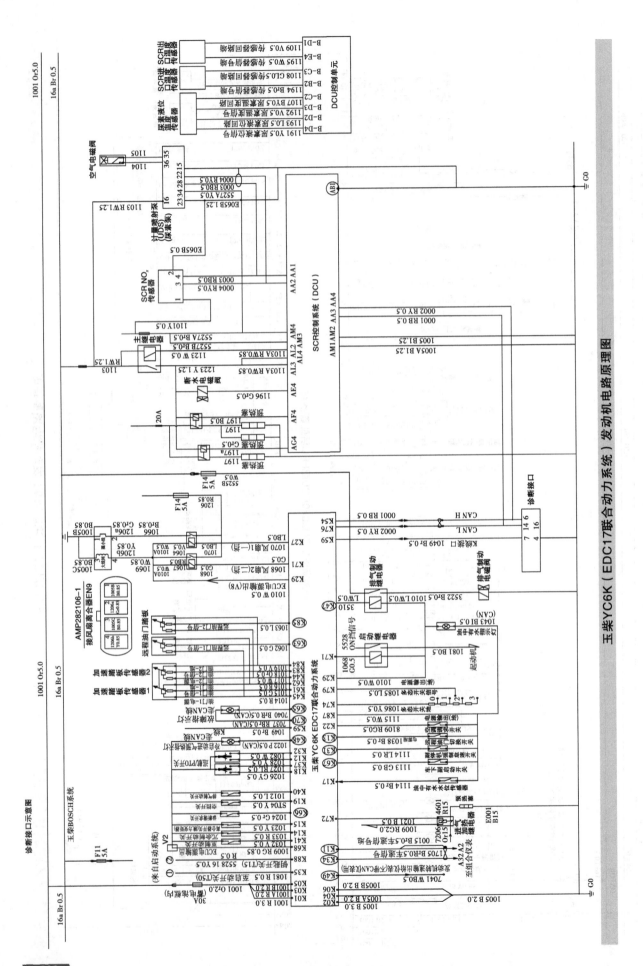

玉柴YC6K（EDC17联合动力系统）发动机电路原理图

7.2 乘龙 H7 车型底盘电控系统电路图

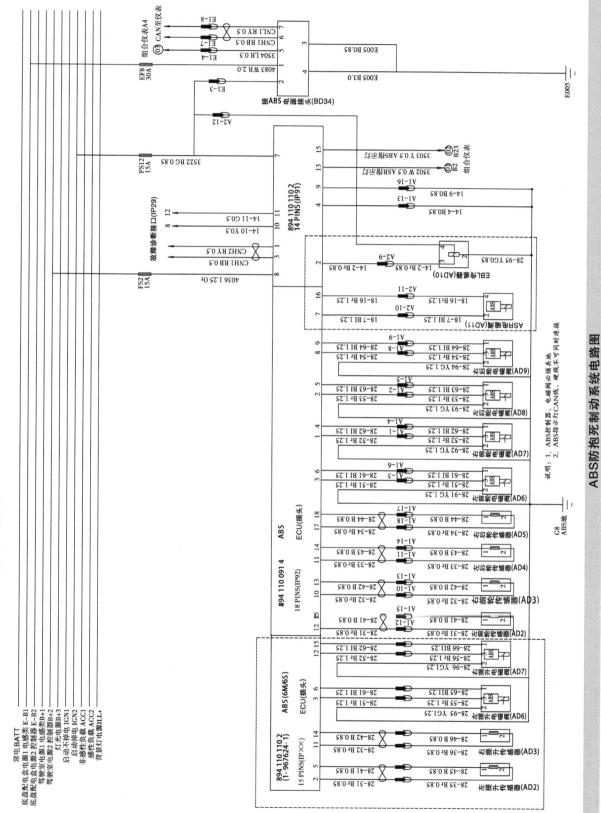

ABS防抱死制动系统电路图

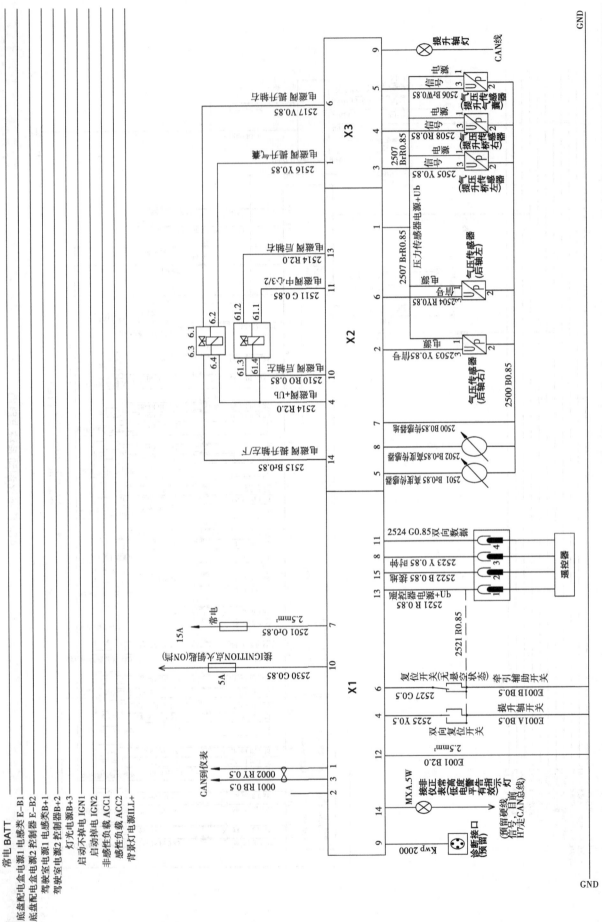

7.3 乘龙 H7 车型车身电器与附件电路图

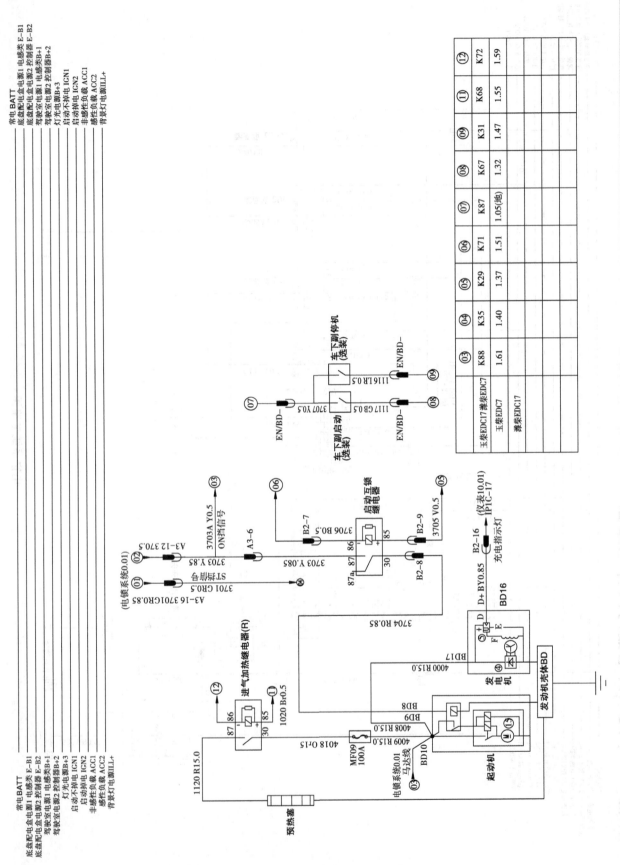

玉柴与潍柴发动机启动系统电路图

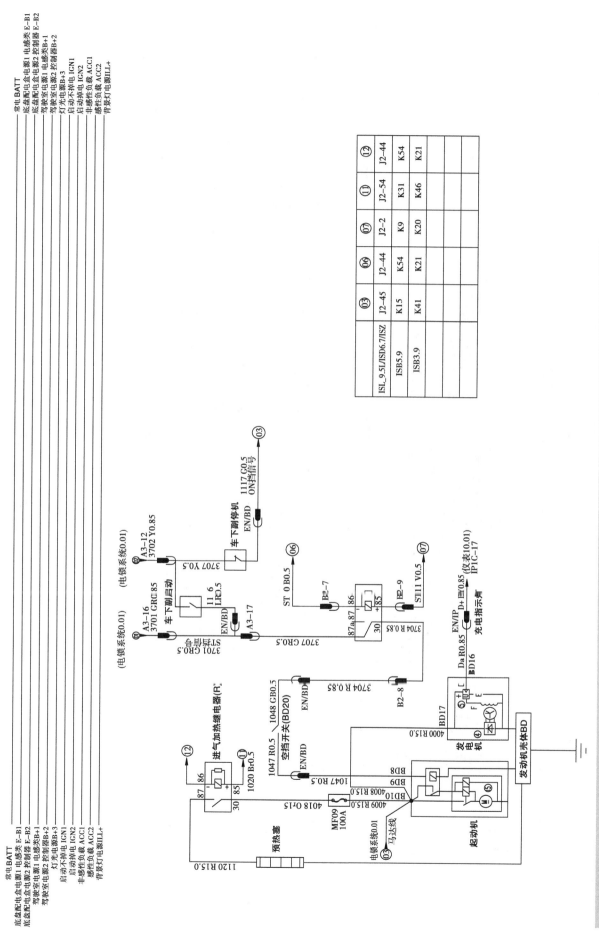

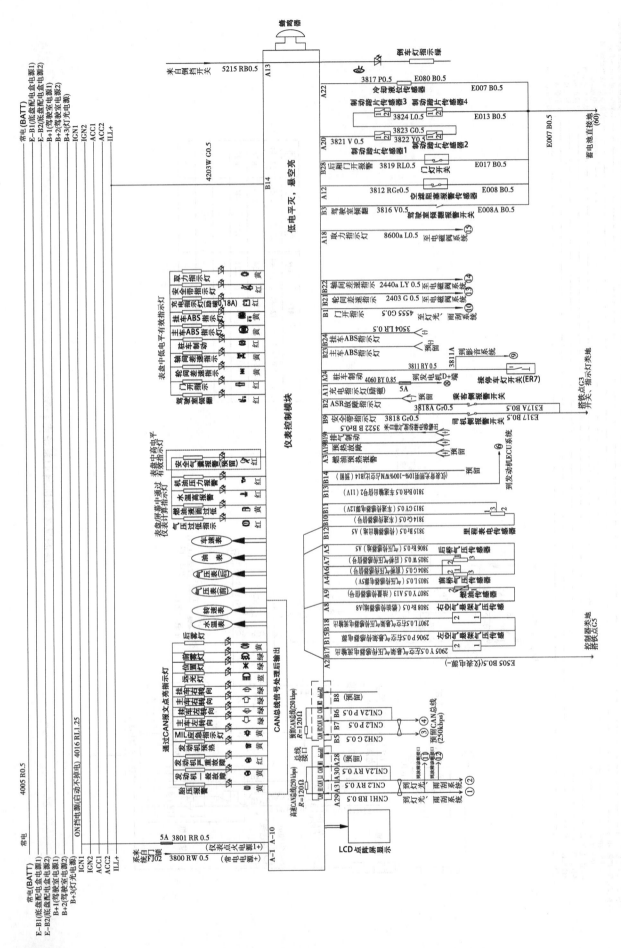

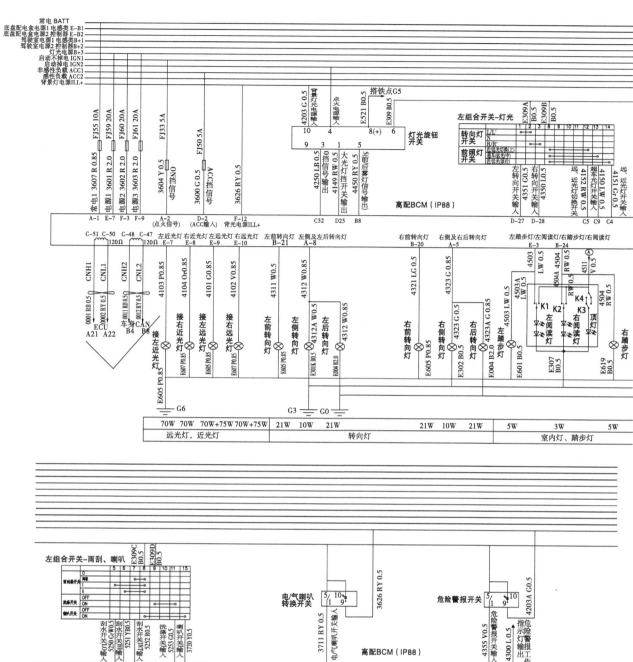

照明与雨刮系统电路图1/2

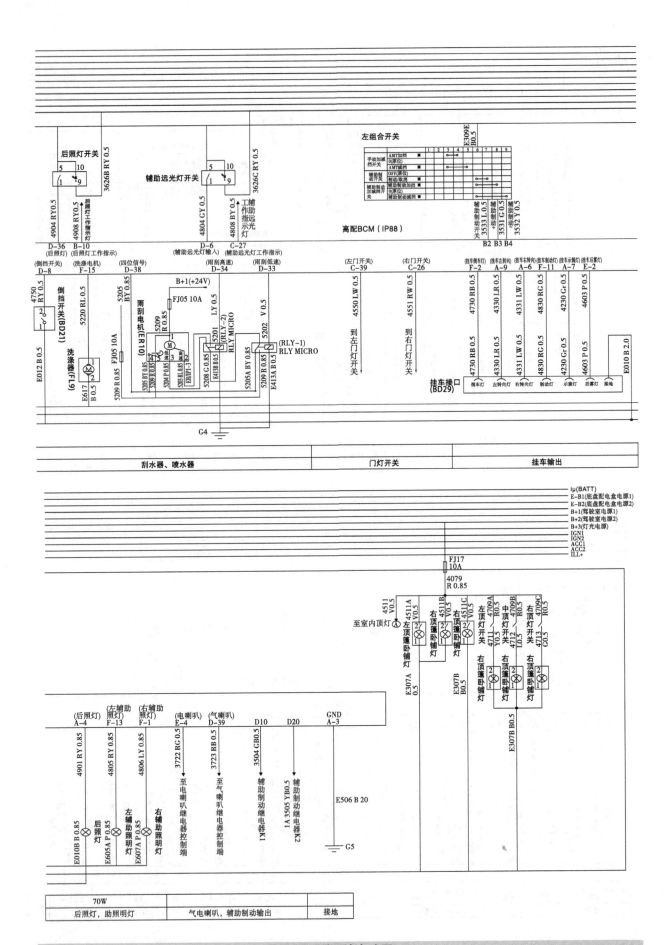

照明与雨刮系统电路图2/2

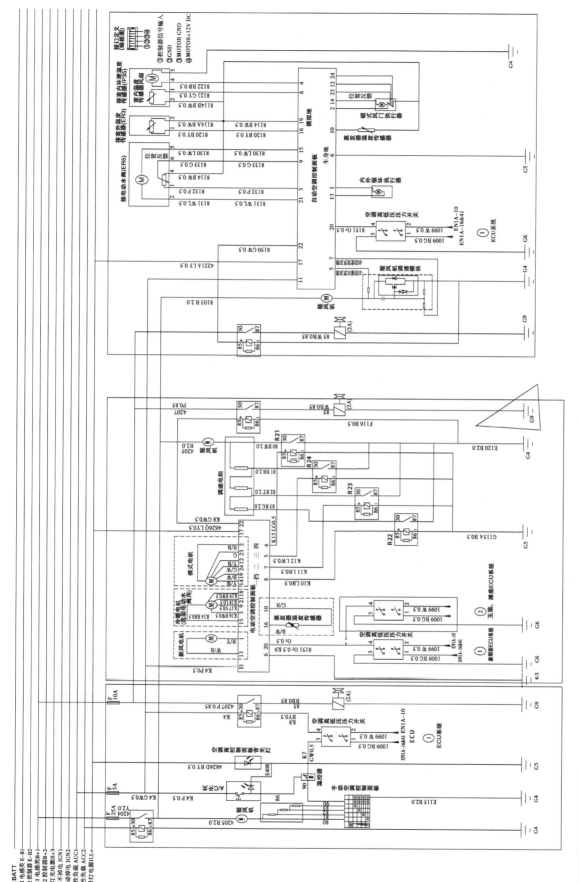

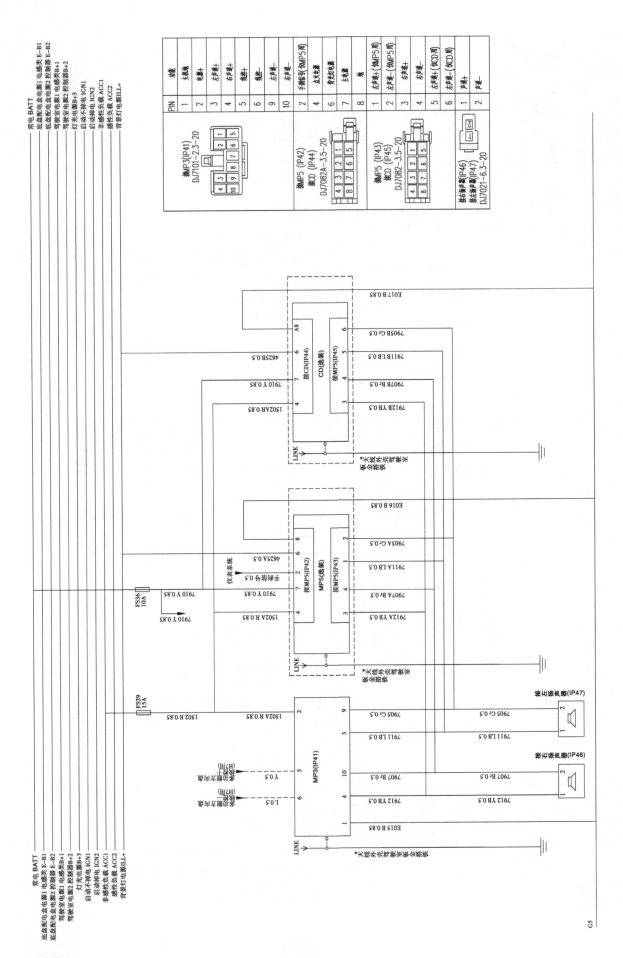

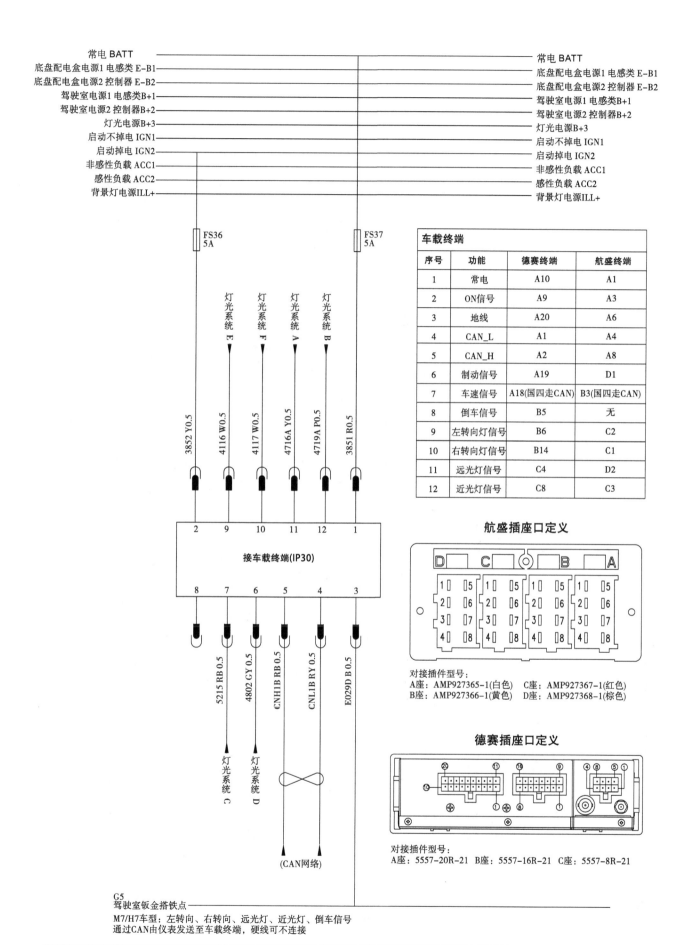

车载终端电路图

7.4 乘龙M7车型整车电气线路图

乘龙M7电气线路图1/8

乘龙M7电气线路图3/8

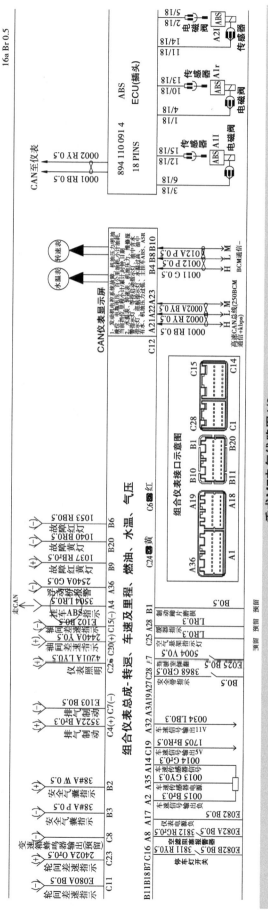

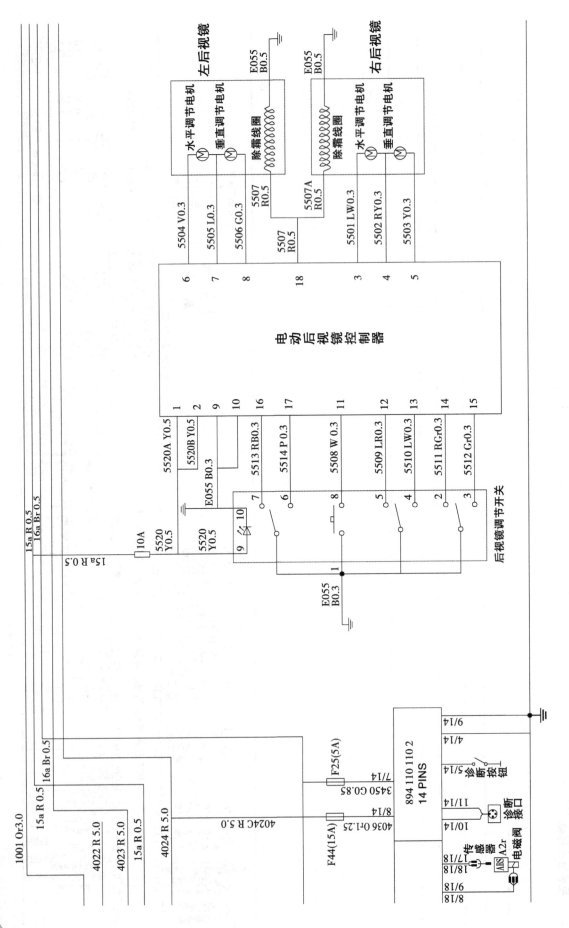

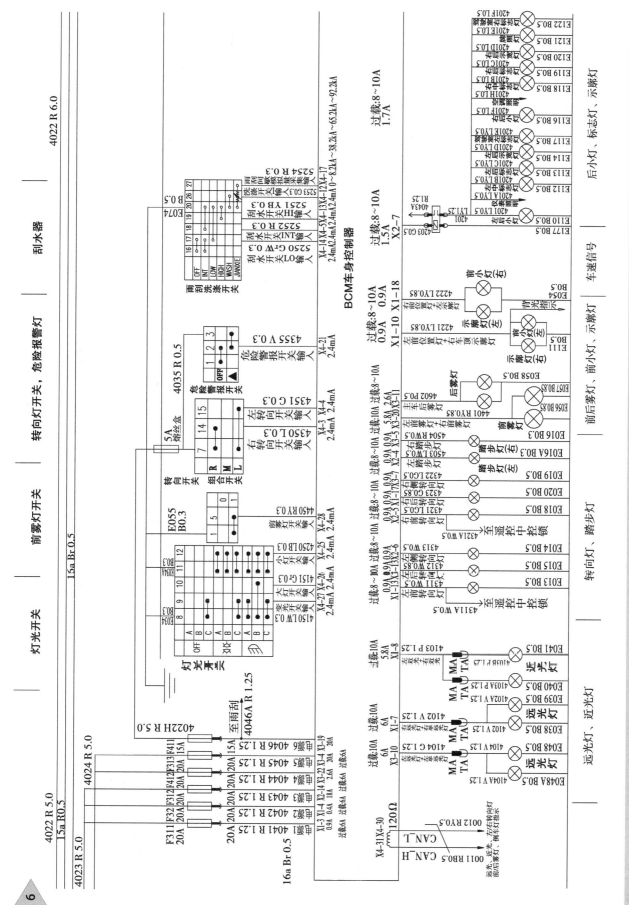

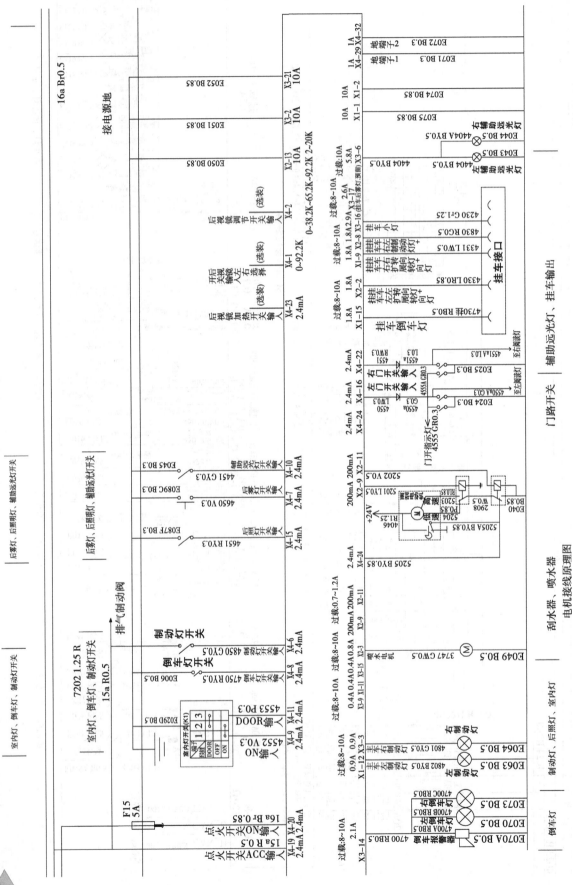

乘龙M7电气线路图7/8

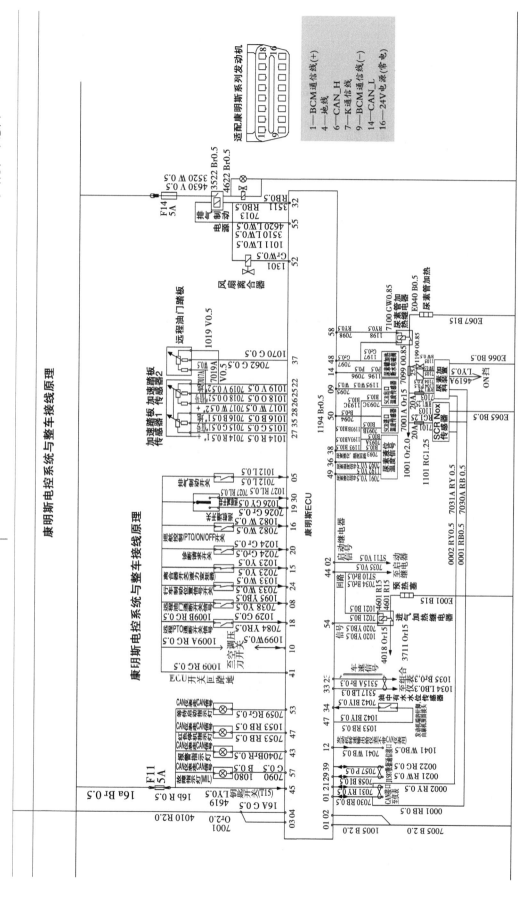

7.5 乘龙M5车型整车电气线路图

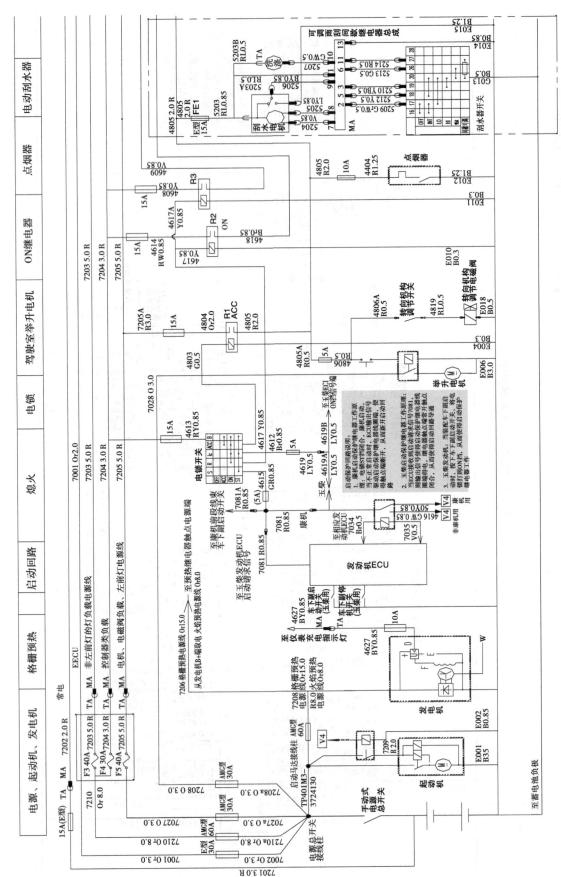

乘龙M5电气线路图1/11

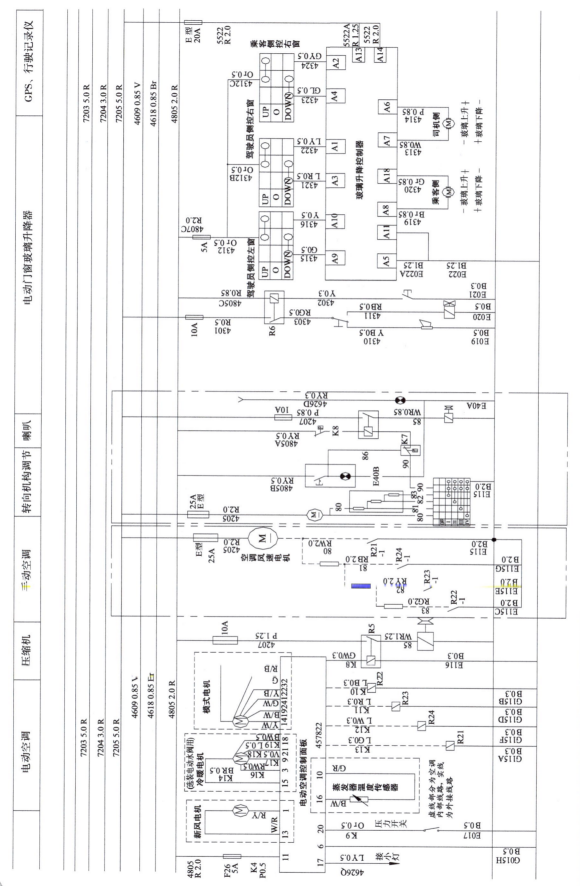

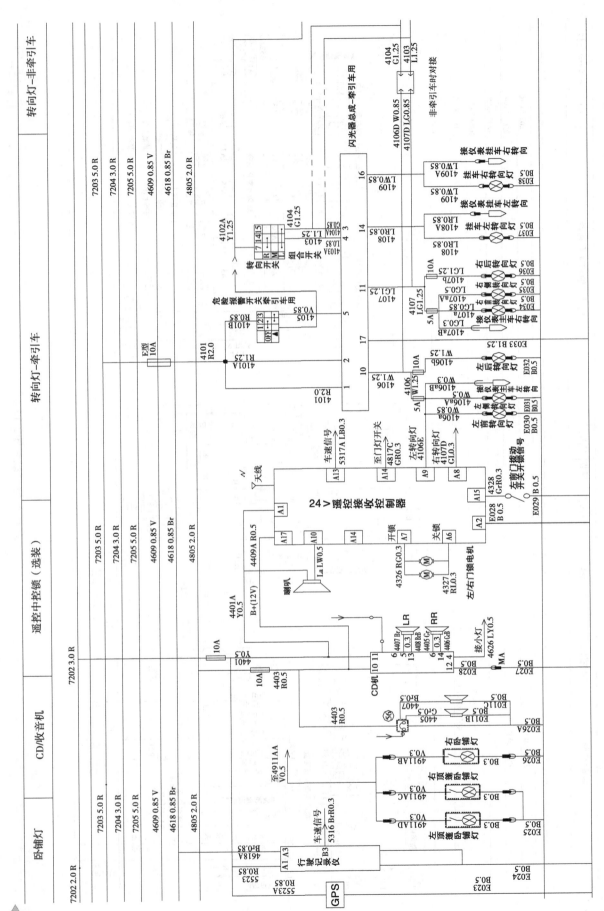

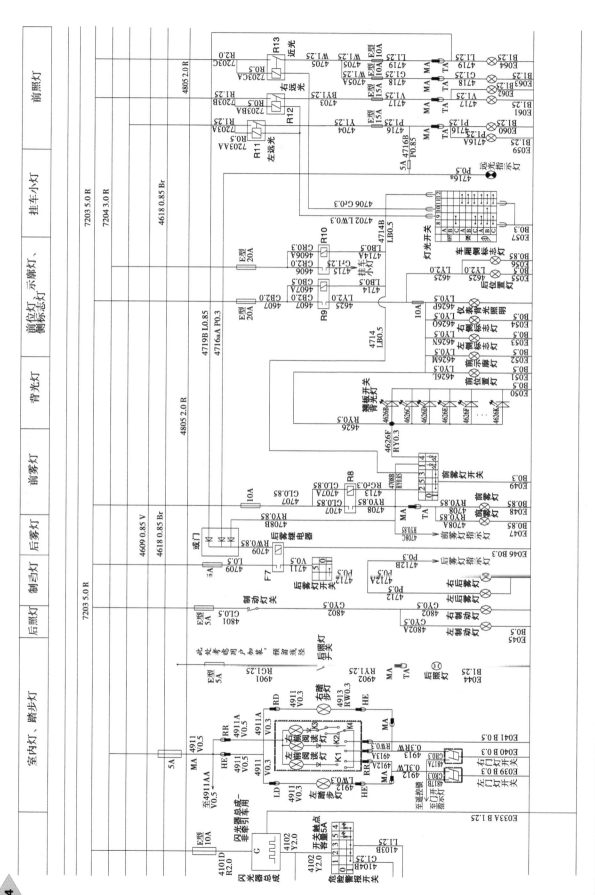

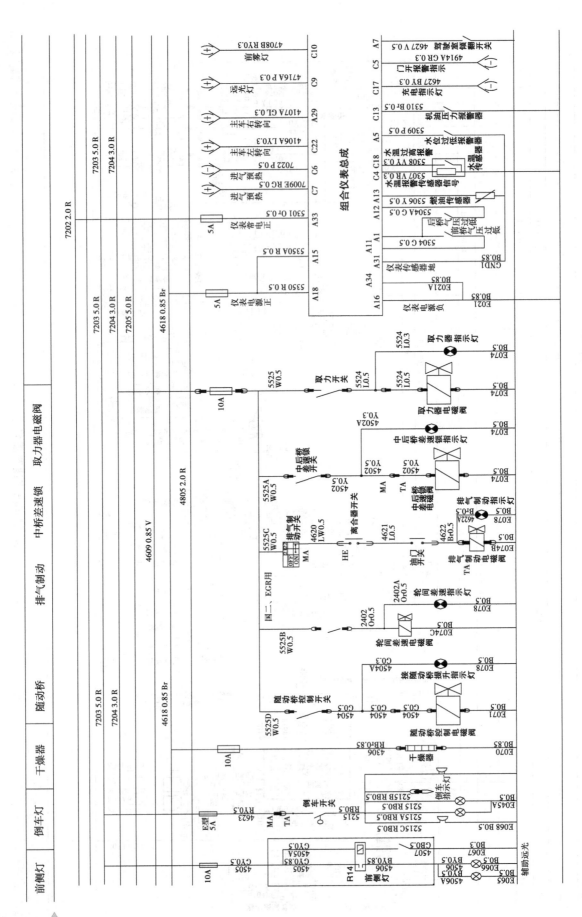

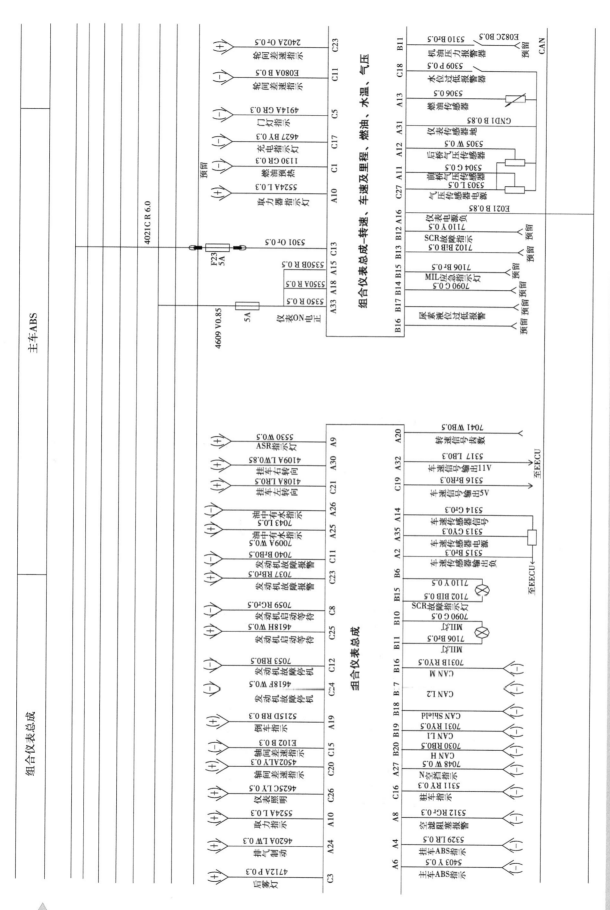

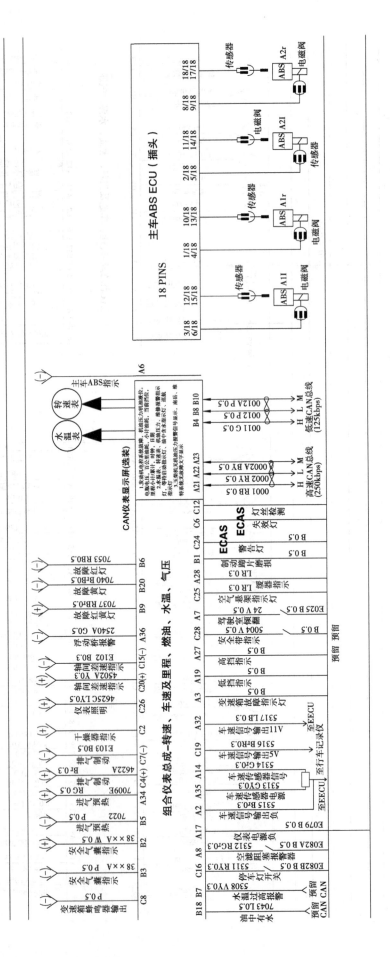

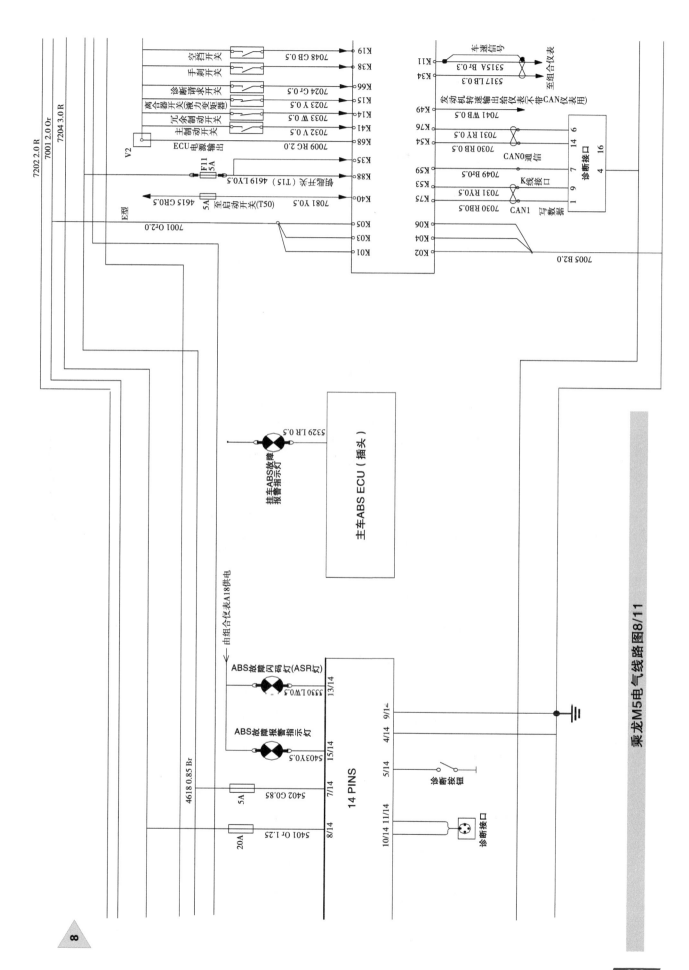

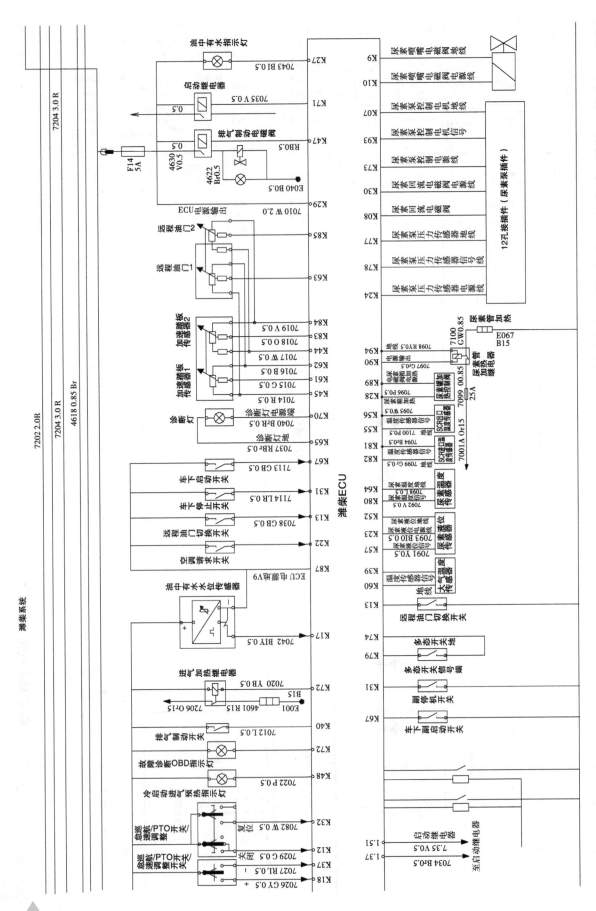

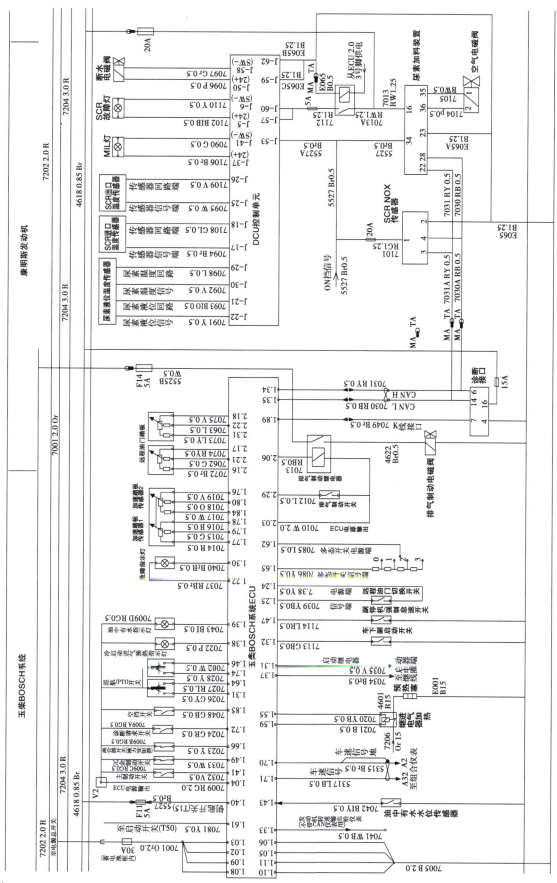

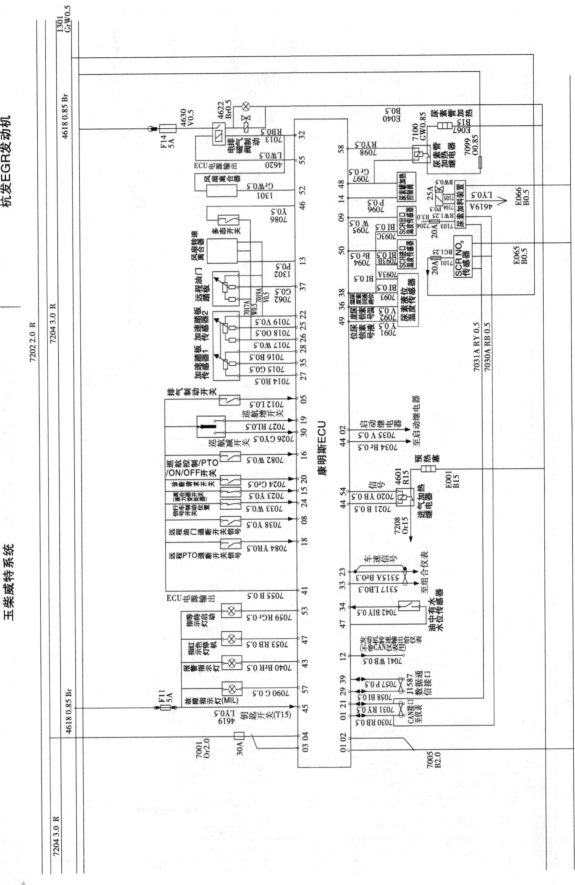

7.6 乘龙M3车型整车电气线路图

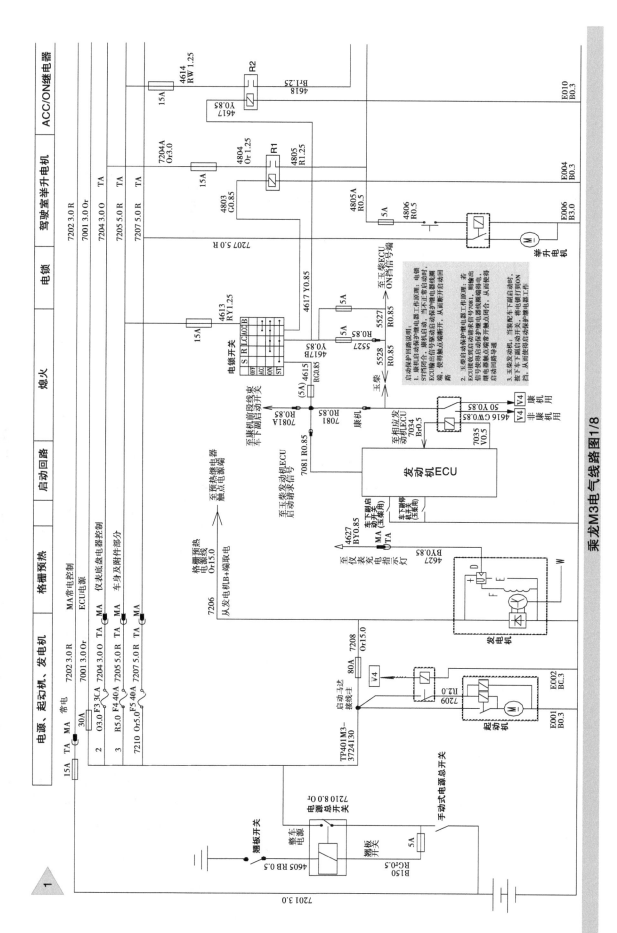

乘龙M3电气线路图1/8

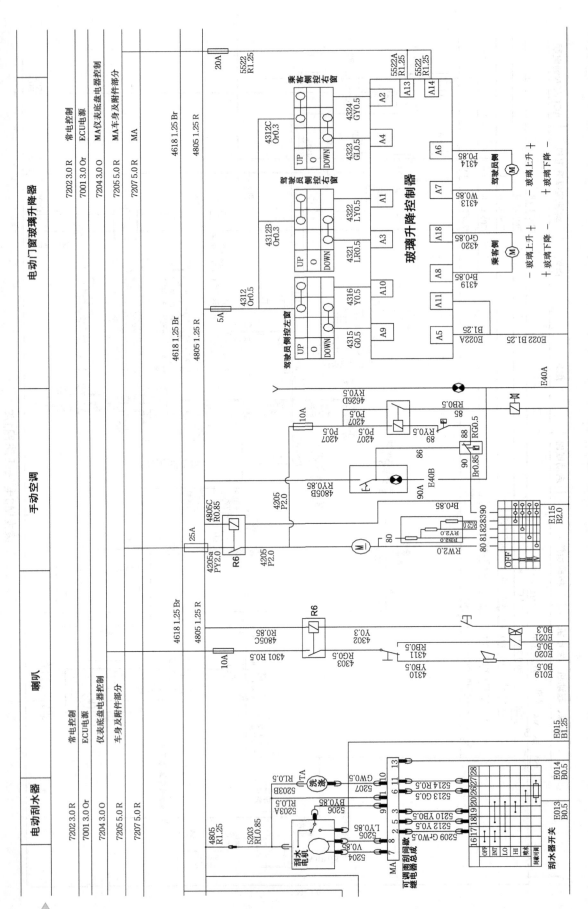

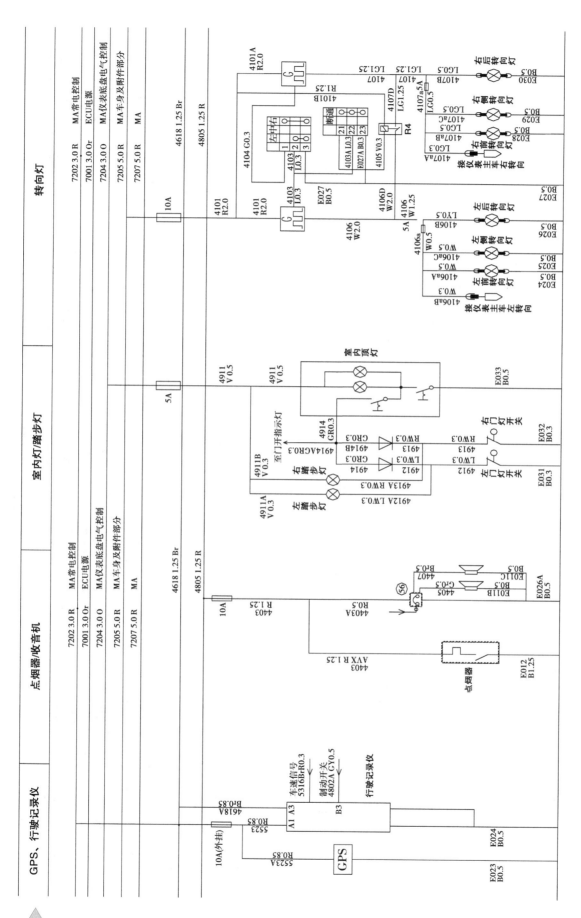

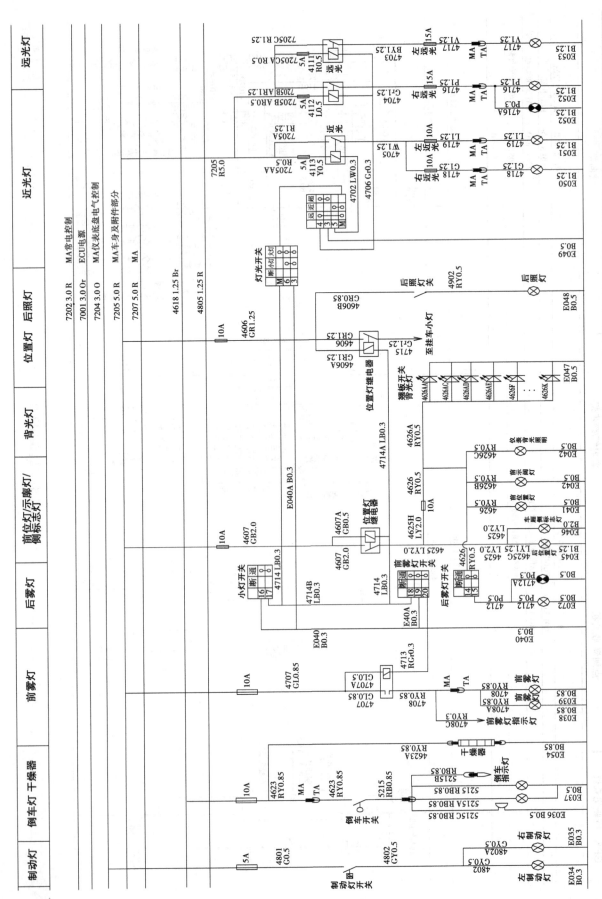

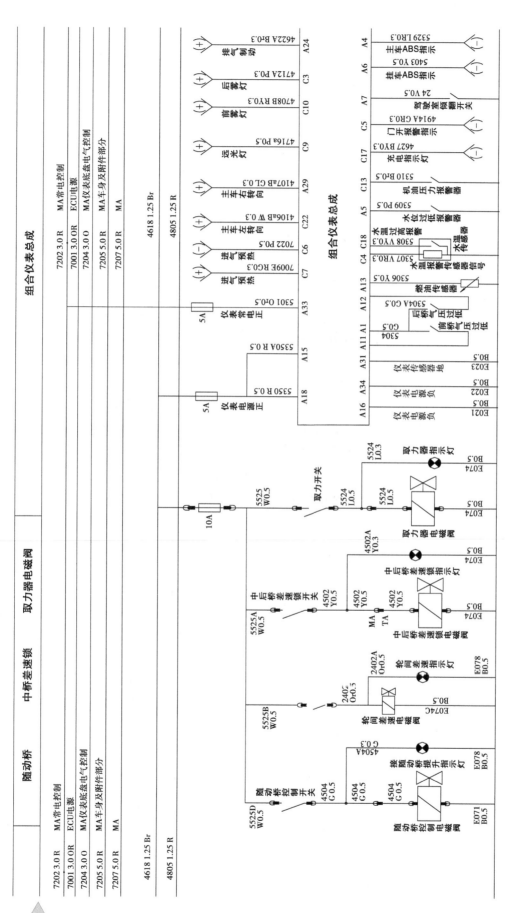

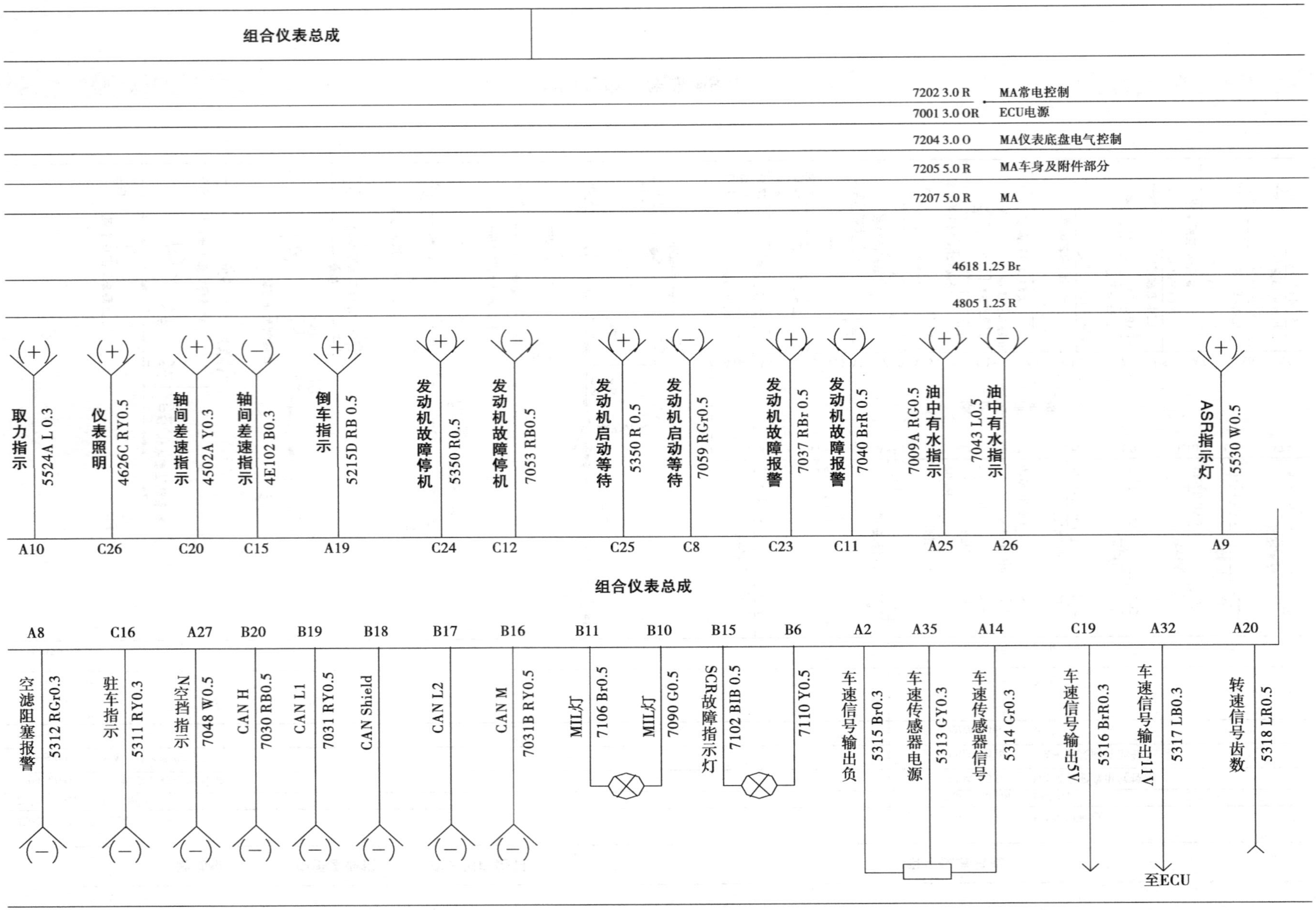

乘龙M3电气线路图6/8

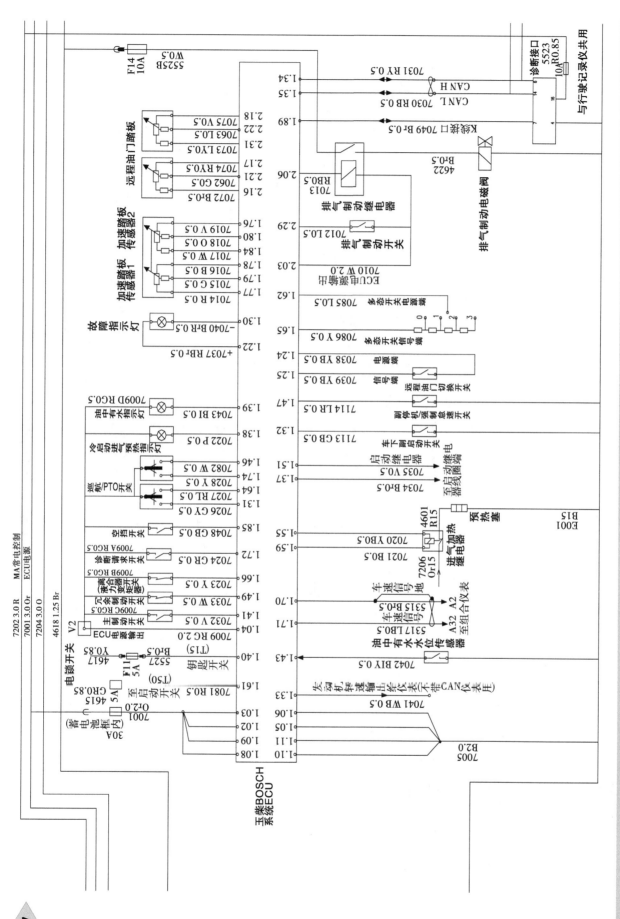

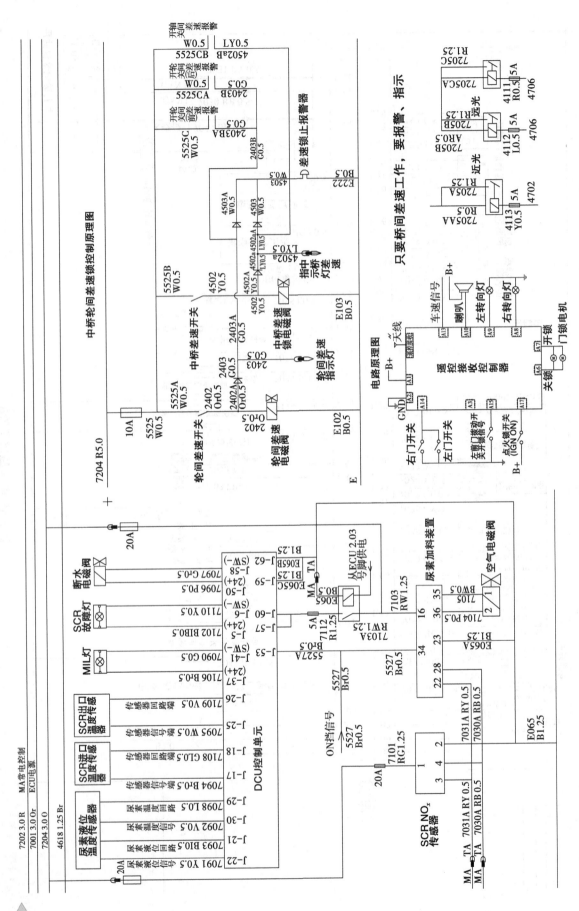

8 江淮重卡格尔发车系整车线路图

8.1 格尔发 AL、KL 整车电气线路图

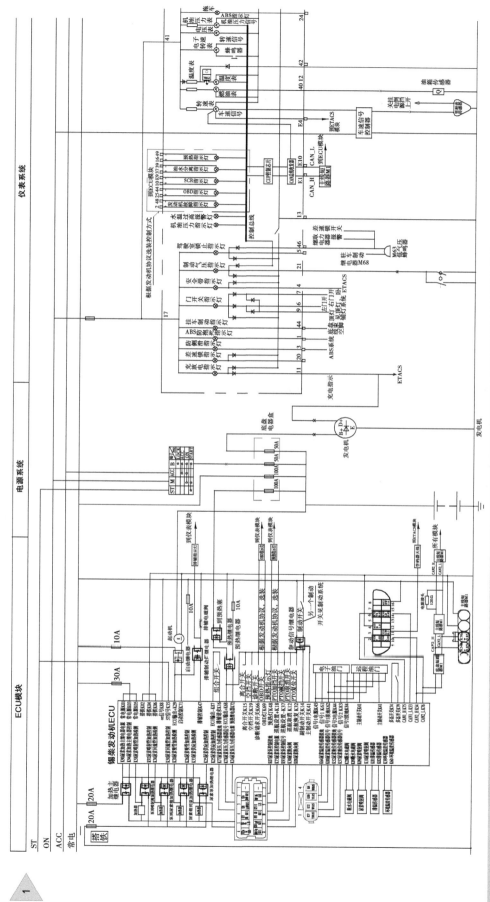

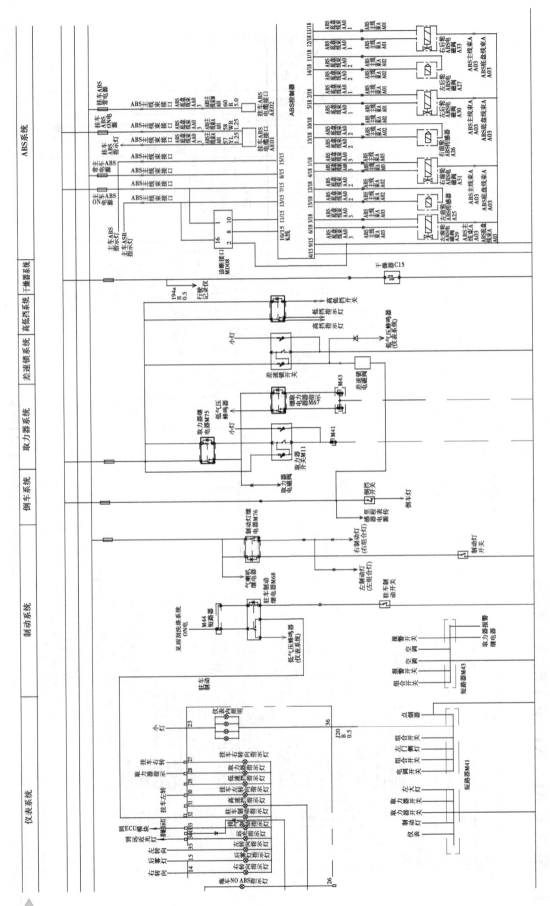

格尔发AL、KL整车电气线路图3/6

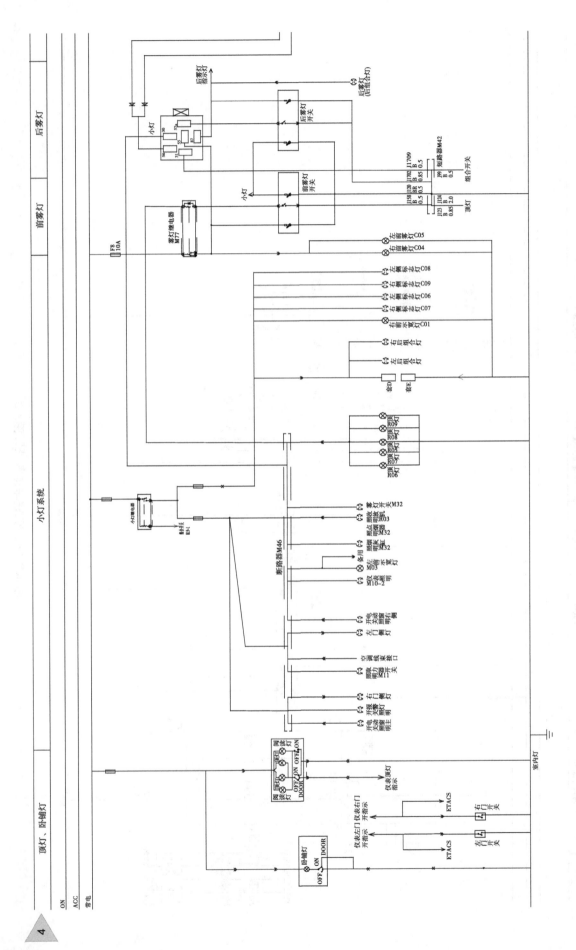

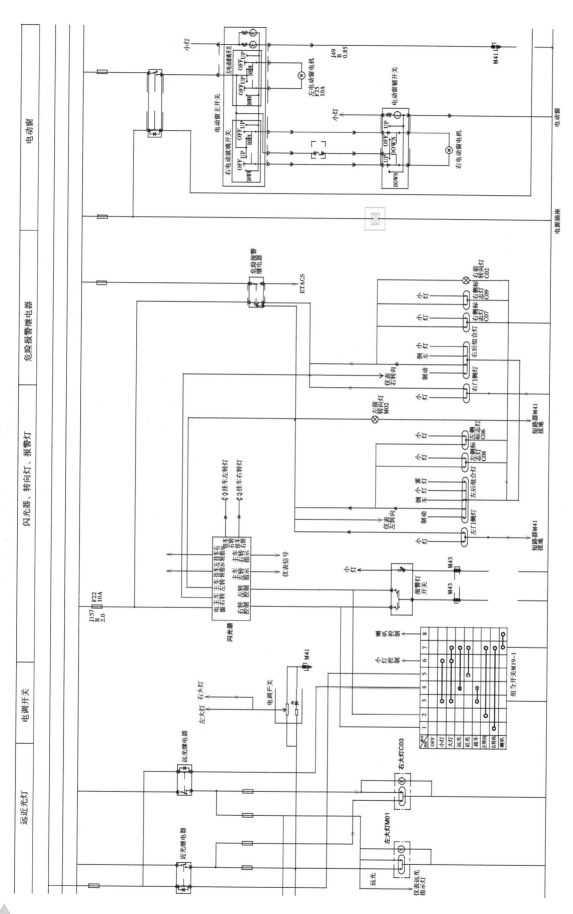

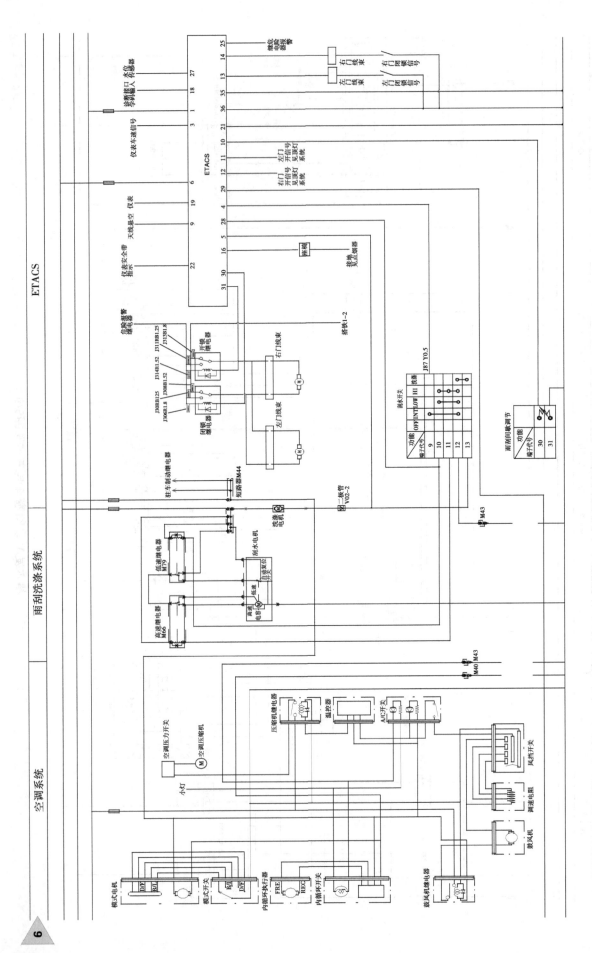

8.2 格尔发 AW、KW 整车电气线路图

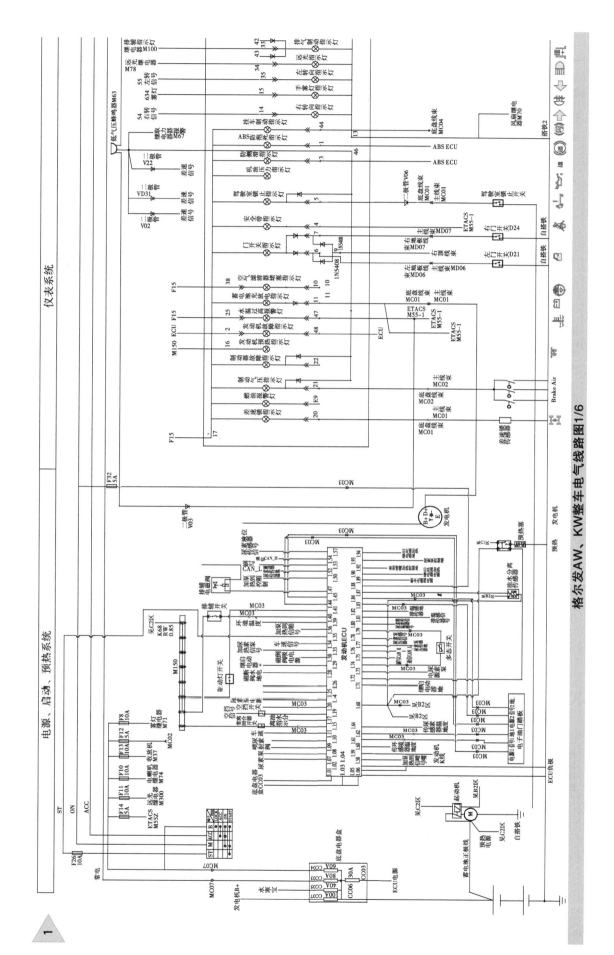

格尔发AW、KW整车电气线路图1/6

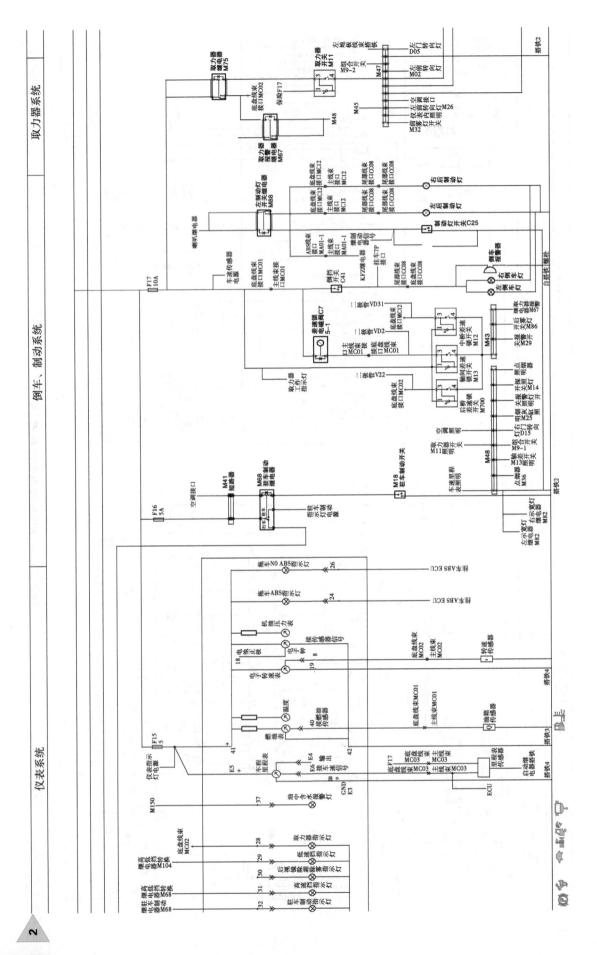

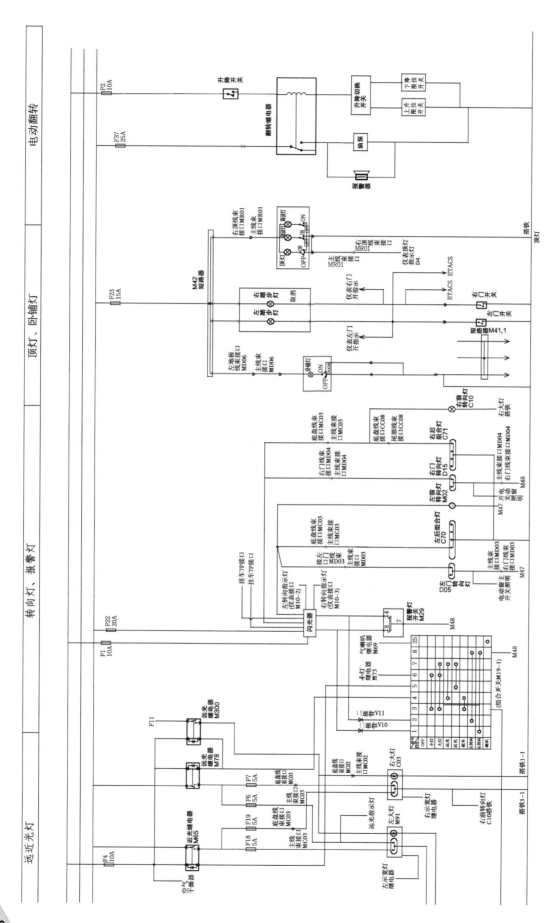

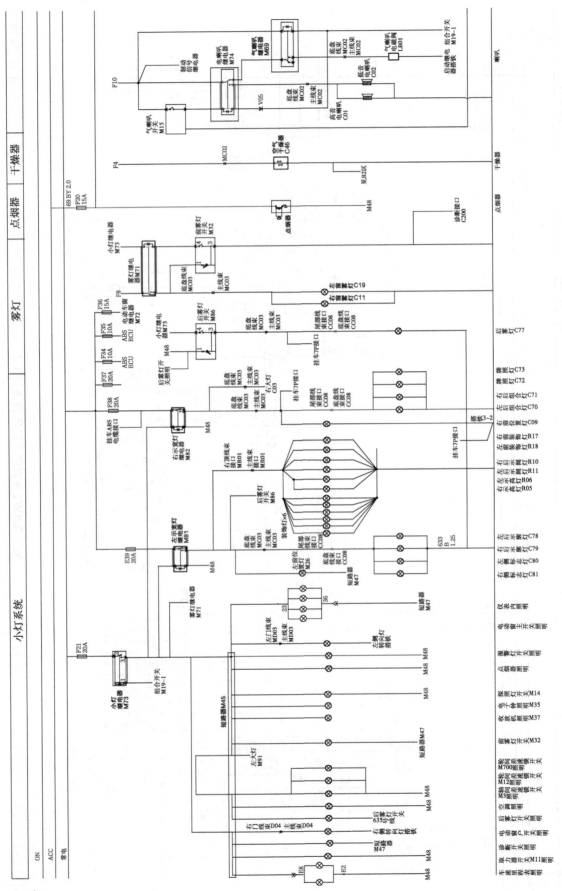

格尔发AW、KW整车电气线路图 4/6

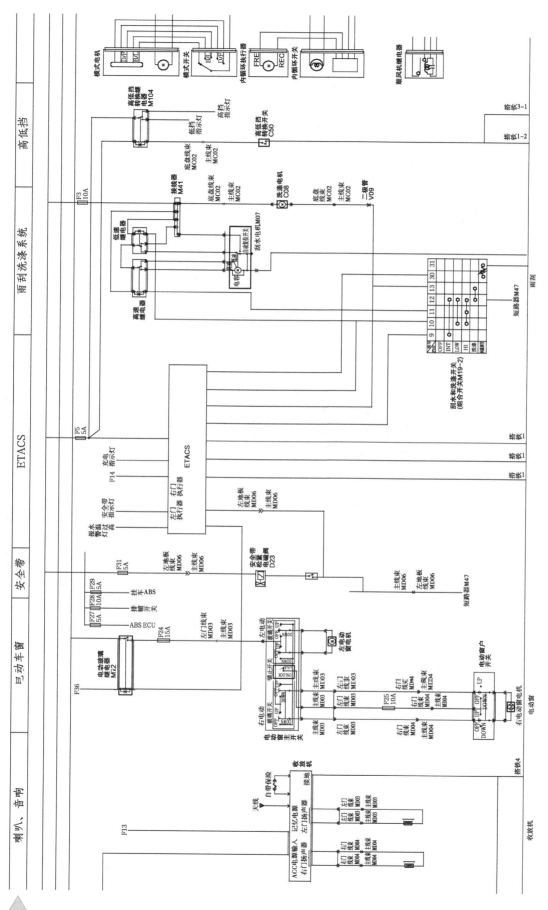

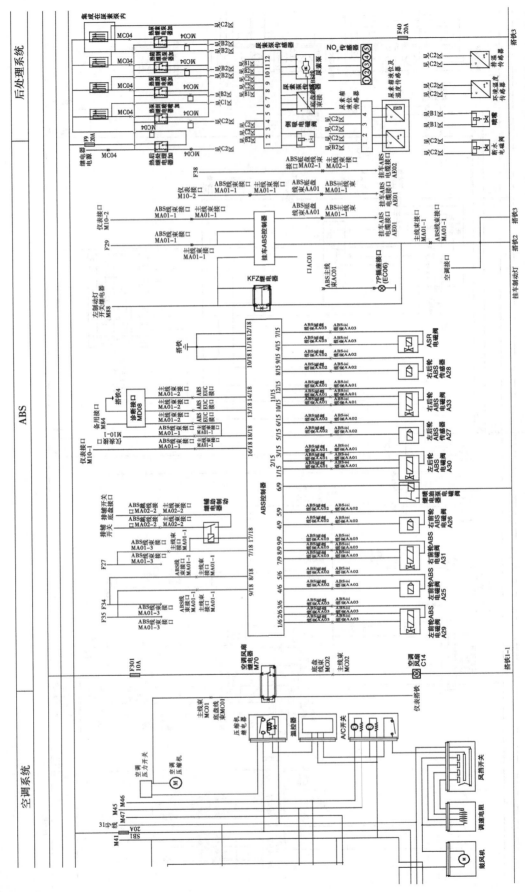

格尔发AW、KW整车电气线路图6/6

9 北奔重卡自卸车型整车电气线路图

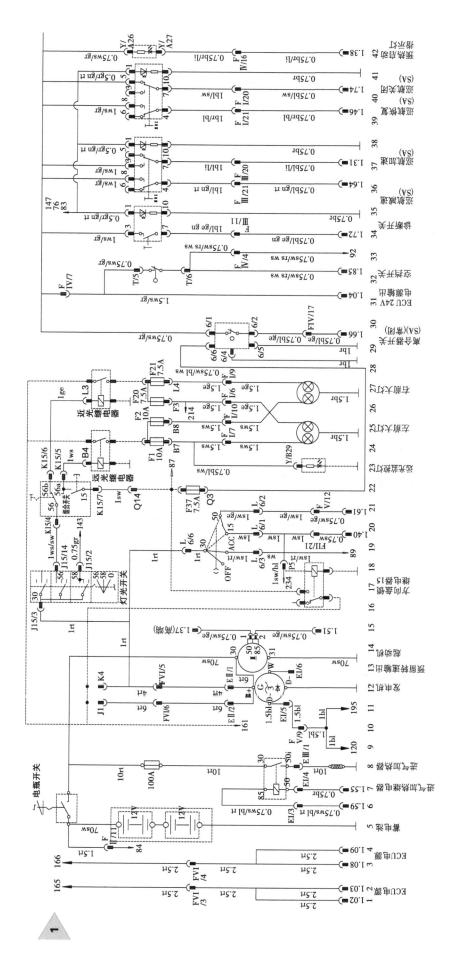

自卸车型电气线路图1/6

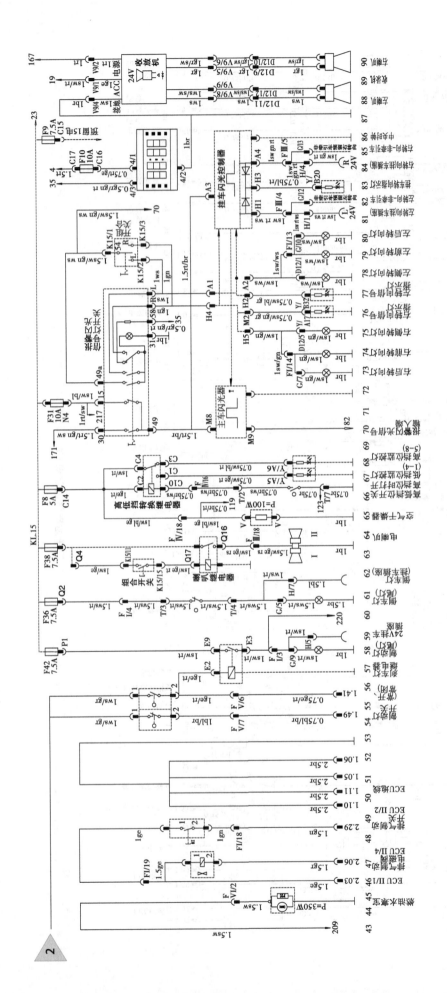

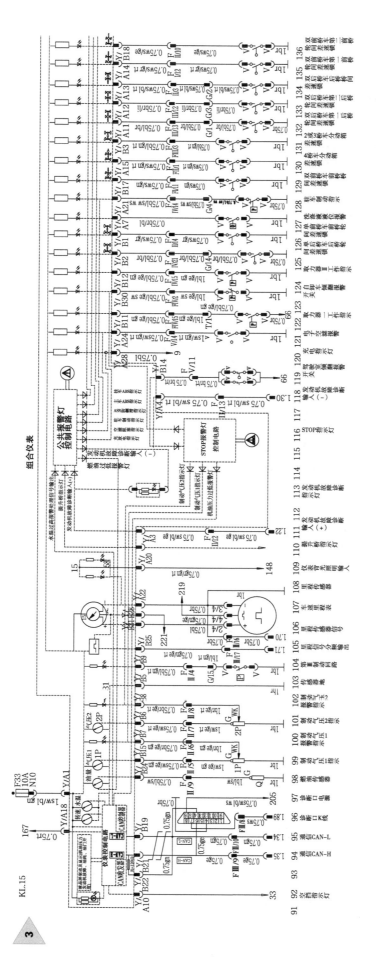

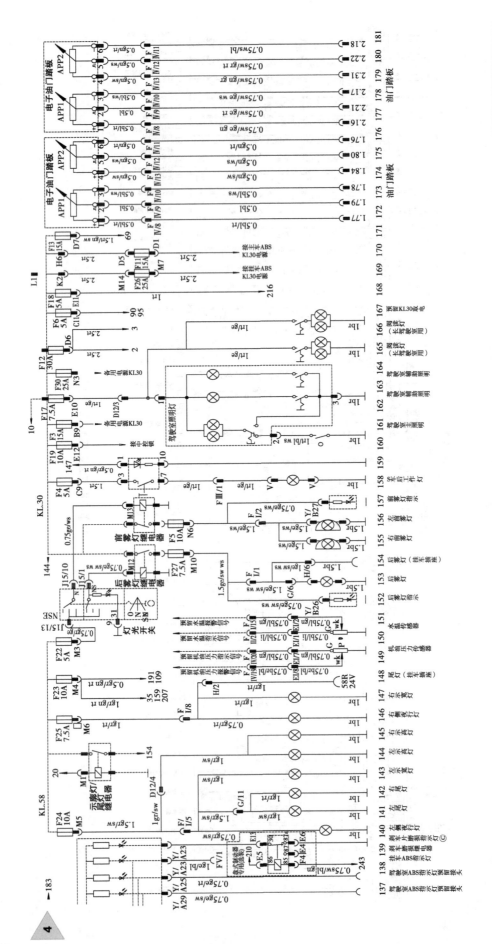

自卸车型电气线路图4/6

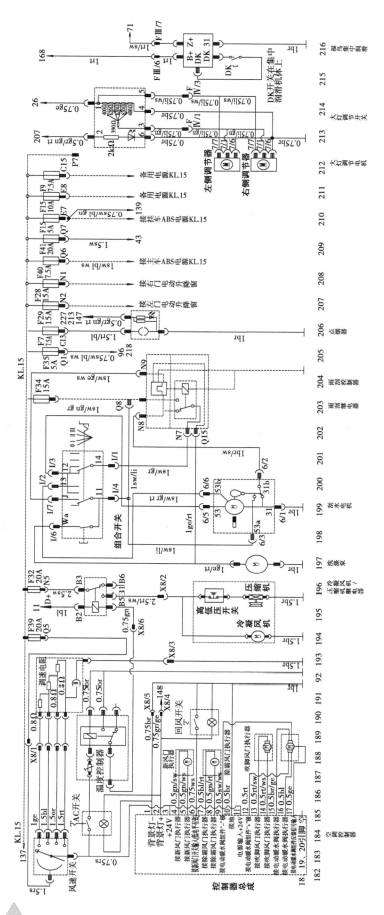

自卸车型电气线路图5/6

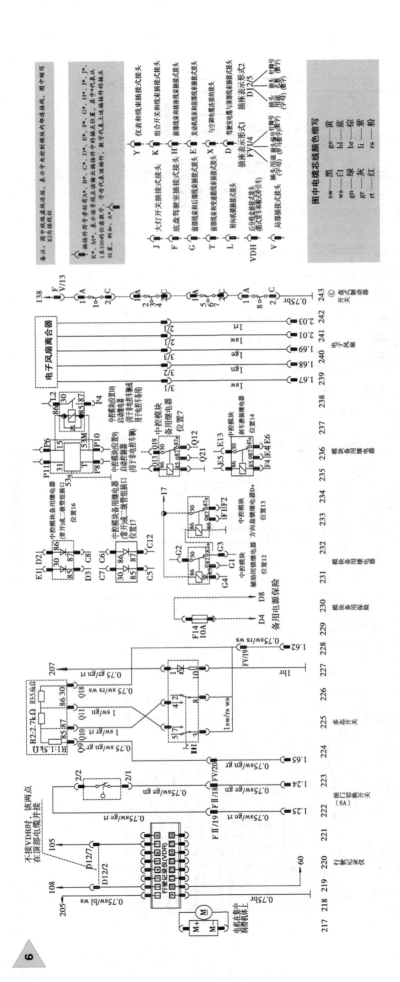

自卸车型电气线路图6/6

10 广汽日野700车系电气线路图

10.1 日野700系列底盘电控系统电路图

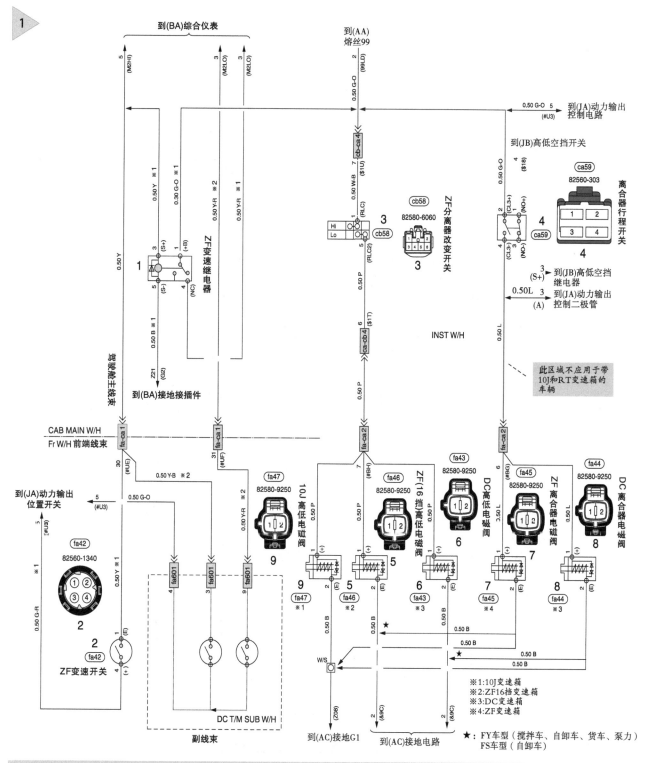

变速箱范围和分离器改变电路（适用于带DC和ZF变速箱的车型）

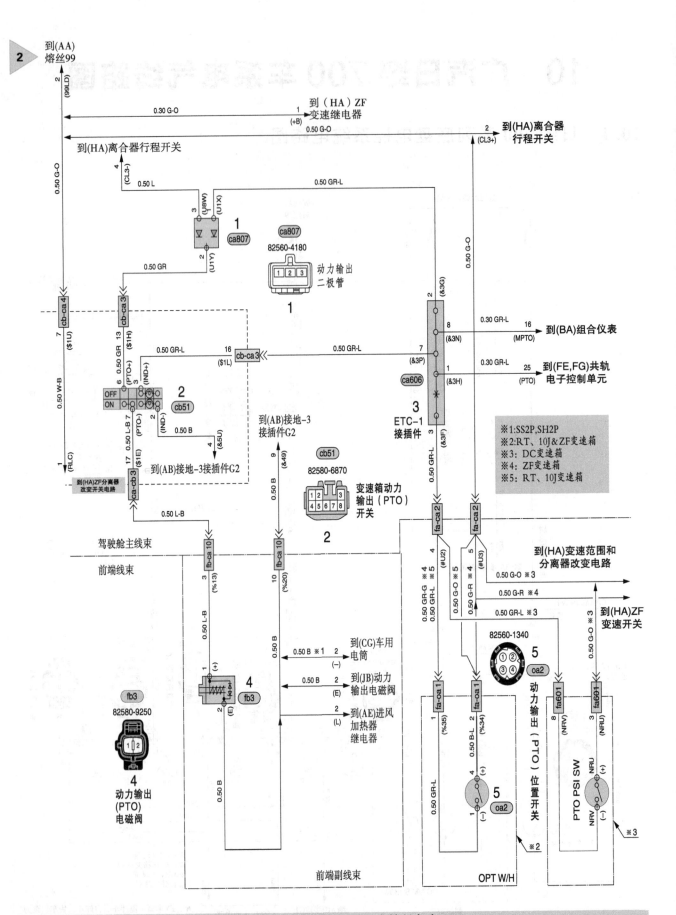

变速箱动力输出（PTO）控制电路

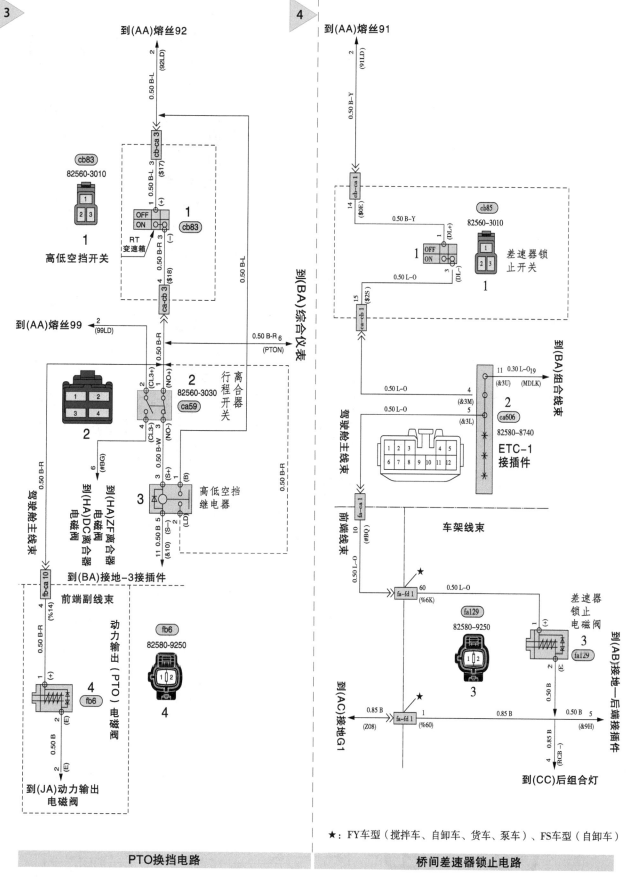

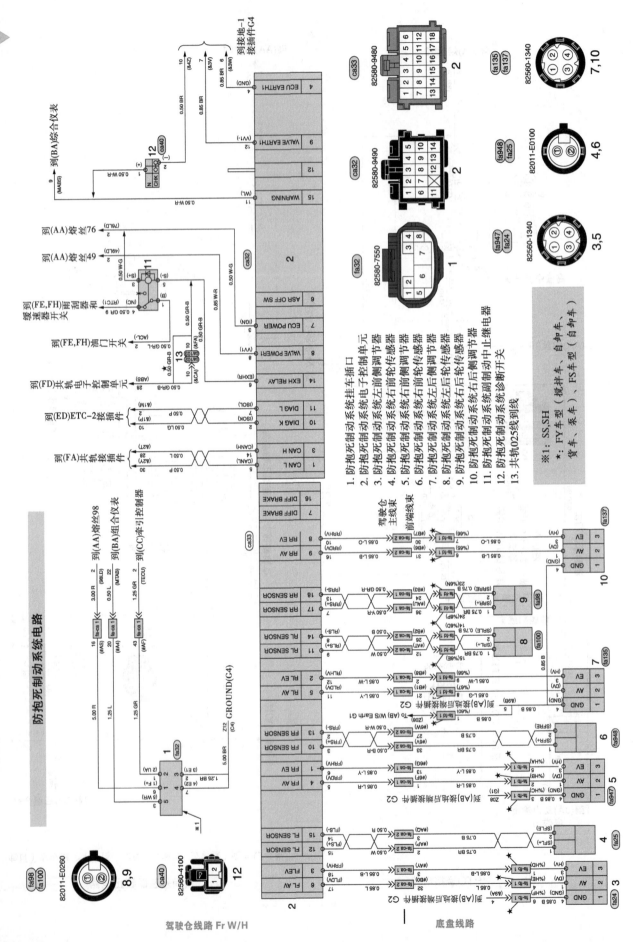

10.2 日野700系列仪表电气线路图

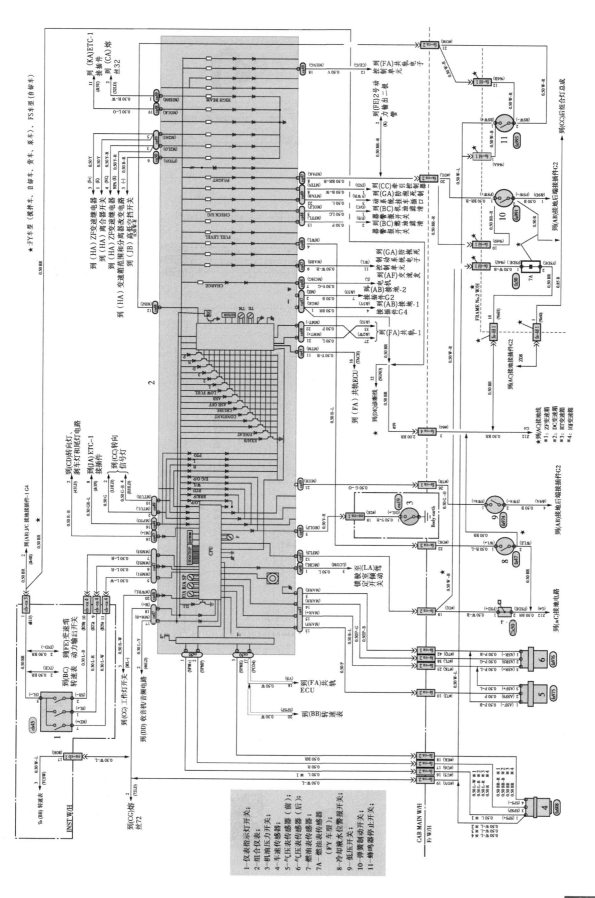

10.3 日野700系列空调电气线路图

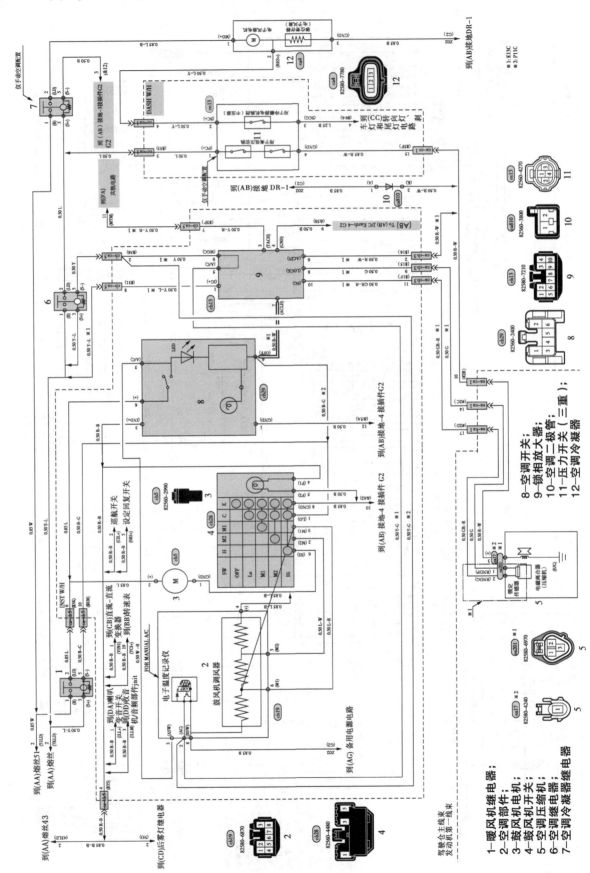

10.4 日野 700 系列电源与接地分配电路

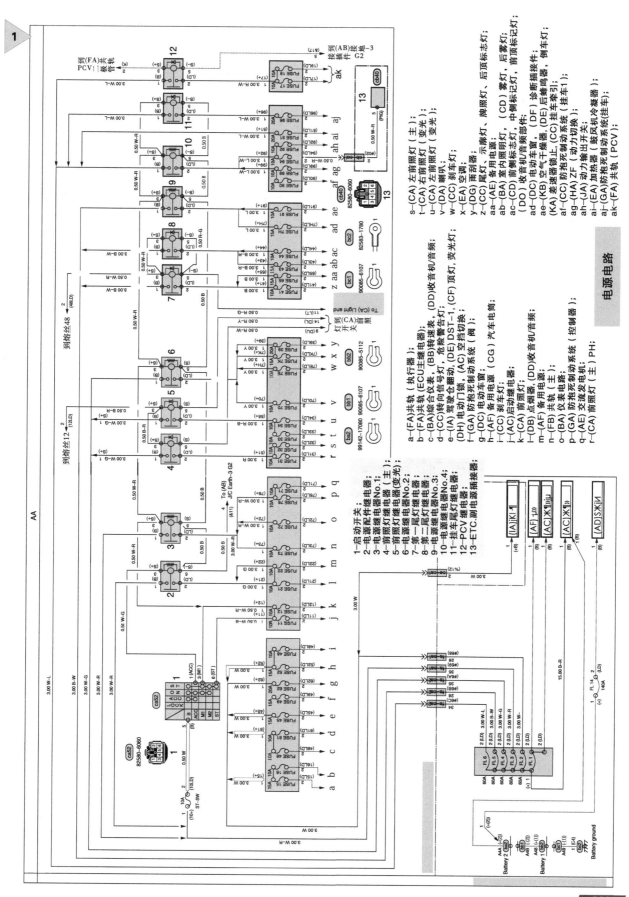

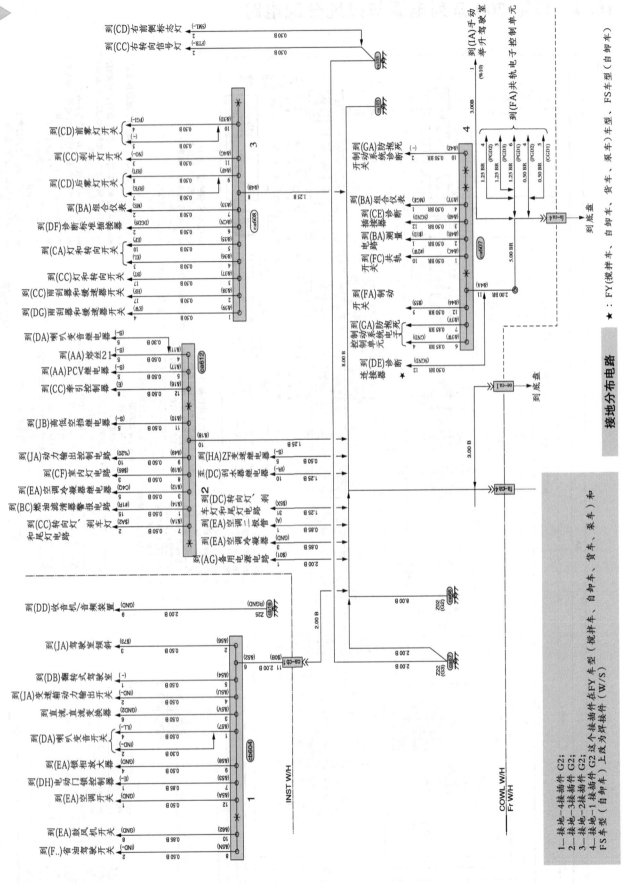

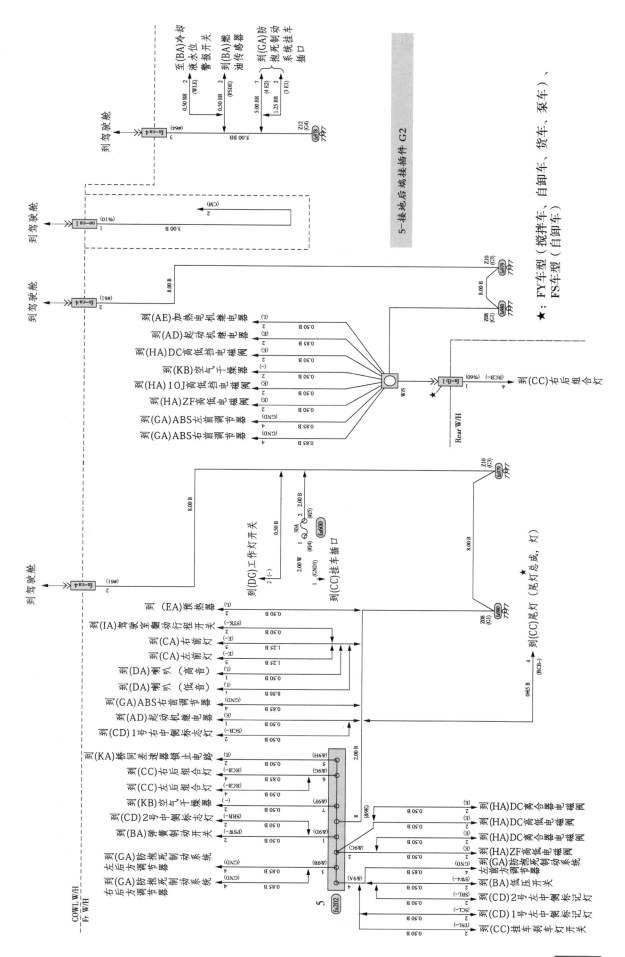

10.5 日野 700 系列熔丝与继电器位置

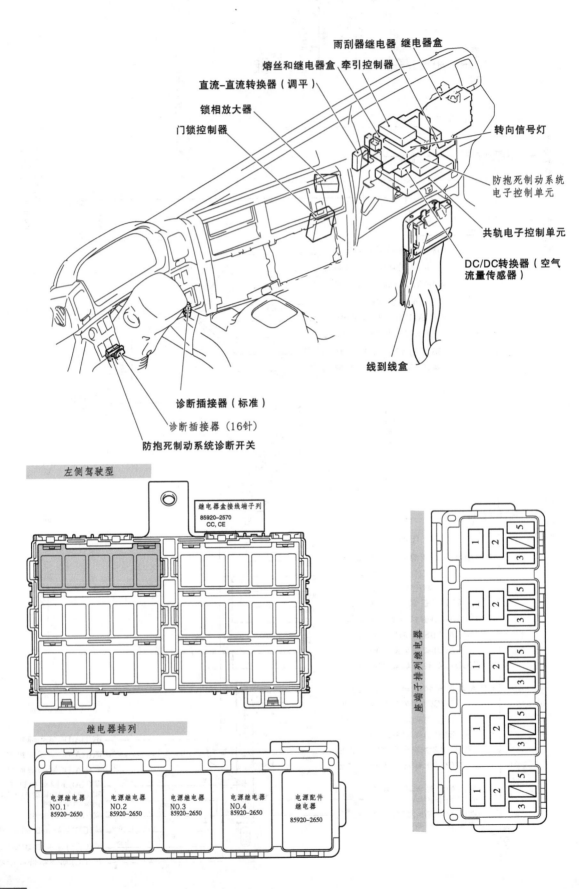

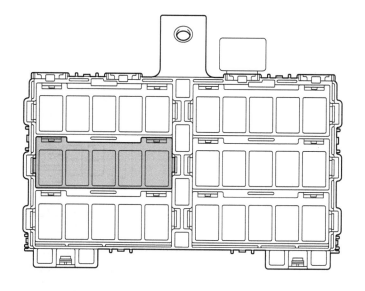

继电器排列

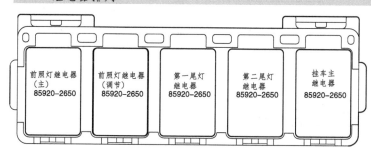

| 前照灯继电器（主）85920-2650 | 前照灯继电器（调节）85920-2650 | 第一尾灯继电器 85920-2650 | 第二尾灯继电器 85920-2650 | 挂车主继电器 85920-2650 |

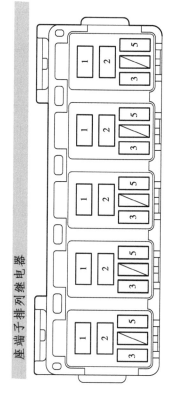

座端子排列继电器

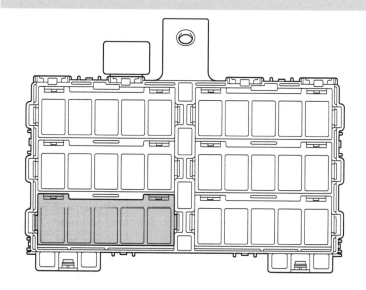

继电器排列

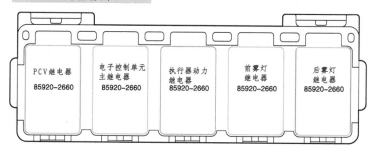

| PCV继电器 85920-2660 | 电子控制单元主继电器 85920-2660 | 执行器动力继电器 85920-2660 | 前雾灯继电器 85920-2660 | 后雾灯继电器 85920-2660 |

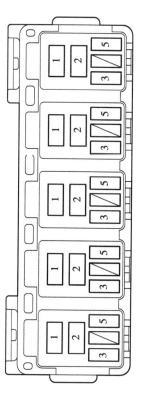

座端子排列继电器

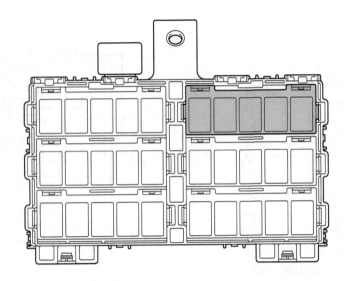

继电器排列

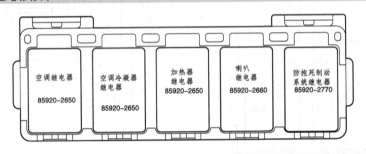

空调继电器	空调冷凝器继电器	加热器继电器	喇叭继电器	防抱死制动系统继电器
85920-2650	85920-2650	85920-2650	85920-2660	85920-2770

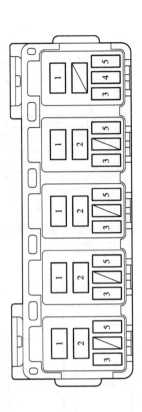

继电器座端子排列

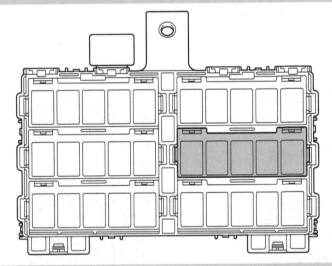

继电器排列

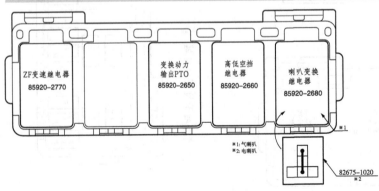

ZF变速继电器		变换动力输出PTO	高低空挡继电器	喇叭变换继电器
85920-2770		85920-2650	85920-2660	85920-2680

※1: 气喇叭
※2: 电喇叭

82675-1020

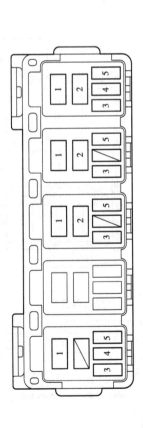

座端子排列继电器

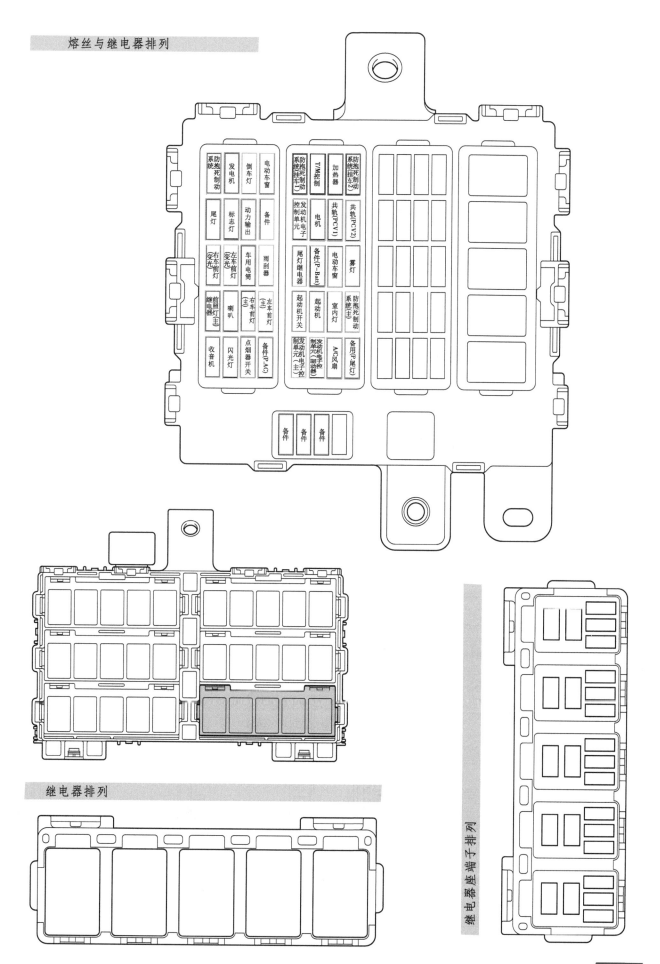

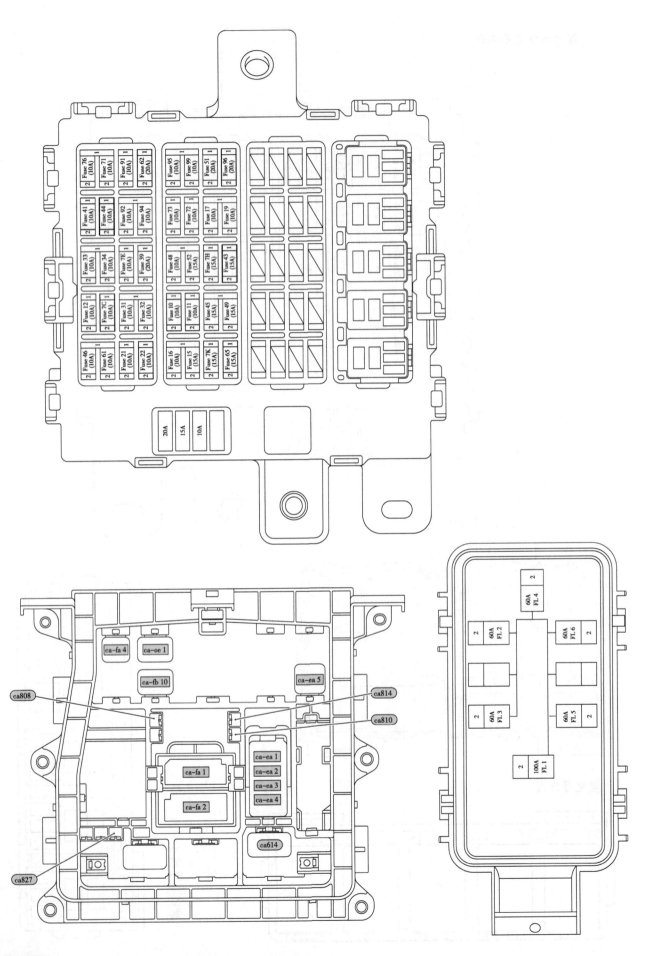

11 联合卡车线束端子图与针脚信息

11.1 联合卡车底盘控制模块针脚信息

从左至右，依次为 CON1、CON2、CON3、CON4、CON5 接口，左下角为 CON6 接口，PIN 编号为从左至右、从下到上。

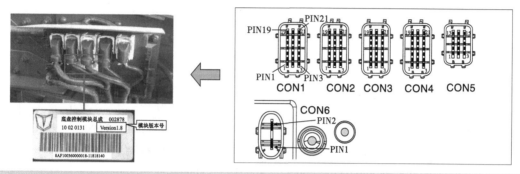

底盘模块针脚分布

◀ 底盘模块针脚定义

CON6		
2	电源＋	
1	电源－/地	

CON1							
针脚	定义	类型	值	针脚	定义	类型	值
1	尿素罐加热	输出	高电平	12	右位置灯	输出	高电平
2	工作灯	输出	高电平	13	1#轮间差速器	输出	高电平
3	倒车灯	输出	高电平	14	2#轮间差速器	输出	高电平
4	尿素罐加热地			15	夜间倒车照明灯	输出	高电平
5	左转向灯	输出	高电平	16	移动工作灯	输出	高电平
6	雾灯	输出	高电平	17	移动工作灯地		
7	粗滤器加热	输出	高电平	18	右转向灯	输出	高电平
8	粗滤器加热地			19	干燥剂加热	输出	高电平
9	左位置灯	输出	高电平	20	干燥剂地		
10	1#轴间差速器	输出	高电平	21	挂车制动灯	输出	高电平
11	2#轴间差速器	输出	高电平				

CON2							
针脚	定义	类型	值	针脚	定义	类型	值
1	挂车倒车灯	输出	高电平	7	挂车灯地		
2	PTO啮合电磁阀	输出	高电平	8	工作灯地		
3	节油电磁输出	输出	高电平	9	点火信号	输入	高电平
4	挂车雾灯	输出	高电平	10	挂车左转向	输出	高电平
5	分离电磁阀	输出	高电平	11	夜间倒车照明灯地		
6	倒车摄像头电源	输出	高电平	12	轴间差速器地		

续表

		CON2						
针脚	定义	类型	值		针脚	定义	类型	值
13	挂车右转向灯	输出	高电平		18	坡道防滑地		
14	自卸车地				19	车斗上升电磁阀	输出	高电平
15	淋水电磁阀地				20	车斗下降电磁阀	输出	高电平
16	断油电磁阀	输出	高电平		21	挂车位置灯	输出	高电平
17	环保盖电磁阀	输出	高电平					

		CON3					CON4		
针脚	定义	类型	值		针脚	定义	类型	值
1	右车灯输出地				1	车下熄火开关信号输入	输入	
2	预				2	2#轴间差速器信号采集	输入	低电平
3	粗滤器液位传感器	输入	低电平		3	油压反馈报警信号	输入	低电平
4	左车灯输出地				4	预留A/D信号		
5	车速信号地				5	1#轮间差速器信号采集	输入	低电平
6	尿素罐液位传感器	输入			6	1#轴间差速器信号采集	输入	低电平
7	外排气制动地				7	预留地		
8	传感器信号地				8	输入信号地		
9	燃油传感器	输入	电阻值		9	2#轮间差速器信号采集	输入	低电平
10	左制动灯	输出	高电平		10	CAN_L		
11	右制动灯	输出	高电平		11	预留开关输入信号	输入	低电平
12	空滤堵塞传感器	输入	低电平		12	PTO啮合开关	输入	低电平
13	淋水器电磁阀	输出	高电平		13	CAN_GND		
14	坡道防滑电磁阀	输出	高电平		14	LED左转向故障报警信号	输入	低电平
15	发动机转速信号	输入	正弦波		15	LED右转向故障报警信号	输入	低电平
16	外排气制动	输出	高电平		16	CAN_H		
17	倒车蜂鸣器	输出	高电平		17	左侧驾驶室锁止	输入	低电平
18	转速信号地				18	右侧驾驶室锁止	输入	低电平
19	车速传感器电源	输出	高电平		19	外部排气制动输入(预留)		
20	传感器电源	输出	高电平		20	倒挡信号	输入	低电平
21	5V电源	输出	高电平		21	空挡信号	输入	低电平

		CON5						
针脚	定义	类型	值		针脚	定义	类型	值
1	1#挂车信号采集	输入	低电平		9	左前刹车片报警	输入	低电平
2	2#挂车信号采集	输入	低电平		10	坡道防滑反馈信号	输入	低电平
3	3#挂车信号采集	输入	低电平		11	右前刹车片报警	输入	低电平
4	预留开关输入信号	输入	低电平		12	左中刹车片报警	输入	低电平
5	4#挂车信号采集	输入	低电平		13	右后刹车片报警	输入	低电平
6	5#挂车信号采集	输入	低电平		14	右中刹车片报警	输入	低电平
7	挂车信号采集				15	右后刹车片报警	输入	低电平
8	6#挂车信号采集	输入	低电平					

11.2 联合卡车 BCM 车身控制模块针脚信息

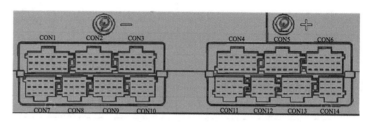

BCM的PIN编号顺序为从上向下、从左向右。

CON线接口编号从驾驶室内侧开始，上排左边第1个为CON1，上排右边第1个为CON6，下排左边第1个为CON7，下排右边第一个为CON14；前围外侧左边第1个为CON15，右边第一个为CON18

BCM安装位置与端子分布

◀ BCM针脚定义

CON1		CON2		CON3		CON4	
1		1		1		1	
2		2		2	副驾驶安全带输入	2	
3	顶灯输出	3		3		3	气喇叭输出
4		4		4		4	
5		5		5	驾驶员安全带输入	5	
6	左阅读灯输出	6	雨刮低速输出	6		6	
7		7		7		7	
8		8		8	离合器开关输入	8	
9	右阅读灯输出	9	雨刮高速输出	9	驾驶室右示廓灯输出	9	BCAN_L
10		10		10		10	
11		11		11	辅助制动输入	11	
12		12	左轮胎照明灯输出	12		12	BCAN_H
13		13		13	钥匙照明输出	13	
14		14	雨刮回位输入	14	制动开关输入	14	

续表

	CON1		CON2		CON3		CON4
15		15		15	电池节能输出	15	
16		16		16		16	
17		17		17		17	
18		18	整车背光照明输出	18	驾驶室左示廓灯输出	18	
19	电池节能输出						
20							

	CON5		CON6		CON7		CON8
1		1	天然气液位传感器地	1	K9继电器输出端4,常闭端	1	K8继电器输出端4,常闭端
2	PCAN_L	2		2	K9继电器输出端5,常开端	2	地
3		3		3	K9继电输出端3	3	地
4		4	多功能开关地	4	K10继电输出端4,常闭端	4	K8继电器输出3
5	PCAN_H	5	K8继电器线圈低端控制	5	K9继电器线圈端2	5	地
6	天然气罐1液位输入	6	K7继电器线圈低端控制	6	K9继电器线圈端1	6	地
7	天然气罐2液位输入	7		7	K10继电器输出端5,常开端	7	K8继电器线圈低端1
8	天然气罐3液位输入	8	安全带开关地	8	K10继电器线圈端2	8	地
9	天然气罐4液位输入	9		9	K10继电器线圈端1	9	地
10	时钟消隐输出	10	左地图灯输出	10	K10继电器输出端3	10	K8继电器线圈高端2
11		11		11	K11继电器线圈端2	11	地
12	钥匙插入输入	12	LIN	12	K11继电器线圈端1	12	地
13	ACC挡位输入	13	右地图灯输出	13	K11继电器输出端4,常闭端		
14	ON挡位输入	14	离合器开关地	14	K11继电器输出端5,常开端		
15	启动挡位输入	15	K线	15	K11继电器输出端3		
16	左多功能开关输入	16					
17	右多功能开关输入	17					
18		18					

	CON9		CON10		CON11		CON12
1	K7继电器线圈低端1	1	OBD电源（常电F28保险）	1	组合仪表电源（ON挡电F33保险）	1	行驶记录仪电源（ACC挡）
2	空调地	2	LIN开关地	2		2	
3	地	3	地	3	仪表电源（常电F32保险）	3	
4	尿素泵电源（常电F4保险）	4	挂车ABS电源（常电F7保险）	4	点火开关电源（常电F13保险）	4	备用电源（常电F15保险）
5	地	5	地	5		5	
6	地	6	地	6		6	
7	K7继电器输出端3	7	举升蜂鸣器电源	7	胎压监测模块电源（常电F12保险）	7	ABS控制器电源（ON挡电F35保险）
8	地	8	地	8		8	
9	地	9	地	9	K6继电器线圈高端	9	
10		10	ABS控制器电源（常电F5保险）	10	远程终端模块电源（常电F11保险）	10	远程终端模块电源（ON挡电F34保险）

续表

	CON9		CON10		CON11		CON12
11	地	11	地	11		11	左门模块电源（常电 F14 保险）
12	地	12	地	12	LIN 开关电源（常电 F30 保险）	12	
13	K7 继电器线圈高端 2	13		13	音响系统电源（常电 F10 保险）	13	
14	地	14		14	自动空调电源（常电 F9 保险）	14	
15	地	15		15	发动机防盗模块电源（常电 F8 保险）	15	
	CON13		CON14		CON15		CON16
1	电动翻转模块电源（常电 F19 保险）	1	尿素尿电源（常电 F21 保险）	1	机油压力传感器输入	1	空调继电器线圈低端
2		2		2	发动机控制模块电源（ON 挡电 F41 保险）	2	
3		3		3	底盘模块电源（ON 挡电 F42 保险）	3	
4	右门模块电源（常电 F18 保险）	4	自动变速箱控制模块电源（常电 F20 保险）	4	氧传感器电源（ON 挡电 F40 保险）	4	空调继电器输出
5		5		5	手动空调电源（ACC 挡电 F38 保险）	5	
6		6		6	手动空调电源（ACC 挡电 F39 保险）	6	膨胀箱液位传感器输入
7	点烟器电源（常电 F17 保险）	7	自动变速箱控制模块电源（常电 F20 保险）	7	驾驶室开关地	7	助力转向液位传感器输入
8		8		8	BCAN_H	8	排气制动开关输入
9		9		9	BCAN_L	9	辅助制动气压传感器输入
10	音响系统电源（ACC 挡电 F37 保险）	10		10	洗涤液位传感器输入	10	主制动气压传感器输入
11		11		11	动力 CAN 地	11	盾标灯输出
12		12		12	PCAN_H	12	洗涤器输出
13	逆变器电源（常电 F16 保险）	13		13	近光调节地	13	
14		14		14		14	
15		15		15	PCAN_L	15	主、辅制动气压传感器地
				16	电喇叭输出	16	
				17		17	手动制动开关输入
				18	左前雾灯输出	18	油压冰温开关模拟地
	CON17				CON18		
1	水温传感器输入			1			
2				2			
3	右远光灯输出			3	电池节能输出		
4	驾驶室翻转控制地			4			
5				5			
6	驾驶室左位置灯输出			6	驾驶室左转向灯输出		
7				7	发动机控制器电源		
8				8	外部灯地		

续表

CON17		CON18	
9		9	右近光灯输出
10	电池节能地	10	发动机控制器电源
11	发动机控制模块地	11	近光灯调节输出
12	右转向灯输出	12	驾驶室右位置灯输出
13	发动机控制模块地	13	发动机控制器电源
14	发动机控制模块地	14	近光灯调节输出
15	左近光灯输出	15	左远光灯输出
16	发动机控制模块地	16	发动机控制器电源
17	发动机控制模块地	17	驾驶室翻转授权信号
18	右前雾灯输出	18	日间行车灯输出

11.3 联合卡车车门控制模块针脚信息

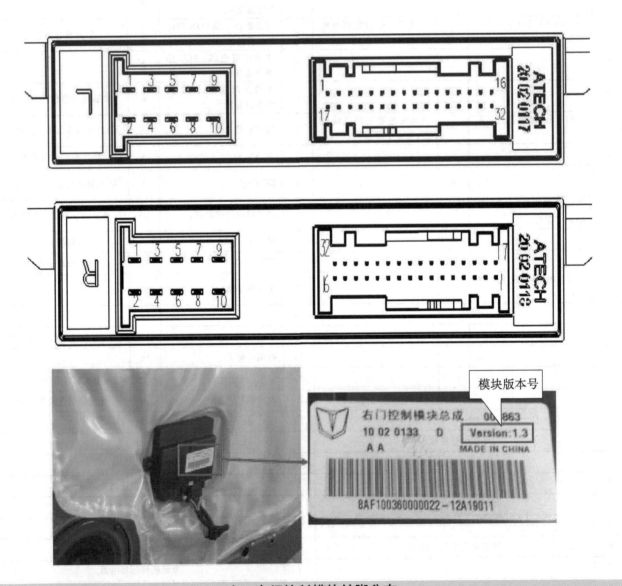

左、右门控制模块针脚分布

门控模块针脚定义

左门模块			右门模块		
CON1			CON1		
针脚	定义	类型	针脚	定义	类型
1	电源地	输入	1	电源地	输入
2	电源地	输入	2	电源地	输入
3	后视镜调节输出	输出	3	后视镜调节输出	输出
4	后视镜上下调节输出	输出	4	后视镜上下调节输出	输出
5	除霜地	输出	5	除霜地	输出
6	NA	NA	6	NA	NA
7	窗户上升输出	输出	7	窗户上升输出	输出
8	后视镜左右调节输出	输出	8	后视镜左右调节输出	输出
9	窗户下降输出	输出	9	窗户下降输出	输出
10	后视镜除霜输出	输出	10	后视镜除霜输出	输出
针脚	定义	类型	针脚	定义	类型
1	闭锁输出	输出	1	CAN 低	双向
2	NA	NA	2	CAN 高	双向
3	NA	NA	3	CAN 地	NA
4	NA	NA	4	K-LINE（预留）	双向
5	NA	NA	5	NA	NA
6	NA	NA	6	门灯输出	输出
7	NA	NA	7	门全锁信号输入	输入
8	NA	NA	8	NA	NA
9	NA	NA	9	NA	NA
10	NA	NA	10	开闭锁输入	输入
11	NA	NA	11	顶灯和阅读灯输入	输入
12	闭锁指示	输出	12	右窗输入	输入
13	门状态地信号	输出	13	门开关信号输入	输入
14	闭锁指示返回地	输出	14	NA	NA
15	除霜指示返回地	输出	15	门解锁止状态信号输入	输入
16	门灯返回地	输出	16	解锁输出	输出
17	解锁输出	输出	17	门灯返回地	输出
18	门解锁止状态信号输入	输入	18	NA	NA
19	除霜信号输入	输入	19	闭锁指示返回地	输出
20	门开关信号输入	输入	20	门状态地信号	输出
21	左窗输入	输入	21	闭锁指示	输出
22	右窗输入	输入	22	NA	NA
23	开闭锁输入	输入	23	NA	NA
24	后视镜方向输入	输入	24	NA	NA
25	后视镜选择输入	输入	25	NA	NA
26	门全锁信号输入	输入	26	NA	NA
27	门灯输出	输出	27	NA	NA
28	除霜指示	输出	28	NA	NA
29	K-LINE（预）	双向	29	NA	NA
30	CAN 地	NA	30	NA	NA
31	CAN 高	双向	31	NA	NA
32	CAN 低	双向	32	闭锁输出	输出

11.4 线束接口定义

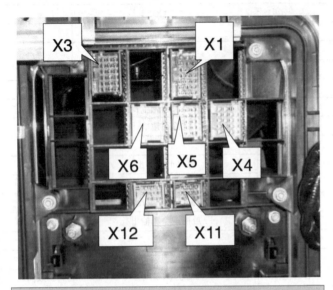

X1NX12 位置位于车身控制模块处

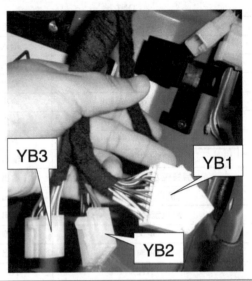

YB1NYB3 位置位于右侧仪表板下护板内

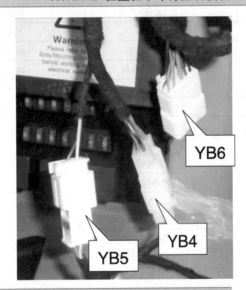

YB4NYB6 位置位于右侧仪表板下护板内

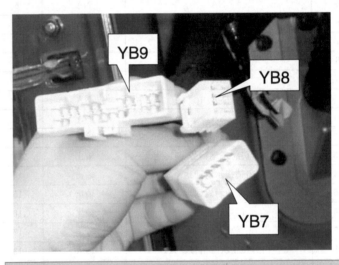

YB7NYB9 位置位于左侧仪表板下护板内

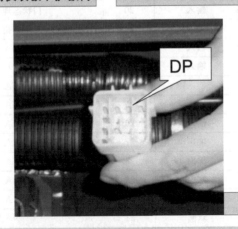

DP 位置位于变速箱右侧车架附近

线束接口位置

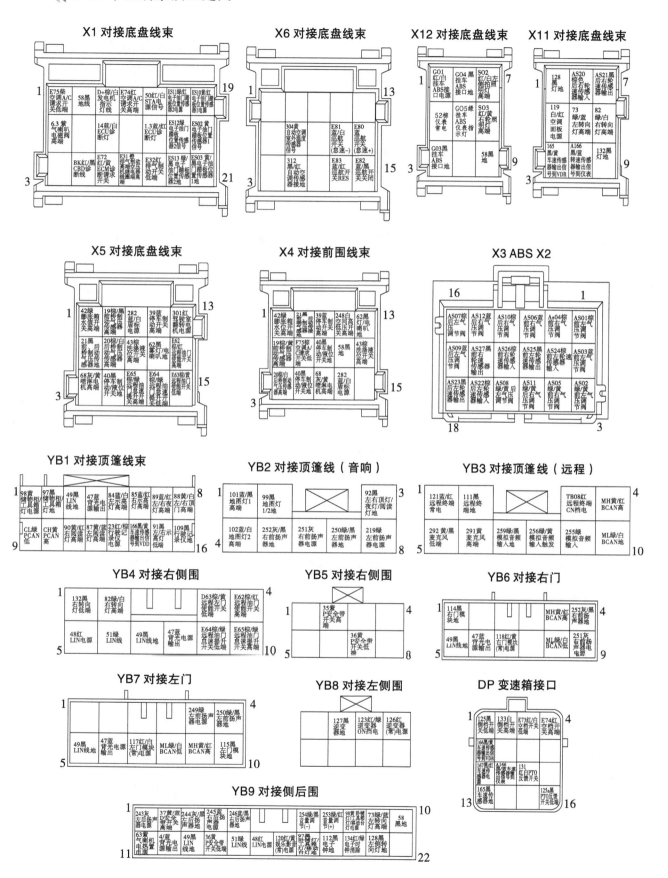

6K12车型线束接口定义

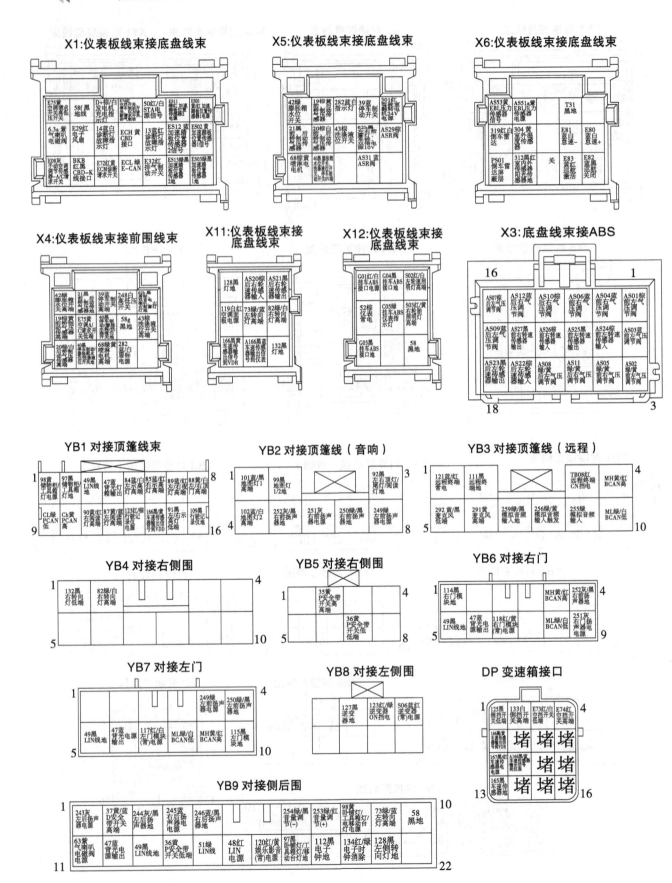

EGR车型线束接口定义

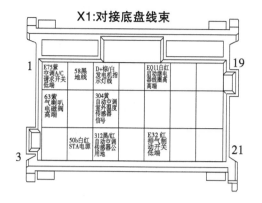
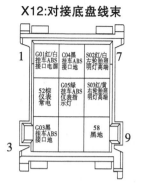
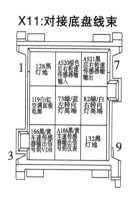
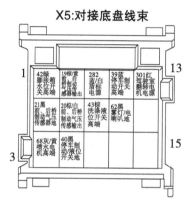
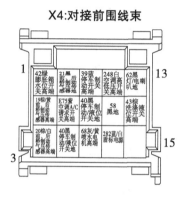
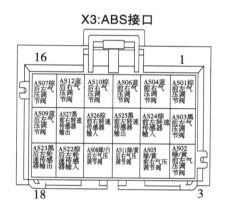

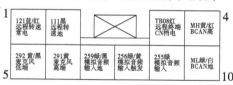

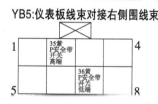

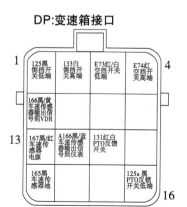

LNG车型线束接口定义

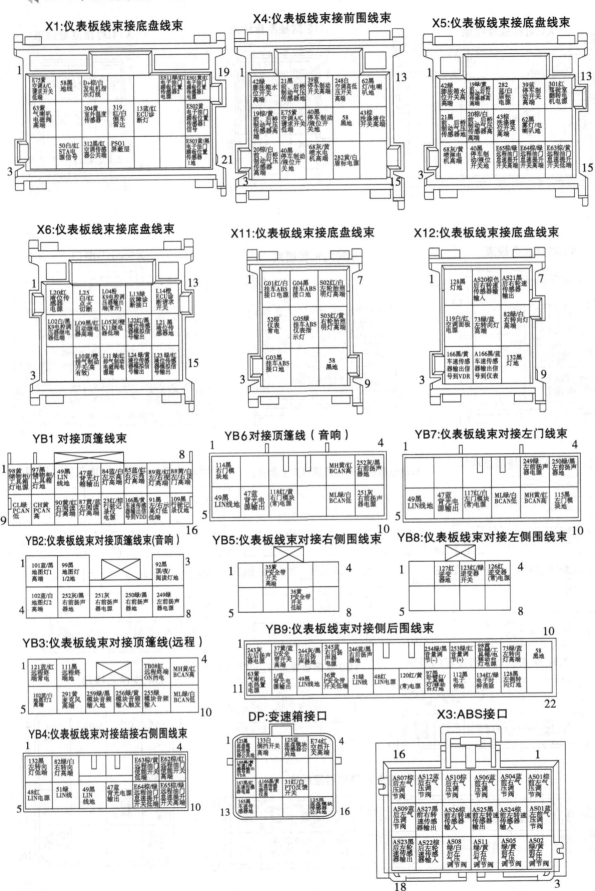

12 红岩杰狮车系整车电气线路图

12.1 杰狮 C100 欧Ⅲ车型电气线路图

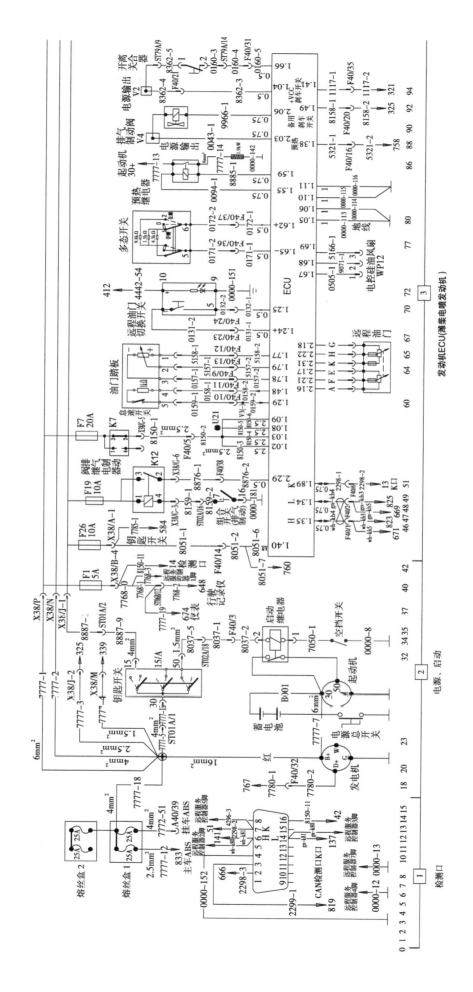

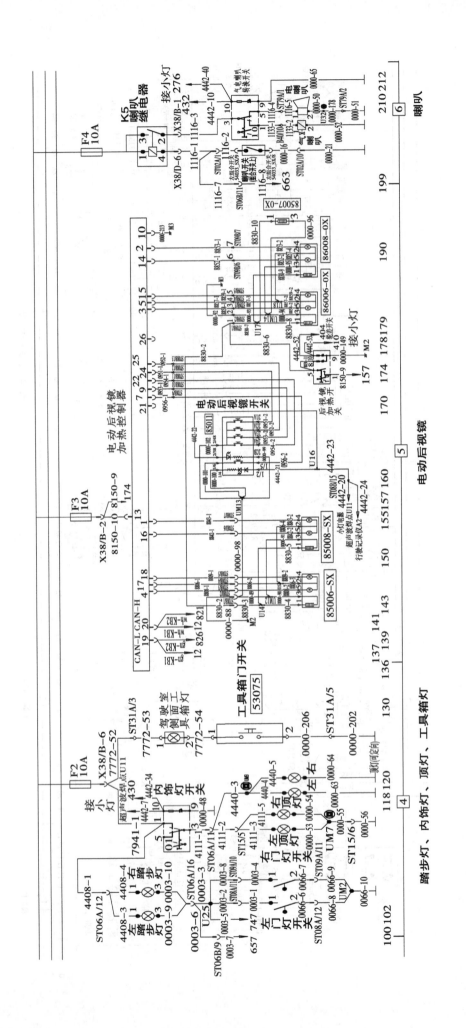

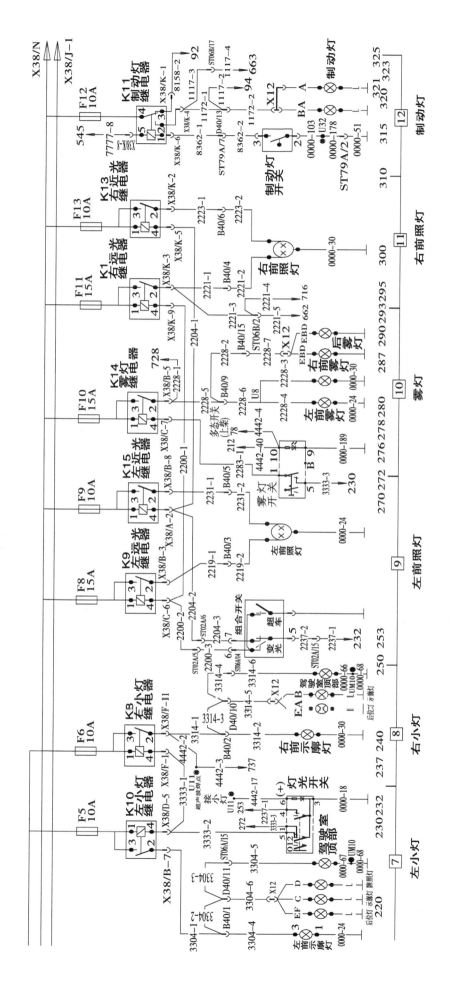

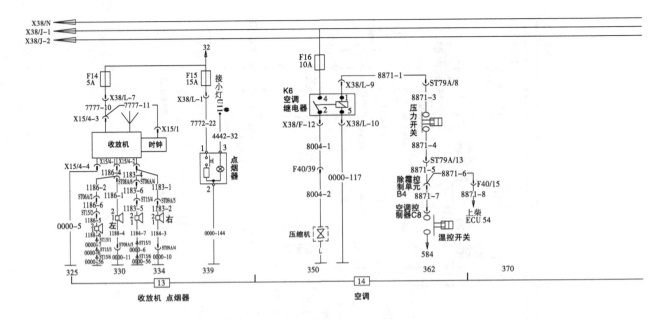

杰狮C100欧Ⅲ车型电气线路图2/9

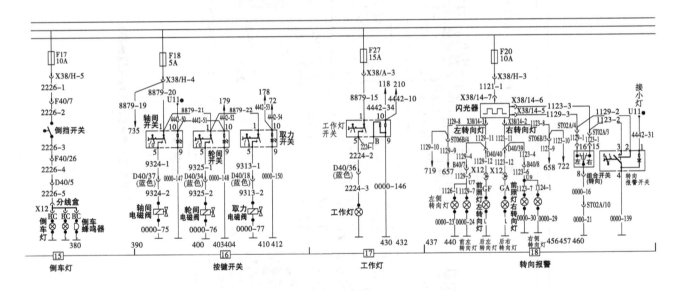

杰狮C100欧Ⅲ车型电气线路图3/9

杰狮C100欧III车型电气线路图4/9

杰狮C100欧Ⅲ车型电气线路图5/9

杰狮C100欧Ⅲ车型电气线路图6/9

杰狮C100欧Ⅲ车型电气线路图7/9

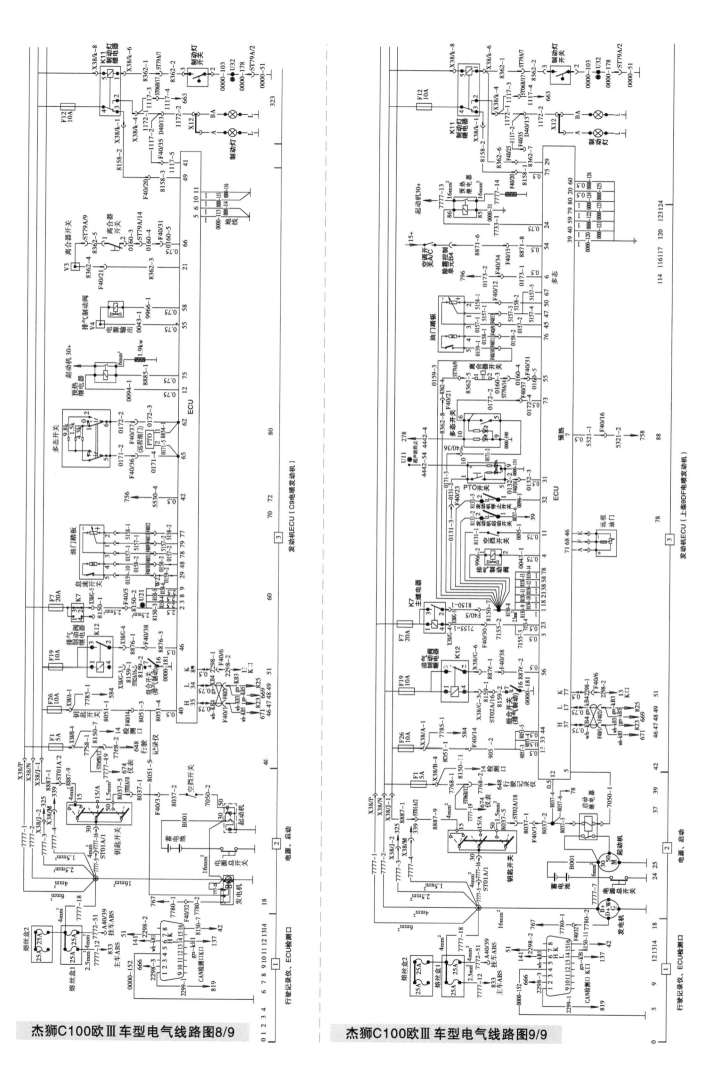

12.2 杰狮豪华版S100车型电气线路图

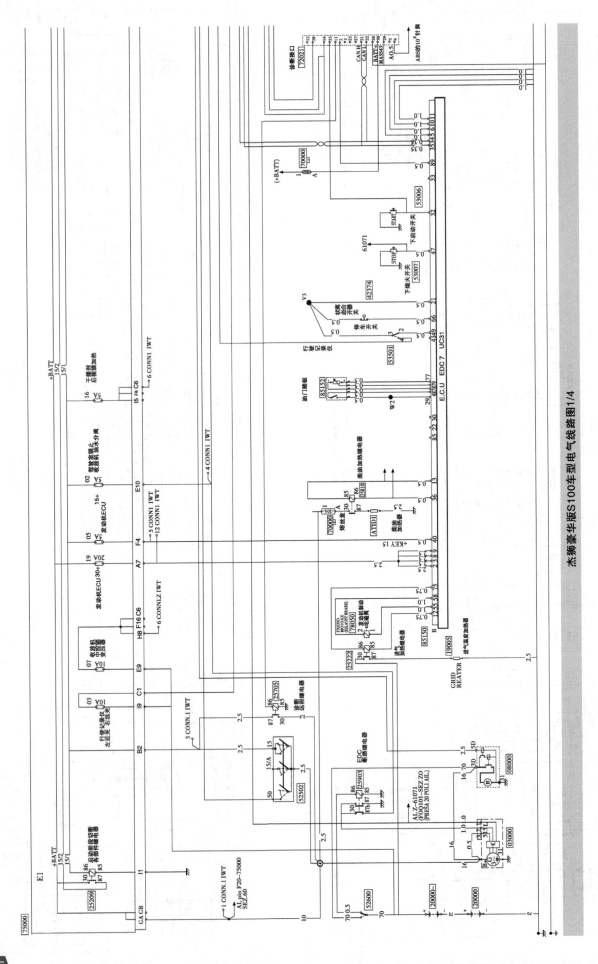

杰狮豪华版S100车型电气线路图1/4

杰狮豪华版S100车型电气线路图2/4

-299-

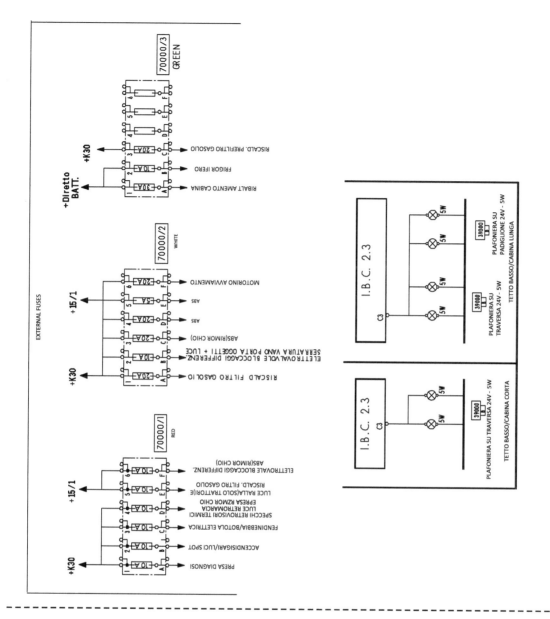
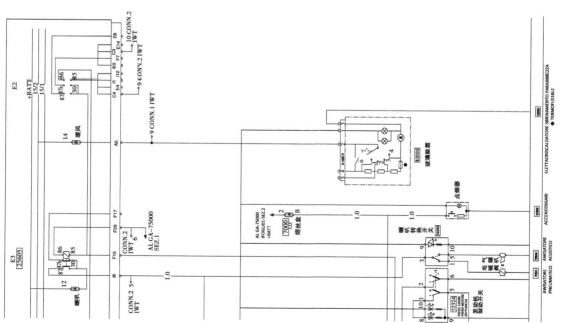